★ 二战风云人物 ★

古德里安

姚 捷◎著　于之伟 郭岭松◎主编

中国华侨出版社

图书在版编目(CIP)数据

古德里安 / 姚捷著.—北京：中国华侨出版社,2015.2

(二战风云人物 / 于之伟,郭岭松主编)

ISBN 978-7-5113-5221-7

Ⅰ.①古… Ⅱ.①姚… Ⅲ.①古德里安,H.(1888~1953)-生平事迹 Ⅳ.①K835.165.2

中国版本图书馆CIP数据核字(2015)第039019号

二战风云人物：古德里安

著　　者 /	姚　捷
责任编辑 /	棠　静
责任校对 /	志　刚
经　　销 /	新华书店
开　　本 /	787毫米×1092毫米　1/16　印张/20　字数/258千字
印　　刷 /	北京军迪印刷有限责任公司
版　　次 /	2015年5月第1版　2020年5月第2次印刷
书　　号 /	ISBN 978-7-5113-5221-7
定　　价 /	68.00元

中国华侨出版社　北京市朝阳区静安里26号通成达大厦3层　邮编：100028

法律顾问：陈鹰律师事务所

编辑部：(010)64443056　　64443979

发行部：(010)64443051　　传真：(010)64439708

网址：www.oveaschin.com

E-mail：oveaschin@sina.com

前言

第二次世界大战，是迄今为止人类历史上最为惨痛的一场浩劫，给整个世界造成了巨大的灾难。据估计，死亡人数超过6000万，各类损失超过40000亿美元。在这场关系到人类前途和命运的斗争中，正义力量最终取得胜利，人类文明得以延续，和平得以恢复。

从和平到来的那一刻起，人们就开始不断反思与战争有关的一切，试图寻找制止人类自相残杀的方法和途径。时至今日，第二次世界大战结束已经整整70年了，这种反思还在继续。令人遗憾的是，以人类现有的历史智慧，不仅没有找到彻底消弭战争的方法，而且随着世界政治格局的进一步发展，全球各地的军事冲突不断，战火频仍，甚至在个别地区有愈演愈烈之势。有人甚至担心，是否会爆发新的世界大战！

事实上，这种担心是完全没有必要的。

二战造成的影响极为深远，涉及政治、经济、文化、科技等各个领域，给世界带来了天翻地覆的变化。特别是东西两大对立阵营的出现，彻底改变了近两百年来由资本主义支配世界的格局。随着苏联的解体，表面上这种对立已不复存在，但它所留下的阴影仍然存在于全球各个角落，当代世界全局性矛盾的焦点仍然集中于此。不过，经过战后 70 年的历史演变，人们基本可以形成这样一个共识：任何一方都不可能通过军事手段一举消灭对方，并存和互相竞争的局面已经形成。换句话说，就是从政治、经济、文化等诸方面较量彼此实力和影响力等手段已经成为世界范围内竞争的主流。军事手段虽然没有被完全抛弃，但是爆发世界大战的可能性微乎其微，基本可以忽略不计。

正值二战胜利 70 周年之际，我们策划、出版这套《二战风云人物》丛书的目的也在于此。丛书共 10 册，收入了二战期间"同盟国"和"轴心国"将领各 5 人，分别是：艾森豪威尔、巴顿、麦克阿瑟、朱可夫、蒙哥马利、隆美尔、邓尼茨、曼施泰因、古德里安和山本五十六。丛书没有止于对人物在二战期间经历的单纯记述，而是从宏大的历史战争画卷入手，就人物的性格、军事指挥艺术以及世界潮流发展进行深入分析与阐释，总结得出一个结论：邪恶势力或许凭借个人能力或物质基础而嚣张一时，但最终都无法改变正义必将战胜邪恶这一亘古不变的真理。

愿战争不再，和平永驻。

鉴于水平有限，丛书中难免会出现疏漏或错误，敬希读者批评指正。

目录

第一章 | "装甲兵之父"的成长之路

早年生涯 / 003

初识摩托化 / 007

筚路蓝缕 / 011

装甲兵部队的建立 / 018

第二章 | 通向战争之路

希特勒的崛起 / 029

出兵莱茵兰 / 037

驯服军官团 / 043

吞并奥地利 / 048

《慕尼黑协议》 / 055

吞并捷克 / 060

第三章 | 闪击波兰

大战前夜 / 069

初历战阵 / 076

闪击战 / 083

与苏军会师 / 090

第四章 | 巅峰时刻

"假战争" / 095

曼施坦因计划 / 099

坦克，出击 / 107

直抵英吉利海峡 / 119

敦刻尔克 / 126

法国的陷落 / 133

停战之后 / 141

第五章 | 苏德战争——两个民族意志力的较量

战前局势 / 149

巴巴罗萨 / 155

长驱直入明斯克 / 167

合围，合围 / 174

转兵基辅 / 193

兵锋再向莫斯科 / 206

严冬到来 / 214

黯然去职 / 230

第六章 | 大厦将倾

赋闲置散 / 239

东山再起 / 248

权力最大的装甲兵总监 / 253

无力回天的总参谋长 / 275

再次去职 / 301

尾声 / 308

第一章

"装甲兵之父"的成长之路

早年生涯

1888年6月17日，驻扎在东普鲁士维斯瓦河畔库尔姆市的普鲁士第二波美拉尼亚轻步兵营的中尉菲德烈·古德里安，迎来了他的长子的诞生。他给这个孩子起名为海因茨·威廉·古德里安，而这个名字日后注定会载入史册。

菲德烈·古德里安中尉的家乡在同属于东普鲁士的大克罗尼亚，他的妻子卡拉娜，娘家姓克尔齐霍夫，就出生在库尔姆附近的尼姆克瑞克。和普鲁士很多世代从军的贵族军官不同，追溯几代先世，古德里安家族只从事过地主和律师这两种职业，菲德烈·古德里安是这个家族的第一代职业军官。

小海因茨在维斯瓦河畔快乐地成长着，两年后，他的父母又给他添了个弟弟。军人家庭的生活，总是处在动荡中，小古德里安3岁那年，他的家庭随着调职的父亲搬迁到阿尔萨斯州的科尔马尔。6岁那年，他在这里就读小学。1900年，老古德里安又一次调动，他的家又随之搬到了洛林州的圣阿沃尔德。这一年，海因茨·古德里安12岁，已到了上中学的年纪。

圣阿沃尔德是个小地方，这里没有高级中学，小古德里安要想在普通中学继续读书，就只能去外地读寄宿制中学。老古德里安仅仅是个中下级军官，薪水并不高，供两个儿子读寄宿制学校，不免窘迫。

当时，德国军人家庭素有送子弟读少年军校，子承父业，继续从军的传统。老古德里安倒也没费太多思量，就决定送两个儿子入读巴登地区的卡尔斯鲁厄少年军校。这样，两个儿子既可以免费接收良好的教育，又可以传承自己的军人职业。就这样，海因茨·威廉·古德里安在12岁那年，踏上了自己毕生的从军之路。

1901年4月2日，古德里安和弟弟进入卡尔斯鲁厄少年军校学习。这所学校只是预备军官学校，还不是正式军官学校。两年后，古德里安升入柏林中央军官学校学习。又过两年，他的弟弟也升入这所学校。直到1907年2月毕业，古德里安一直在这所军校学习了4年。

当时，德国的军事教育已走在世界的前列，少年军校除用严格的军事纪律约束学员，更注重军人品德的培养，使之毕业后成为合格的军人。在课程设置上，既有军事教育，也不忽视学员基础知识的学习。在课程设置上，它以当时最现代的实科中学为标准，特别注重语文、数学和历史课程。这就为学员未来的发展打下了良好的基础。当古德里安晚年回忆起自己军校的教官时，依然满怀感佩之情。

军校学员毕业后，要进入部队实习。古德里安被分配到驻扎在洛林州比奇的第十汉诺威轻步兵营。令古德里安异常欣喜的是，这个营的营长正是他的父亲——菲德烈·古德里安。在离家6年后，古德里安终于又和自己的家人团聚了。

和家人短暂的欢聚后，古德里安开始接受见习军官的训练。虽然父亲就是这个营的长官，但古德里安并未受到任何特殊照顾，如果有什么特殊的话，那就是要求更为严格。古德里安理解父亲的良苦用心，毫无怨言地接受了对一个实习军官来说严格甚至是苛刻的训练。两个月后，古德里安又去梅兹战争学校接受了8个月的培训。教官在毕业评语中给了他极高的评价："知识水平和业务能力十分优秀……才华出众，积极进取，忠于职守。"1913年1月27日，古德里安被授予少尉军衔。

授衔后，古德里安少尉依然被分配回第十汉诺威轻步兵营，成为父亲手下的一名低级军官。

沉浸在成为军官的喜悦中的古德里安，感觉生活是美好的，父亲就在身边，随时言传身教，还可以经常看到母亲和其他家人。这样的日子持续到1908年年底。1908年12月，他的父亲调职，离开第十汉诺威轻步兵营，古德里安再次和家人分开。

1909年10月1日，古德里安所在的营调防回到它的发源地——汉诺威。在这里，古德里安遇到了让他倾心的姑娘——玛格丽特·格尔尼，一个医生的女儿。在订婚3年后，他们于1913年10月1日结为夫妇，从此相濡以沫，共度一生。

1914年8月23日，这对年轻夫妇的第一个儿子出生了。可是，初为人父的古德里安却不能陪伴在妻儿身边，他必须待在部队。就在他的儿子出生前25天，1914年7月28日，第一次世界大战爆发了。

在大战爆发前两年，古德里安就已经从汉诺威轻步兵营调往通信兵部队，随后又在中央陆军大学工作。大战爆发时，他作为无线电通讯台台长，随骑兵第五师开往西线。开战不久，他收到了一个不幸的消息，他的父亲菲德烈·古德里安病逝。对古德里安来说，他不仅失去了一位父亲，还失去了一位良师。后来他在回忆录中写道："他的逝世使我在军人典型和人格上失去了效法的楷模。"

"一战"期间，古德里安调动频繁，职务多次变换，在东西两线都工作过。在大部分时间，他都是一个通讯军官，这对他后来组建坦克部队时采用无线电通信指挥部队的方式，产生了很大影响。后来他还担任过参谋军官、后方部队的基层指挥官，甚至在一个短时期内，担任过占领区的民事官。

1918年1月至2月，古德里安在法国色当接受了两个月的参谋培训。培训结束后，他在德国陆军参谋总部服务了3个月，这时他可能只是一个实习参谋，应该未担任具体职务。不过，这个年轻参谋军官的出色表现，开始被一些人关注。

第一次世界大战结束时，古德里安的职务是上尉营长。

初识摩托化

经过 4 年的苦战，德国终于不支，德皇威廉二世于 1918 年 11 月 9 日宣布退位。11 月 11 日，德国求和，第一次世界大战以德国的失败告终。战后，德国被迫接受协约国拟定的《凡尔赛和约》，和约与德国息息相关的是三方面：割地、赔款、限制军备。

根据和约规定，德国三次参与瓜分波兰获得的领土，归还给了新成立的波兰共和国，这包括西普鲁士、波茨南省，部分东普鲁士及部分上西里西亚。古德里安的家乡库尔姆也包括在内。通过一条狭窄的通道，波兰与波罗的海岸边的但泽自由市相接，这条通道被称为"但泽走廊"，它将东普鲁士与德国本土分开；东上西里西亚归属了另一个新独立的国家——捷克斯洛伐克；此外德国也丧失了通过历次战争从法国和丹麦获得的阿尔萨斯和洛林、北石勒苏益格等土地以及全部海外领地。

德国被责承担负全部战争责任，须向协约国方面支付战争赔款 2260 亿马克，约合113亿英镑，在1921年又最后协商确定为49.9亿英镑。这笔赔款连同利息，直到2010年才由联邦德国还清。

为了限制德国发动战争的能力，和约规定莱茵河西岸的领土由协约国军队占领15年，两岸50公里内划为非武装中立区，德军不得进入；陆军总兵力不得超过10万人，且不许拥有坦克、重型火炮、重机枪等进攻型武器，解散德军总参谋部；海军员额限制在1.5万人以下，不许拥有大型军舰，不许有潜艇；不得组织空军，等等。

由于停战时德国已经通过《布列斯特和约》迫使苏俄退出战争，并在东方获得大片土地，西线德军也深入敌国领土，再加上上层领袖人物并未将德国的真实处境告诉人民，因此一般德国人并不知道德国事实上已经战败。他们认为自己是响应美国总统威尔逊的《十四点建议》，希望和平体面地结束战争，所以《凡尔赛和约》是不公正的、是屈辱的，自己遭到了叛卖，而拥有广泛国际联系的犹太人，被当成了叛卖德国的替罪羊。这也是后来纳粹党能在德国崛起，迫害犹太人，发动第二次世界大战的心理基础。

停战时，古德里安上尉作为边防部队的一名营长，率部驻扎在波罗的海沿岸。《凡尔赛和约》签订后，他回到了德国。此时，已是魏玛共和国时代，正是德国军队改组重建、大幅缩编的时期。显然，他的上级认可这个年轻军官的价值，在新建的陆军里给他留了个位置。虽说职位由营长降为连长，古德里安依然十分欣慰，这样他不仅可以继续自己少年时代就开始的军人生涯，还可以避开外面那个他已不太熟悉的、有些乱糟糟的德国。

这支新建陆军被称为德国国防军，它的首任总司令冯·西克特将军是这个军队的杰出领袖。由于历届政府的短命和政治领导人的软弱，在他的领导下，德国国防军不仅成为外人无从插手的国中之国，还成为对德国国内外政治有重大影响的一支力量。

这支军队新建伊始，就设法规避和约的影响，军官团被保留了下来；军队的普鲁士传统依然延续；总参谋部虽然被勒令解散，但它的实际机构却被以国防部"军队局"的名义保存。为了削弱德国的战争潜力，和约不允许德国实行义务兵役制。作为补偿，它允许德军士兵服役年限延长至10~12年。因此在严格的训练下，德国士兵无论是战术素养还是战斗技能都比西方国家那些半生不熟的义务兵高出不止一截。这样，德国陆军成为一支虽小却精干的职业化军队，为后来的快速扩张打下了牢固的基础。

不过眼下古德里安所在的这支陆军还只是一支袖珍型军队，兵员区区10万，军官不超过1500人，上升的通道极为狭窄。如无特殊的机遇，古德里安很可能止步于中级军官，平庸地结束自己的军人生涯。

上天总是垂青于那些努力的人，古德里安的好学、勤勉、律己和很高的军事素质，早就引起了他的上级指挥官的注意。1921年秋天的一天，古德里安所在轻步兵团的团长，阿姆斯贝格上校，让人通知古德里安来自己的办公室一趟，在那里他告诉古德里安，上级部门让他推荐一个年轻军官去陆军参谋本部工作，如果古德里安同意，他愿意推荐古德里安。在当时的德国军队，有总参谋部工作的经历，是中下级军官成长为高级军官的重要条件，几乎所有的德国著名将领都有总参谋部工作的经历，也许由此古德里安的前程就是海阔天空。古德里安大喜过望，毫不犹豫地表示非常愿意。

也许是好事多磨，这次谈话后很长时间却没了下文。就在古德里安以为这事已经告吹的时候，1922年1月，他接到了参谋本部斯图普朗格中校的电话，问他为何未去慕尼黑报到。这时古德里安才知道他已经以参谋本部军官的身份被派往运输兵总监部工作，运输兵总监部的总监柴希维茨将军早就要求参谋本部派一个军官去他那里服务。调令本应从4月1日开始生效,但为了有助于古德里安熟悉运输部队的业务,又命令他提前去慕尼黑第7摩托化运输营实习,此时古德里安应该已前往报到。可能是命令有些复杂,不知哪个环节出了问题,结果古德里安未接到命令,部队未见到来实习的军官。

一块石头总算落了地,古德里安匆忙和自己尊敬的团长以及轻步兵团的同事告别,愉快地踏上前往慕尼黑的旅途。

到达慕尼黑后,古德里安立即向第7摩托化运输营营长鲁兹少校报到,鲁兹热情地接待了他。在日后创建德国装甲兵的困难日子里,这个人多次给予古德里安帮助。他在摩托化部队方面丰富的知识、与人为善的态度,都深深地赢得了古德里安的敬佩。他们两个人合作,塑造了德国装甲兵最初的形式。

古德里安被分配到一连实习。连长魏默尔上尉原本是空军人员,由于凡尔赛和约规定德国不得组建空军,而转入到陆军服役,后来德国空军组建时,他又设法转了回去。

鲁兹少校认为古德里安将来在国防部的工作一定与摩托化运输部队的组织和使用有关,于是他和魏默尔二人竭尽所能,向古德里安倾囊相授有关摩托化运输部队的业务知识,使古德里安,能够初涉摩托化部队的门径。

作为一个步兵出身的军官,古德里安以往只有在步兵部队、骑兵部队和通讯兵部队服役的经历,对于摩托化部队不尽了解,有关机械方面的知识也非常有限。如果现在有人说他将来会成为德国机械化部队首屈一指的专家,他一定会觉得非常可笑。他更不会想到10多年后,他会统率一支机械化兵团征战沙场,并且一度所向无敌。而未来那支威震天下的德国机械化部队的源头,就是目前这支属于后勤运输部门的小小的摩托化运输部队。

筚路蓝缕

1922年4月1日，结束实习之后，古德里安来到柏林运输兵总监部报到，这个新晋的总参谋部参谋军官热切地想要知道自己将要担负的责任和业务范围。运输兵总监柴西维茨将军略微有些尴尬地告诉他，自己原本将古德里安的工作限定在摩托化运输部队的使用，但是他的参谋长皮特少校却认为古德里安还应该研究与摩托化运输相关的问题，包括工厂、加油站、装备技术，甚至公路的工程问题以及其他运输工具等。古德里安有些吃惊，他告诉将军自己完全没有这些方面的知识，恐怕难以胜任。将军有些同情他，但表示无能为力，因为根据条例，参谋人员的工作支配属于参谋长的权限，总监也无权过问。古德里安有些悻悻然地提出将自己调回步兵部队，立即被直接拒绝。这样古德里安有些被动地走上了成为技术军官的道路。

古德里安骨子里有一股肯钻研、不服输的狠劲儿，既然接受了这个工作，就一定要干到最好。他搜集资料，看看能不能使自己尽快熟悉工作，但发现前任除了几件未办完的公文，其他的什么都未留下。好在部门里有几个资深的同事，他们不仅业务精熟，而且十分熟悉档案，他们给了古德里安很大的帮助。古德里安自己也加紧学习并注意实际考察，工作逐渐走上正轨。这期间，柴西维茨将军主持了一个有关用摩托化车辆运输部队的研究计划，并举行了小型演习验证研究结果。古德里安第一次亲身参与了摩托化部队运作的全过程，认识到了它的实用性，也激发了古德里安全身心地投入对它的研究。

柴西维茨将军是个对下属严格要求的好长官，对工作具有德国人特有的那种认真细致，"准确"是他对下属提要求时最常使用的字眼，古德里安在他手下得到了很好的锻炼并深受其影响。

随着研究的深入，古德里安脑海里产生了一个问题。

摩托化车辆在第一次世界大战中就已被广泛使用，特别是法国的贝当元帅在凡尔登战役中大规模使用卡车运输人员和物资，取得了极好的效果，各国纷纷效仿，摩托化运输已成为发达国家军事运输的常规模式。但是古德里安发现，所有成功使用摩托化运输的例证都局限在一条牢固战线的后方，在这里，运输部队一般不会受到攻击。然而由于《凡尔赛和约》的限制，德国无法建立一条牢固的防线，部队只能进行机动防御，运输车辆要跟随战斗部队行进，极易遭到敌方的攻击，因此摩托化运输部队的防护问题就必须提到重要的地位。古德里安的研究结果是，最好的防护办法就是摩托化车辆装甲化。从此，古德里安的研究进入了一个全新的领域。

由于德国在"一战"中使用装甲战车的战例不多，战后更被限制拥有装甲车辆，所以古德里安手头的资料寥寥无几。英法"一战"时使用装甲战车远比德国广泛，英国更是首先发明了这种武器，并命名为坦克。他们的军事理论家也发表了很多有关这方面的文献，古德里安尽力搜集，并如饥似渴地加以研读。

无论在"一战"时还是战后,军界的主流理论是将坦克作为步兵的支援性武器,分散在前线部队中加以使用。但是一些有前瞻眼光的军事理论家对坦克的使用提出了全新的见解,这其中尤以英国的福勒、李德·哈特等人较为著名。他们认为应将坦克集中使用,李德·哈特还强调使用装甲兵作远距离的突击,向敌人的交通线发动攻击,而且他还建议成立一种结合战车和装甲步兵单位的装甲师。古德里安迷恋上了坦克这种集矛和盾于一体的武器,并深深沉醉在这种新的大规模作战理论所创造出的战争远景中。此时的他已经超越了一个后勤运输部门参谋军官的局限,将目光投向未来战争中装甲部队的使用上,成为德军研究装甲兵的先驱。

虽然古德里安是如此痴迷坦克及其作战理论,可他毕竟只是个负责后勤运输的参谋军官,而且德国根本没有坦克,现在他能做的也只能是"纸上谈兵"。他开始经常在德国军事刊物《军事周刊》上发表文章,介绍国外坦克的新发展、新的装甲兵作战理论以及他自己的研究心得和观点,慢慢地竟为他在德国军界赢得了装甲兵专家的名声。

1923年,古德里安初次获得一个验证其理论的机会。他负责制定一个演习计划并指挥演习,目的是证明战车可以和骑兵配合担负搜索任务。其时德国并没有装甲战车,演习使用的是一种装甲载运车,它是一种轮式车辆,无法越野。但古德里安仍然对演习结果十分满意,他有些兴奋地在演习总结报告中表示,希望通过自己和同事们的努力,在将来可以把摩托化部队由勤务兵种转变为战斗兵种。这份报告引起了当时的运输兵总监纳兹美尔上校的反感,他粗暴地说:"见鬼,什么战斗部队,它只配装运面粉。"

在1923年到1924年的冬季,勃劳希契中校——未来的陆军总司令,主持了一个比较大的演习，其目的是要试验摩托化部队与空军合作的可能性。这次演习引起了陆军训练处的重视，古德里安经过考核被其任命为战术战史教官，培训演习部队的年轻军官。古德里安就此结束了在运输兵总监部的工作。为了能在课堂上给那些凡事都爱刨根问底的青年军官讲解明白，古德里安深入研究了过去的战史，特别研究了拿破仑1908年的战役，这次战役过去在德国很少被提及，原因是此次战役德军惨败，但它是一个在机动战中指挥战斗的经典战例。古德里安也研究了"一战"刚爆发时德法两军的骑兵战史，讨论了1914年的骑兵战术。这对古德里安开始形成的装甲兵作战理论有很大的启示。

这段时间，古德里安很活跃，他在战术练习和兵棋演习中常常借机会发表自己的新观念，结果引起了顶头上司霍林少校的注意，在他给上级的报告中就提到古德里安在装甲兵方面的专长。主要由于这个原因，在三年教官生活之后，古德里安又被调回国防部，在运输司服务。他的这个职务是新设立的，主要的工作是研究用卡车运兵的问题，事实上这也是德军当时仅有的机械化运输工具。

鉴于古德里安在装甲兵研究方面的名声，1928年秋天，运输部队的训练主管斯托特迈斯特上校，要求古德里安去兼任他们的战车战术教官。他的上级也批准了此项兼职。

一直以来，古德里安的研究都只是局限在理论方面，对坦克的实际使用所知甚少，甚至从未进入过坦克内部，如今居然要做坦克战术教官。

古德里安很珍惜这个机会，做了充分的准备，找了很多"一战"的坦克战例，也尽量搜集其他国家的坦克兵操典教案，借此追踪其他国家坦克的最新发展。由于德国没有坦克，古德里安在演习中就使用模拟战车。最早的模拟战车是用帆布制成外壳，靠人力推动，后来又有了铁制外壳、内装发动机的模拟战车。古德里安就用这些简陋的器材摸索坦克战术。然后再用战车排、战车连、战车营这些不同规模的战术单位，系统地实验战术的可行性。虽然条件有限，但是古德里安头脑里的战术思想还是越来越明晰了。

《凡尔赛和约》规定，战后德国不允许拥有坦克。德国国防军不得不用汽车配上钢壳模拟坦克进行装甲战术的演练，称为"tankwagen"

不久，古德里安有了一个亲身体验坦克的机会。他被派往瑞典访问，并观摩瑞典军队的演习。瑞典军队装备了一些德国"一战"末期生产的坦克，在演习时，身为德国头号装甲兵专家的古德里安，第一次进入一辆真正坦克的内部，并尝试驾驶它。

到了1929年，古德里安已经逐渐形成了自己的装甲兵理论。他认为无论是单独使用坦克，还是与步兵协同作战，都不足以实现坦克的最大价值。除非其他所有支援兵器也都具有与坦克同样的速度和越野能力，跟上坦克的前进，否则坦克绝不能充分发挥它的效力。在各种兵种的组织中，装甲兵应居于主要的地位，其他的兵种则都应配合装甲兵的需要而居于辅助的地位。把战车编在步兵师里面是绝对错误的，事实上它所需要的是一种除坦克外还含有一系列支援部队的装甲师，这样坦克就可以充分发挥它的战斗威力。

在1929年的夏季图上演习中，古德里安以构思中的装甲师部分兵力做基础，拟定了一次极为成功的演习，这让他更加确信自己的理论是正确的。但是他的上级，运输兵总监斯图普纳克却对他的理论不屑一顾，认为装甲师不过是古德里安的白日梦。

就在古德里安举步维艰的时候，他在慕尼黑认识的老朋友，现在的运输兵总监部参谋长鲁兹上校伸出了援手。

1929年的秋天，鲁兹问古德里安是否愿意担任一个摩托化营的营长，古德里安立即回答愿意。经过鲁兹的一番运作，1931年2月1日，古德里安担任了第三摩托化营的营长。

古德里安上任后，鲁兹利用自己的影响，四处张罗，设法给他凑齐了装备。古德里安这一营下辖4个连，第1连装备的是装甲搜索车，其实就是一种装甲汽车；第2连是战车连，名字很唬人，可实际是模拟战车；第3连是战防炮连，装备的也是木炮；第4连装备的是卡车，这是运输部队原有的装备。

利用这些七拼八凑的装备，古德里安信心十足地开始了对自己研究出的战术进行实际演练，而他的下属们居然也十分热心地配合，这些运输部队的官兵们早就对原来担负的后勤供应任务腻歪透了，现在有机会换换口味，自然十分高兴。1连的装甲搜索车虽然已是古董级装备，但现在可是古德里安的宝贝，轻易舍不得使用，生怕磨损。平时野外演习时都是2连的模拟战车承担装甲部队主力的角色。

运输兵总监斯图普纳克依然对古德里安的理论毫无信心，他甚至禁止古德里安在所属师举行的演习中投入超过一个排的兵力。他的成见很深，甚至在离任时还谆谆告诫古德里安："你是太性急了。请相信我的话，在我们这一生当中别想能够看到德国的战车会做正式的行动。"

但现在他的反对已经不重要了，古德里安迎来了曙光，运输兵总监部有了一个新总监，他就是古德里安的朋友和支持者——鲁兹。

装甲兵部队的建立

新任运输兵总监鲁兹将军多年来一直十分欣赏古德里安的才能。作为老朋友,他对古德里安组建装甲兵部队的想法完全赞同,并在自己的职权范围内给予了最大的帮助,对古德里安提出的新的装甲兵战术理论也有深刻的理解。甫一上任,他就任命古德里安为自己的参谋长。古德里安终于迎来了梦寐以求的机会。在此后的几年里,他们二人紧密合作,顽强地与陆军总部和其他兵种,以及自己部门内的反对者作斗争,也努力争取支持者,克服了诸多困难,从无到有,最终成功组建了德国第一支装甲部队。

为了组建未来的德国装甲部队,鲁兹和古德里安两人目前迫切需要解决三个问题。

首先是装甲部队的组织结构,他们二人都认为:在未来的战争中,装甲兵应该是一个在战略上有决定性作用的兵种,基本作战单位不宜小,应以装甲师为基本作战单位,进而组成装甲军,进行大的战役。但是将一支勤务部队改组成陆军最主要的战斗兵种,不可避免地会和陆军总部及其他兵种发生冲突。

陆军总部现在不反对建立装甲兵，但希望它作为一种支援火力部署在步兵部队中，不希望它独立成军。

步兵自认是战争中的皇后，是陆军里当之无愧的老大，当然不愿意别人取代它的位置。在以往的演习中，那些参加过第一次世界大战的老兵们，用嘲弄的目光看着古德里安近似玩具的模拟战车，有人甚至开玩笑似的试图用刺刀捅破它的外壳。

最激烈的反对来自骑兵，自古以来骑兵是战场上唯一快速机动的武装力量，他们看出来，如果实现古德里安的作战理论，骑兵必然会退出历史的舞台。骑兵总监部坚决地捍卫自己的地盘，甚至还想收回以前分给运输兵的部分业务。

其次要确定未来装甲部队的装备，特别是战车的性能。由于《凡尔赛和约》的限制，德军目前还没有装备坦克，但它和一些德国公司秘密签订了合同，委托它们研制坦克。古德里安回忆录里含混地谈到当时在国外的实验站里正在实验着几种坦克。大概没人会想到，这个国外指的竟是苏联。

"一战"后，苏德两国都为英法把持的国际主流社会所排斥，为了彼此的需要走到了一起。1922年，魏玛共和国与苏联签订了《拉巴洛条约》，内容包括双方建立外交关系，彼此放弃索赔战争赔款，两个缺乏硬通货的国家进行易货贸易。在正式文本外，双方签订了秘密军事协议。协议规定德国向苏联出售军事装备生产线，提供军事技术；苏联提供场地供德国试验新式武器和部队训练，以避开英法等国的监督。苏联第一艘潜艇的图纸就是德国提供的，包括戈林在内的一批德国"一战"王牌飞行员都训练过苏联飞行员，古德里安甚至为苏军编写过演习大纲。而苏联的土地也成了德国避开英法的监视，试验新武器和训练军队的理想场所。这个协议直到希特勒上台，撕毁《凡尔赛条约》公开重整军备后，才被废止。

当时实验站正在实验5种型号的坦克，包括两种型号的中型坦克和三种型号的轻型坦克。样车没有使用装甲钢板，而是使用的普通钢板，轻型坦克安装的是37mm火炮，中型坦克安装的是75mm火炮。最高速度每小时22英里。

负责监造的皮尔纳上尉，在样车设计和制造时已尽量引入新的技术，比如高效率的发动机，能全方位射击的炮塔和机枪，战车底盘高度设计得足够高，使其具有优良的越野能力等。但这些样车离古德里安的战术要求仍然有很大距离，例如车内乘员座位设置不合理，使车长有观察死角；没有无线电通信设备，这样坦克集群行动时，无法接受上级指令和互相协调，等等。因此不能以这些样车为蓝本批量生产。

在古德里安的坚持下，经过和设计、制造单位及军队其他部门反复协商，对原有设计方案做了大量修改，最终为德国坦克制定出了技战术指标。

未来的德国装甲兵将配置两种型号的战车：一种是轻型战车，它配备一门可以击穿坦克装甲的火炮和两挺机关枪，一挺装在炮塔上，一挺装在车里面，通过前端的射击孔，向外射击；一种是中型战车，它配备有一门大口径火炮和两挺机关枪，配置方式和轻型战车一样。一个战车营的编制是三个轻型战车连和一个中型战车连。中型战车的任务有两个：一是支持轻型战车作战，二是射击那些轻型战车上小口径火炮所达不到的目标。在火炮口径的问题上，古德里安与兵工署和炮兵总监部的意见不同。后两者都主张轻型战车使用37mm口径的火炮就足够了，可是古德里安强烈主张采用50mm口径的火炮，他认为不久外国的战车都会采用较厚的装甲，所以火炮口径较大则可以较占优势。不过，因为步兵早已装备有37mm的战防炮，为了装备通用化，以降低成本起见，古德里安和鲁兹将军只好放弃他们的意见。在中型战车上装置75mm口径的火炮问题上，大家没有不同意见。这些战车的总重量都不能超过24吨，这是德国公路桥梁的规定载重。速度被定为每小时25英里。每一种战车的乘员都是五个人：一名炮手、一名弹药手和一名车长位于炮塔里面（车长的座位比炮手要高，他拥有一个全方位视角的特制小型指挥塔），驾驶员和无线电报务员都坐在车身里面。车内人员彼此的联络使用喉头麦克风。战车与战车之间则用无线电联络。

以上模式的主要方面，直至20世纪七八十年代，依然为世界各国坦克通用。

除了部队组织、装备外，迫在眉睫的是部队的训练，毕竟只有实力才能让反对者闭上嘴巴。但只靠古德里安手头上那些简陋器材训练显然是不行的，而正在研制的坦克离投入使用还很遥远，况且也不能明目张胆地违反《凡尔赛和约》。为了应急，鲁兹将军决定生产两种训练坦克，这就是1934年后投入使用的"Panzer I"和"Panzer II"。后来在"二战"初期，德军也将其投入战场。

在1932年的夏季，古德里安的小型装甲部队初步训练完毕，鲁兹将军组织了一次演习，以检验装甲部队的战斗力。参演部队是一个步兵加强团和古德里安的装甲营，参演的车辆还是模拟战车，但已有很大改进，它采用六轮卡车的底盘，外壳是真正的装甲，不是薄钢板。在对抗演习中，古德里安的装甲部队取得了完胜。内燃机战胜了马匹，大炮战胜了刺刀。

在事实面前，除了骑兵部队还传来几句尖刻的批评，其他反对者都闭上了自己的嘴巴。其实即使在骑兵部队，古德里安现在也得到了不少青年军官的支持，他们在古德里安装甲部队的身上，看到了古老的骑兵战术在内燃机时代复兴的希望。

德国装甲兵的成立此时已经进入倒计时阶段，任何还试图阻挡的人，看起来都已像是螳臂挡车。

1933年发生了堪称德国近代史上最重要的事件之一，德国总统兴登堡任命阿道夫·希特勒为德国政府总理，从此希特勒和纳粹党走进了德国政治生活的中心。

德国军官团对纳粹党人和希特勒的感情是复杂的，一方面他们从希特勒狂热的民族主义叫嚣里看到了摆脱《凡尔赛和约》、使德国重新武装起来的希望，另一方面又对纳粹党徒怀有深刻的阶级成见和轻蔑。在得到了希特勒的保证后，他们支持了希特勒的上台。他们并不认为希特勒是什么了不起的人物，就像对历届政府一样，他们认为自己随时可以摆脱他。

古德里安本人对纳粹党和希特勒反而倒没有太多的成见，他认为希特勒是俾斯麦以后德国最重视军队的总理。在一次防务展览会上，古德里安用了半个小时的时间向希特勒展示了一支小型装甲部队的构成和装备，他从希特勒眼睛里看到了发自内心的狂喜。在展示过程中，希特勒不停地说："这正是我想要的，这正是我想要的！"

古德里安希望得到这位政府首脑对未来装甲部队的支持（鲁兹也抱有同样的希望），他甚至感觉得到，比起大多数德国高级将领，希特勒会更加理解和支持他的有关未来德军的建军思想。

勃洛姆堡将军和赖兴瑙将军担任了新的国防部长和常务次长，他们两位在古德里安看来是思想开明的，能接受新的技术和思想。现在的主要阻力来自陆军总部。

新任陆军总司令弗里奇上将在军中广有人望，也深得古德里安敬重。虽然和所有传统军人一样，他对新技术持一种根深蒂固的不信任，但总的来说，还能听进别人的意见，承认事实，改变自己的看法。可是他的参谋长贝克将军却十分顽固。

贝克将军是老派军人的典型代表，为人正直，精明干练，是一个出色的参谋长。然而他的军事思想与老毛奇、施里芬一脉相承，还停留在第一次世界大战的战场上。他先是反对建立装甲师，主张成立装甲旅，这样可以将它配置到步兵师中，让坦克成为步兵的支援火力。在古德里安的激烈抗争下，他不得不撤回自己的建议。但他又对古德里安主张的装甲部队规模提出反对，认为三个装甲师的规模有些大，两个就足够了。他觉得古德里安走得太快了。

针对反对意见，鲁兹将军将摩托化部队中的各装甲兵单位如召集在一起，凑成一个师，进行了四个星期的训练后，举行了一次军事演习。演习的目的是向陆军上层证明大规模使用坦克及其支援兵器的可行性，演习部队演练了执行四种战术任务的过程。

演习的结果可以说令人非常满意，装甲师的可行性得到了陆军上层的认可。当表示演习结束的黄色气球升起时，弗里奇上将以自己的方式对古德里安进行了赞扬，他用半开玩笑的口吻说道："（演习非常成功）就是漏了一件事，气球上应该印上'古德里安的战车，顶好！'"

德军装甲兵司令部于1934年7月1日正式成立。虽然没能如古德里安所愿，在司令部前加个总字，还是比其他兵种司令部低半级，但总算能独立成军了。古德里安的装甲部队终于破茧成蝶。

首任德军装甲兵司令为鲁兹将军，古德里安仍然是他的参谋长。司令部下面辖有三个装甲师。

一年多后，在完成了繁重的部队组建、机构建设、人员培训后，古德里安从参谋长任上离开，出任第2装甲师师长。继任他参谋长职务的是保卢斯，未来斯大林格勒战役的悲剧人物。

古德里安预感到装甲兵司令部成立后，来自参谋本部的干扰不会少，装甲兵参谋长的性格应该比较强悍，保卢斯的为人有些软弱，可能扛不住外界压力。

第2装甲师的师部驻扎在维尔茨堡，这是个美丽的地方，古德里安很喜欢这里。上任后，古德里安就投入到对这支新建部队的编组和训练的工作中，努力将这些来自不同部队、具有不同军事背景的下属们凝聚成一个牢固的、有战斗力的集体。由于古德里安在装甲部队的声望、出色的组织能力和人格魅力，使工作进展得很顺利。但是，这时柏林传来的一些消息让他感到有些不安。

古德里安离任后，贝克将军重提成立装甲旅，以作为步兵师支援部队的建议，这次他获得了成功。骑兵也将手伸向装甲兵，他们用一些轻型坦克、搜索装甲车和卡车组建了4个"轻型装甲师"。有限的资源被分割，装甲兵司令部原本设想的组建后继装甲师的计划泡了汤。最后装甲兵司令部被取消，改建制为陆军16军，那4个"轻型装甲师"组建为陆军15军。

装备生产的情况也不顺利。由于多年的军备限制，德国工业界对军事装备的研发和生产能力都有所不足，履带式和半履带式支援车辆一直无法满足部队的需要，影响了部队的合成训练。

在1936年的秋季大演习中，陆军总部只允许一个坦克团，配属在步兵师下参加演习，这自然使它的战斗力无从发挥。

这一切使古德里安感到非常困扰。在鲁兹将军的支持下，他开始写作一部关于装甲兵部队的军事著作。在这本书里，他系统地阐述了自己的装甲兵建军思想，总结了自己多年对装甲兵的组织、装备和技术战术方面的研究心得和训练经验，并对反对者的责难进行了回击。

书中他明确了坦克的三大特征：防护力、机动性和强火力。认为具有上述特征的坦克，在战场上能起到独一无二无的作用，是任何其他兵器无法替代的。对敌方的攻坚和对步兵提供火力支援，都不应该是坦克的主要任务，坦克的使用方式应该是在合适的地点，集中大量坦克，对敌军宽大正面进行突然攻击，快速打开突破口，并在配属的乘坐装甲载运车的步兵和炮兵等辅助兵种的支援下，快速挺进敌军的纵深和后方，使其不能建立新的防线，取得战役最后的胜利，而扩大突破口、消灭残敌的任务，则可以交给步兵。

出版时书名定为《注意，装甲兵》（又被译为《坦克，出击》）。这部著作奠定了古德里安世界装甲兵理论权威的地位，很多年后，这本书依然是世界装甲兵部队的军官训练教材。

此时的希特勒在兴登堡去世后，已成为德国最高领导人。他将德国总统和政府总理的职位合二为一，改称为元首。

相关链接：

Panzer I 型坦克

由于受《凡尔赛和约》的限制，德军不能拥有进攻型武器，其中就包括坦克。德国装甲部队组建初期，为了解决部队训练问题，当时的德军运输兵总监（后来的德军第一任装甲兵司令）鲁兹组织设计的一款训练用的坦克。它利用现成的卡车底盘改装，装甲只是一层薄薄的普通钢板，乘员2人，全重5.4吨，最大速度37公里/小时，炮塔装配2挺重机枪。这是"一战"后德军列装的首型坦克，后来被投入西班牙内战，为德军积累了宝贵的坦克使用经验。在"二战"前期，还被用于波兰、法国和苏联战场。

第二章

通向战争之路

希特勒的崛起

如果没有 20 世纪 30 年代的大萧条,希特勒和他的纳粹党恐怕就会是另外一种截然不同的历史走向。

在"一战"战败,魏玛共和国刚成立的困难年代,德国冒出了成千上万个极端主义小派别。它们有的极左,有的极右,大多以标榜民族主义、谴责祖国叛徒、反对《凡尔赛条约》为号召,招徕徒众。纳粹党(全称国家社会主义德国工人党)就是其中之一。由于希特勒出色的组织能力和富于蛊惑力的演讲,它开始在巴伐利亚州有了些影响。1923 年 11 月 8 日,纳粹党人组织的啤酒馆政变虽然失败,却轰动了全国。随后的审判中,希特勒在法庭上的滔滔雄辩,让他一举成名。在狱中,他写了后来成为"第三帝国""圣经"的《我的奋斗》。1924 年圣诞节前夕,希特勒出狱。出狱后,他放弃了暴力夺权的思想,改为争取在体制内取得政权。他夺回了纳粹党的领导权,改组了党的组织,开始争取体制内有影响的势力的支持,特别是陆军的支持。

可是他的好运似乎到了头,在这一年,魏玛共和国熬过了困难时期,步入了正常发展的轨道。

1925年，德国和欧洲各国（除苏联）签订了《洛迦诺公约》，使德国与其他国家关系正常化，并恢复了德国的大国地位；通过采取新的金融政策，为害剧烈的通货膨胀终于降了下来，马克的币值得以稳定；社会党政府经过和协约国艰苦的谈判，大幅减少了战争赔款，使每年支付的赔款和利息控制在可以接受的水平；早些年马克的大幅贬值，帮助公共部门和私营企业摆脱了大笔债务负担，开始了正常发展；外国的投资和贷款，特别是美国的投资和贷款，开始大量流向德国，为德国工业界提供了急需的血液。经过6年的动荡，德国人民终于过上了正常的生活。

在繁荣的年代，极端主义思想是没有什么前景的。纳粹党的发展开始裹足不前，虽然进入了国会，却是排名最后的政党。在1928年的国会选举中，仅得81万张选票，在国会491个席位中，只有12席，影响似有若无。

1925年12月1日，《洛迦诺公约》签字仪式前的英法德三国领导人，从左至右为：德国外交部长施特莱斯曼、英国外交大臣张伯伦、法国总理兼外交部长白里安

在1925~1929年间，德国经济高速发展，一片兴旺，到处建设标志性建筑，失业率降到历史最低，普通的德国人，也就是希特勒指望的支持者，也从发展中得到了好处。那些年，柏林成了欧洲的现代艺术之都。德国人民变得开朗起来，并且愿意与外国人交流。如果这样发展下去，不出几年，希特勒和纳粹党就会变成德国人喝啤酒时助兴的笑料。

然而，这欣欣向荣的一切，在1929年底，毫无先兆地，戛然而止。

席卷全球的资本主义经济危机爆发了，风暴的中心虽在美国，然而很快就波及德国。

德国的繁荣是建筑在借贷的基础上，特别是来自美国的贷款。金融危机来临，纽约的银行家们收紧银根，德国经济就不免受池鱼之殃。而且德国经济对外贸有很大依赖性，它需要进口粮食、燃料和大宗原料，出口精密仪器、机械设备等，当国外需求减少并且各国竖起贸易壁垒的时候，它的国际支付能力就成了问题。

德国又一次滑入了深渊，而且这一次更加看不到方向。

银行破产，工厂停工，成千上万家小企业破产，中产阶级一夜间滑向赤贫，大批工人失业。1928年登记失业人口不超过65万人，而1930年已超过600万人，全国各大城市排队等救济面包的人长达几条街。

对德国人民来说凄风苦雨的日子，却成了希特勒几年来最舒心的时候。他在纳粹党的报纸上写道：

我一生中从来没有像这些日子这么舒坦，内心感到这么满意过。因为残酷的现实打开了千百万德国人的眼睛，使他们看清楚了欺骗人民的马克思主义者的史无前例的欺骗、撒谎和背叛行为。

希特勒其实和其他人一样，并不明白爆发危机的原因，他也不想明白。但他知道，他的机会来了，他要把千百万德国人的苦难变成支持他自己野心的力量。

经济危机爆发后，德国政府就像走马灯般地更换。新一届德国政府提出的拯救经济方案，没有获得国会通过，政府又一次陷入危机。为了获得需要的多数支持票，经总统兴登堡的同意，决定解散国会，提前大选。

希特勒投入旋风般的选举中，他向千百万处境困难、心怀愤懑的人们保证，他要是上了台的话，会重新建立一个强大的德国，撕毁《凡尔赛和约》，停止支付赔款，廉洁政府，肃清贪污，整顿金融，要给每个德国人工作和面包，还要让他们有希望和尊严。

1930年9月14日，选举结果揭晓，甚至出乎希特勒自己的意料，纳粹党获得了6409400张选票，在国会491个席位中夺得107席，一跃而为国会第二大党，而仅仅就在两年前的选举中，他们只获得81万张选票和12个国会议席。

纳粹党获得胜利的同时，共产党也使自己在国会中的议席增加到77个，失败的是那些政策温和的中产阶级政党，他们的很多支持者背弃了他们。但是选举结果依然是没有一个政党能在国会中获得多数，从而推行自己的政策。

选举结束后，魏玛共和国的两大支柱——工业界和陆军，面临一个问题，选择支持谁来使德国稳定下来。

一直以来，希特勒就在向陆军示好。一年以前，他在一次演讲中向陆军呼吁：

从事破坏的政党是没有前途的，拥有人民的力量、准备而且愿意同陆军联合起来以便有朝一日协助陆军保卫人民的利益的政党才有前途。而另一方面，我们至今还看到我国陆军的军官仍在煞费苦心地考虑能与社会民主主义者合作到什么程度，可是你们真以为你们同那个促使陆军赖以存在的基础归于解体的哲学有什么共同之处吗？

1930年，当给因为在军中为纳粹宣传而受军法审判的三名青年军官做证时，希特勒在法庭上表示："任何想取代陆军的想法都是发神经病。我们没有一个人想取代陆军，我们将努力做到在我们执政以后，以目前的国防军为基础，让一支伟大的德国人民的军队兴起。"

纳粹党人狂热的民族主义思想，重整军备的决心，也对德国军官特别是青年军官产生了很大的吸引力。对他们来说，重新武装不仅符合德国的利益，也符合他们自己的利益，毕竟在一支只有10万人的军队里，大部分军官是不会有多好的前程的。

在巴伐利亚时代，一些富有的德国人就开始资助希特勒，后来一些次一级的德国企业秘密向希特勒和纳粹党提供捐助。现在，纳粹党成了全国第二大党，一些德国顶级企业也开始向纳粹党捐款。

工业金融集团和陆军这两大势力从来就没对共和国有过什么忠诚，希特勒1930年9月的胜利，使他们中的领袖人物认为，现在也许的确出现了一股无法阻挡的趋势。他们不喜欢纳粹党人蛊惑人心的宣传和粗鄙下入流的作风，但纳粹党也唤起了德国传统的民族主义和爱国主义感情，它也许能领导德国摆脱共产主义的威胁和民主政府的软弱无能。

在共和国风雨飘摇的时刻，德国出现了一个马基雅维利式的人物，最后在他的手里葬送了共和国。他就是库珀·冯·施莱彻尔，他的姓在德文中有

"阴谋家"、"鬼鬼祟祟的人"的意思。他是现役陆军中将，国防部高官，总统儿子的密友，也是老总统兴登堡极为信任的人。

"一战"后，他在德国国防军中负责过一系列极为机密、不能见光的任务，在军中极有权势，达到了能够左右高级将领升迁的程度。即使当时的陆军二号人物，后来的国防部长勃洛姆堡将军因为与他不和，也只能挂冠而去。

他倚仗兴登堡的信任，背靠陆军为后盾，连续扶持起三届内阁，又连续三次搞垮它们，最后亲自出马担任内阁总理。此时他也许是真心想挽救共和国，但怎奈树敌太多，他在政界、军界的敌人联合起来反对他，左翼政党不信任他，右翼政党恼恨他翻云覆雨。由于他提出的经济纲领触犯了容克大地主和大企业的利益，这些人开始反对他，就连老总统兴登堡也不再信任他。他自信可以玩弄希特勒于股掌之上，竟妄图拉拢希特勒的手下以分裂纳粹党。可希特勒又岂是好相与之辈？在以凌厉的手段处理了党内的反叛后，希特勒和他的政敌们联手搞垮了他的内阁。在最后一刻，希特勒通过勃洛姆堡将陆军拉到了自己这边。出任总理57天后，施莱彻尔黯然下台，继他为总理的就是阿道夫·希特勒。

希特勒能够成为德国总理，当然是因为大萧条给他带来了机会，但更重要的是他国会内其他党派四分五裂，他们竟然现在还看不出希特勒的危险，不能团结起来阻止他，右翼政党甚至成了希特勒的盟友。不久，他们就将为他们的短视付出代价。

陆军在关键时刻站到了希特勒这边，保证了他的上台，这一点希特勒是感激的。后来他在纳粹党一次集会上讲话说："如果在革命的日子里，陆军不站在我们这边，我们就不会有今天的日子。"也许几年后，当他们不得不屈服在希特勒的淫威下时，他们会为这一刻后悔。

希特勒登上总理的宝座后，按照事前协议，将内阁的大部分职位分配给支持他上台的盟友和兴登堡属意的人，勃洛姆堡代表军方出任国防部长。右翼人士以为他们在内阁成员人数上与纳粹党人相比，有8∶3的优势，可以轻易地制约希特勒。可是希特勒又怎么会让别人牵着自己的鼻子走？

不久，希特勒就以内阁决议在议会无法通过为借口，违反与盟友们达成的协议，重新举行国会选举。1933年3月5日的选举，成了希特勒灭亡前德国的最后一次选举。选举过程中，纳粹党人毫无顾忌地利用政府机构辅选，冲锋队员在街头公开殴打犹太人和支持其他政党的选民，破坏反对党的集会。最后，戈林通过自己控制的普鲁士邦警察制造了国会纵火案，嫁祸给共产党。大选结束，纳粹党获得了44%的选票，但仍未获得国会过半席位。

在新一届国会会议上，纳粹党在右翼党派支持下，通过了"授权法"，全名是《消除人民和国家痛苦法》，该法有效期为4年。该法规定：把立法权、缔约权和宪法修正权从国会转交给内阁。内阁的法律由总理起草，并且可以不同于宪法。这个法律使希特勒获得了近乎独裁的地位。

在1933年7月15日，除了纳粹党外，德国所有其他政党都消失了，包括支持过希特勒的右翼政党。一项新制定的法律规定：国家社会主义德国工人党是德国唯一合法政党。

现在挡在希特勒前面的只有年迈体衰、行将就木的总统兴登堡了。

现在的兴登堡已是时而清醒，时而糊涂。大家都已看出他在世的日子屈指可数了。希特勒担心的是兴登堡会在去世前，在陆军的支持下，让德国皇室复辟，这是希特勒不能允许的。而要获得陆军的支持，就要解决纳粹党的军事组织——冲锋队。

希特勒当政后，冲锋队的规模已经膨胀到250万人，它的一些成员无法无天，其领袖更是桀骜难驯，令希特勒倍感头痛。而且希特勒对它也愈来愈难以控制。它的领导人罗姆计划将冲锋队与陆军合并，成立一支新型军队，并由他来领导。这引起了军队的警觉，他们要捍卫自德皇时代就享有的独立地位，决不会接受在他们看来是一群暴徒恶棍的指挥。

1934年4月11日，在去东普鲁士参观春季演习所乘军舰上，希特勒直截了当地向国防部长、陆、海军总司令等高级军官提议，他们支持他在兴登堡之后继任总统，而他会解决冲锋队问题，他保证德国军队会是德国唯一武装力量。这个提议得到了德国高级将领的一致同意。

6月30日晚上，在几经试探，罗姆仍不肯就范后，希特勒举起了屠刀，对冲锋队进行了血腥的清洗。罗姆和他的党羽被一网打尽，全部被处死。大部分冲锋队组织被解散。希特勒给了军队一个满意的答复。在血洗冲锋队的同时，希特勒也借机铲除了一些自己的对头，施莱彻尔将军就在那一天被打死在自己寓所门前。

8月2日上午，兴登堡逝世了。中午内阁发布了前一天制定的法律，将总统和总理的职位合二为一，新的名称叫元首，由希特勒担任。希特勒就任后做的第一件事是要求德国军人宣誓效忠，不是向德国，不是向宪法，而是向他本人。誓词如下：

> 我在上帝面前作此神圣的宣誓：我将无条件服从德国国家和人民的元首、武装部队最高统帅阿道夫·希特勒；作为一个勇敢的军人，愿意在任何时候为实现此誓言不惜牺牲生命。

出兵莱茵兰

在 20 世纪 30 年代前期这个风云变幻的时代，古德里安正醉心地钻研他的战车理论，忙于和军内的反对派斗争，专注于组建装甲兵部队，好像军队以外的事情对他没有太多的影响。以他的级别，希特勒和军方上层的交易也不可能为他所知。作为一个比较单纯的军人，他对军队以外的事情了解有限，早期和纳粹党人也应该接触不多，这一点和隆美尔不同，隆美尔很早就加入了纳粹党；现任的国防部长勃洛姆堡和常务次长赖兴瑙也早就在政治上倾向于希特勒，特别是赖兴瑙。古德里安和大多数德国军人一样，同情纳粹党建设强大德国的梦想，可也看不上他们的粗鄙和浮夸。

他第一次见到希特勒是在一次汽车工业展览会的开幕式上，那是希特勒刚就任总理不久，希特勒在讲话中发誓要让每个德国家庭都有一辆汽车（这也是"大众"牌汽车的来历），还谈到了新的道路建设计划。这次讲话给了他很深刻的印象，他感觉希特勒和以往的德国领导人不同。

很快他就感觉到希特勒本人对摩托化和装甲化部队是很感兴趣的。

在慕尼黑防务展览会上，他向希特勒演示了装甲兵部队的装备。从希特勒的反应上，他看出希特勒是真正明了装甲兵部队的特殊用途，他深信如果有机会让他亲自向希特勒陈述，希特勒一定会批准他建设近代化国防军的建议，现在横亘在他和希特勒之间的反而是那些保守的高级将领和军内的等级制度。

后来他又受邀参加了几次纳粹党组织的活动，通过活动中的接触，他感觉希特勒是一个对历史很有研究的人。当兴登堡去世，希特勒集总统和总理职务于一身，成为德国元首时，古德里安明白希特勒已成为德国不受限制的独裁者。在向希特勒宣誓效忠前夕，他祈祷双方都能遵守誓言。

1935年，希特勒终于公开迈出了重整军备的步伐，3月16日，他下达了征兵令，公开扩军，这就等于撕毁了《凡尔赛和约》。古德里安和其他德国军人一样，深为振奋，感到终于一洗国耻。

就在同一年，古德里安魂牵梦绕的装甲部队正式组建，他和大部分德国军官一样，相信俾斯麦之后德国终于又有了一个重视军队的强大领导人。

希特勒在征兵令中，命令陆军从12个师扩张至36个师，规模扩大两倍。将军们兴高采烈地投入征招新兵、编组部队、进行训练的工作中。各兵种竞相争夺资源。然而让古德里安愤愤不平的是，也就是在这一年，装甲兵司令部改为陆军16军，丧失了对新建装甲部队的领导权，他认为这都是陆军总司令部里保守的领导，特别是贝克将军从中作梗。

刚刚下达征兵令后，为了安抚欧洲各国，希特勒很是叫喊了一阵和平。他说他只是要对大家都公正的基础上的和平和谅解，他不要战争，战争是没有用的，他讨厌战争。在国会演讲中他还向周边国家逐一做出了和平保证。

本应对希特勒撕毁《凡尔赛和约》做出强烈反应的英法两国，却仅仅提出了软弱无力的抗议。英国甚至因希特勒秘密保证德国海军未来的规模不会超过英国海军的35%，尊重英国的海上霸权，而在私下里对德国表示了某种程度的理解。

既然各国反应不大，希特勒受到鼓舞，又开始策划一个惊人之举。

莱茵河发源于瑞士境内的阿尔卑斯山中，从南向北穿过德国，在荷兰流入海洋。它是德国抵御法国入侵，守卫德国腹部和首都柏林的一条天然防线。正如古德里安早期研究摩托化运输问题时发现的那样，失去了莱茵河，德国就无法对法国建立一条牢固的防线。

根据《凡尔赛和约》的规定，莱茵河两岸50公里内为非武装区，德国军队不得进入。协约国方面当初在和约中列入这一条款，就是为了保证德国一旦有变，协约国军队可以在毫无抵抗的情况下冲过国境线，快速渡过莱茵河，直逼德国首都柏林。这一条款让德国如同敞开自己的胸膛面对敌人，敌方的刺刀随时可以刺向自己的心脏。德国要扩军备战，就必须消除这一威胁。

早在1935年的春天，希特勒在新一届国会首次会议上保证自己尊重《洛迦诺公约》和《凡尔赛和约》之前，国防部长勃洛姆堡将军就按照希特勒的命令指示总参谋部，拟定了一个出兵莱茵兰的计划，行动代号为"演习"。计划要求"以闪电速度的突然一击"来完成任务。计划制定过程极为秘密，只有极少数军官知道，为了保密，命令由勃洛姆堡亲笔手书。现在。希特勒在耐心地等待一个机会来实施这一计划。

在两次世界大战之间，法国都有一种不安全感，在西方它和英国、比利时等国签有互助条约；为了在德国后背对德国施加压力，以减少德国对自己的威胁，法国还和东欧那些新兴国家签订了一系列条约，这些国家被称为

"小协约国"。希特勒上台后，感受到威胁的法国为了让自己的安全保障再多一些，又打算和苏联签订协议，这个协议在1936年2月27日被法国众议院通过。两天后，希特勒以法苏协议违反《洛迦诺公约》为名，出兵莱茵兰。

1936年3月，德军开入莱茵非军事区

命令下达后，德军高级将领惊慌失措，他们认为进入莱茵兰的少量德国部队一定会被人多势众的法国军队全歼。但是勃洛姆堡在3月2日依然下达了正式出兵命令，他告诉德军高级军官，这是"一个突然的行动"，他预料也会是"一个兵不血刃的行动"。可如果不像预料的那样怎么办？那么总司令保留"决定军事上任何反措施的权利"，其实这个反措施就是命令进入莱茵兰的部队赶紧撤退。

进入莱茵兰仅仅是个象征性的军事行动，出动的部队只是三个步兵营。

古德里安所属的装甲部队接到紧急集结的命令，部署在明辛根地区，预防法国可能会做出的反击。

出兵莱茵兰的行动公布后，德国一片欢腾，但是欢呼的人群可能没有发现，站在主席台上的德军总司令面色苍白，脸颊抽搐。

行动开始后，勃洛姆堡就越来越后怕，他命令进入莱茵兰的部队，遇到法国军队立即撤退。当获知法国在德法边界集结了13个师的兵力后，德军最高司令部吓坏了，勃洛姆堡在司令部大多数高级军官的支持下，建议希特勒撤回进入莱茵兰的部队。

希特勒坚信法国不会出兵，断然拒绝了这一建议。希特勒知道，如果撤退，他的政治生命就完结了，正如他后来所说："如果撤退，必然会崩溃。"贝克将军建议希特勒公开向法国保证不会在莱茵河西岸建筑防御工事，以减少法国的敌意，这一建议也被希特勒干脆地驳了回去。

令德国将军们大跌眼镜的是法国居然没有出兵！集结的13个师只是为了加强马奇诺防线。在防御作战原则多年指导下的法军，已失去了主动进攻精神。当法国政府要求法军采取行动时，法军总参谋长甘末林将军说：

"一个战斗行动，无论多么有限，都可能招致无法预料的意外情况，因此不颁布总动员令，就不能遽然采取行动。"他只肯调集部队加强马奇诺防线。而法国政府也只能在国联向德国抗议。英国比法国政府还不愿意采取行动，英国政府内部甚至有人认为，这不过是德国人进入自己的后花园。这样西方国家就失去了推翻希特勒最好的一次机会。战后纽伦堡审判时，德国最高统帅部的作战处长，出兵莱茵兰计划的具体制定者约德尔将军说："如果当时法国出兵，会把我们打得落花流水。"

这次出兵莱茵兰，只是靠希特勒的坚持、他的顽强意志才最终成功。希特勒向他的将军们证明，他有比他们有更好的战略眼光，更强的判断力。后来他说："如果不是我，而是别人当德国领导人，会发生什么情况！随便你们说谁，他都会吓破胆的。我不得不说谎，但是我的无可动摇的顽强和惊人沉着，挽救了我们。"

出兵莱茵兰行动的成功，让希特勒在国内获得了空前的威望，他现在转过身来，要收拾一下并不总是听话的军官团了。

驯服军官团

1936年8月1日，古德里安晋升为少将，从此跨入德军高级将领的行列。此时装甲兵司令部也改建制为陆军16军。

出兵莱茵兰获得成功后，希特勒需要消化成功的果实，并对德国社会的各方面深入纳粹化。一时再没有大的举动。

1937年的秋天，德军又举行了一次大规模的演习，这次装甲兵部队投入了一个装甲师又一个装甲旅的兵力，古德里安在演习统监部担任裁判。希特勒和一些外国贵宾也来观摩了演习。演习再一次证明了以装甲师为作战单位的可行性。

演习最后一天，为了向外国贵宾展现实力，组织了一次攻防演练。进攻一方集中了参加演习的全部战车，对防守一方发动总攻击，古德里安出任攻方总指挥。演习虽然使用的是训练用的坦克，但场面依然足够震撼人心。

演习也暴露出一些问题，特别是补给和维修装备力量的不足。古德里安向装甲兵团指挥部反映了问题，并提出了改进意见，但没有得到回应，这让他对陆军指挥机关更加不满。

演习后举办的午餐会上，古德里安和来观摩的外国军官进行了交流。在和英国军官交谈时，发现他们不太相信大规模集中使用战车的战术，认为坦克还应该是作为步兵的支援武器为好。

1937年就这样平静地过去了。

然而1938年刚一开始，德军最高层就发生了一场人事地震，希特勒借此机会一举整肃了德国军官团。

事情的起因缘于一个女人，勃洛姆堡的秘书爱娜·格鲁恩小姐。

勃洛姆堡的发妻于5年前去世，孩子也已长大成人，他爱上了自己的秘书格鲁恩小姐，打算结束自己的鳏夫生活，与她结婚。他深知贵族气浓厚的军官团不会赞成德国元帅娶一个出身低微的女子为妻，就去寻求戈林的支持。戈林告诉他不必担心，第三帝国是反对阶级偏见的，并答应替他向希特勒沟通。

希特勒和戈林都出席了勃洛姆堡的婚礼，并做了主要证婚人。婚礼后勃洛姆堡就和夫人去了意大利度蜜月。就在他们离开不久，柏林军政上层圈子里开始流传一个谣言，传言元帅夫人好像从事过某种不名誉的职业。当柏林警察局调查这个谣言时，发现了爱娜·格鲁恩的档案。档案记载她在当秘书之前，曾在风月场所工作过，而且她的母亲开过按摩院，她是在按摩院长大的。

档案最后落到了戈林手里。一直觊觎德军总司令宝座的戈林，马上将这份档案送到了希特勒手里。

对这些还懵然无知的勃洛姆堡回到柏林，才发现自己已经面临着一场风暴。希特勒非常愤怒，认为他欺骗了自己，把自己当傻瓜，并已做出了免除他职务的决定。他军中的袍泽认为他玷污了军队的名誉，使他们蒙羞，他们不能容忍德国最高级别的军人和这样一个女人结婚。

勃洛姆堡无奈之下，被迫离开了军队，在巴伐利亚一个小村庄里和他的夫人度过10年平静的生活。1946年3月，这个年近七旬的老人死于纽伦堡法庭监狱，他是作为证人被法庭传来做证的。

就如同应了祸不单行这句话，勃洛姆堡事件的影响还未平息，新的军队总司令还未确定，陆军总司令上将弗里奇男爵又被人举报犯了一桩风流罪，说是在同性恋者出没的场合见过他。

希特勒早就对弗里奇不满，特别是在1937年11月份的一次会议后。在那次会议上希特勒向德国几位最高军政官员透露了自己改变欧洲现状的计划，弗里奇当场表示反对，认为这会引发战争。希特勒发现这位陆军总司令不会和自己一条心。

希特勒决心利用这个事件打击不肯屈从于自己的军官团。他命令弗里奇辞职，弗里奇拒绝，表示自己愿意接受荣誉军事法庭的审判。可是希特勒不会给他洗刷罪名的机会，至少暂时不能给他机会。他当场命令弗里奇无限期休假，这实际上就是免除了弗里奇的职务。

和证据确凿的勃洛姆堡事件不同，弗里奇案件显得扑朔迷离，证据近乎子虚乌有。很多高级军官纷纷要求给弗里奇一个辩解的机会。首都柏林甚至传起了军事政变的谣言。

希特勒是不会知难而退的，很快他就做出了决定。

2月4日，希特勒召开高级军事会议。在会上，希特勒宣布自己亲自兼任战争部（国防部）部长和武装部队总司令，他的指挥机构叫最高统帅部，他的幕僚长叫最高统帅部长官，由凯特尔将军担任；瓦尔特·冯·勃劳希契将军出任陆军总司令；16名将军被解除指挥权，另有44人被调职；同时又晋升了一批比较年轻的将领。古德里安就是在这次会上接替自己的老上级鲁兹将军，出任16军军长，而两天前他的军衔也已晋升为陆军中将。

希特勒这一打一拉，瓦解了军官团的团结，他们再也不能作为一个整体和希特勒抗衡。被解职的军官都顺从地离开，没有人抗议，更没发生军事政变。

后来弗里奇曾无奈地说："这个人——希特勒是德国的劫数，不论是好是坏。如果他现在走向深渊，他将把我们统统拉着与他同归于尽，我们是没有办法的。"

虽然后来法庭调查证明，那个出现在同性恋聚会场所的人是一个和弗里奇发音相似的退役骑兵军官，希特勒也向弗里奇和陆军将领表示了歉意，但仍然只是恢复了他的军籍和军衔，任命他为炮兵12团的名誉团长，没有恢复他陆军总司令的职务。后来波兰战役时，他死于华沙城下，是被波兰军队的机枪击中而亡的。

古德里安百感交集地从鲁兹手中接过陆军16军军长的职务。他的参谋长还是原16军的参谋长保卢斯，他也是古德里安的老朋友，古德里安认为他虽然性格有些软弱，但是个标准的好参谋长。即使后来保卢斯在斯大林格勒投降后，在电台发表了反战讲话，古德里安仍然认为这是在苏联人逼迫下的无奈之举，而不是出自他的本意。

德国陆军元帅弗里德里希·冯·保卢斯在斯大林格勒包围圈中

现在古德里安麾下统率着德国最精锐的三个装甲师，即第1装甲师、第2装甲师和第3装甲师，三个师长和古德里安一样，也是新官上任。

陆军16军归第四军区管辖，军区司令官是赖头瑙将军——原来的国防部常务次长。古德里安原本就对他印象不错，现在作为上下级，更是相处融洽。

1938年3月10日，也就是他刚刚上任34天，他接到了作为军长的第一个任务。

吞并奥地利

3月10日下午4点，古德里安接到陆军参谋总长贝克将军的电话，通知他立即前往陆军总部。到达后贝克告诉他，希特勒下达了出兵奥地利的命令，行动代号"奥托"，这是被废黜的哈布斯堡皇室皇太子的名字。命令古德里安率领第2装甲师参加这次行动。贝克还说了一句意味深长的话："吞并奥地利，现在也许是最好的时候。"

对希特勒的这一决定，古德里安应该不会感到太突然，最近一个多月来，德奥关系已成了欧洲的焦点。

让所有的日耳曼人生活在同一个国家，是希特勒在《我的奋斗》里设定的奋斗目标之一。奥地利是除德国外另一个日耳曼人的国家，希特勒本身就是奥地利人，将奥地利并入德国，成了希特勒扩张的第一步。

现在的国际形势也对希特勒有利。愿意对德国实行绥靖政策的张伯伦，成了英国的新首相；法国原来的内阁总理辞职，新内阁迟迟不能出炉，处于权力真空状态；意大利的墨索里尼和希特勒这两个大独裁者彼此也越来越情投意合。

2月12日希特勒和奥地利总理许士尼格会谈时，向后者下了最后通牒，要求奥地利总理签署一份协议，协议的内容是：释放因参与政变而被关押的奥地利纳粹党人，解除对奥地利纳粹党的禁令；改组现在的奥地利政府，任命亲纳粹的奥地利人担任内政部长和国防部长；将奥地利经济纳入德国经济体系，任命亲德的经济学家担任财政部长；德奥两国军队互相交换100名军官，以加深彼此的联系。

德国人告诉奥地利总理，这个协议不允许做任何修改，如果他不签署，德国军队将开进奥地利。

希特勒还警告许士尼格，不要幻想得到英法等国的帮助，既然德军进入莱茵兰时，英法没敢出兵阻止，现在更不会为奥地利出头。

许士尼格知道，签下这个协议，奥地利的独立事实上就完结了，但在希特勒的压力下，他还是屈服了。签字后他告诉希特勒，按照奥地利宪法，只有奥地利总统认可后，这份协议才能生效。希特勒给他三天时间说服奥地利总统。

奥地利总统米克拉斯是个朴实而坚强的人，他告诉许士尼格，他愿意向希特勒做些让步，例如释放纳粹党徒等，但他绝不能将军队和警察交给纳粹分子管理，对于这一点，他不会退让。

得知米克拉斯的态度后，希特勒指示德军在德奥边境制造紧张气氛，摆出可随时进攻奥地利的架势。

面对德国的侵略威胁，为了保住奥地利的独立，在许士尼格的劝说下，米克拉斯被迫同意了协议，赛斯·英夸特等纳粹分子进入了内阁。他和许士尼格都寄希望于希特勒信守诺言，至少能保证奥地利形式上的独立。

2月20日，希特勒在德国国会发表讲话，热烈欢迎许士尼格的"谅解"以及促成德奥加深合作的诚意，但他同时还说：保护1000万德国国境外的日耳曼人——其中奥地利就占了700万，是德国的责任。

许士尼格明白希特勒话里的含义，这是准备完全取消奥地利的独立。

4天后，许士尼格在奥地利议会讲话时答复了希特勒，他的演讲采取了与德国友好的态度，但是强调奥地利让步已经到了"到此为止不能再退"的极限了。演讲结束时，他高呼："红——白——红（奥地利国旗颜色），誓死效忠！"

演讲传出，引发了奥地利纳粹党人的大规模骚乱，两万多纳粹党徒冲入市中心广场，捣毁扩音器，降下奥地利国旗，升上德国国旗。经济也出现动荡，银行里大批户头被提空，外国公司怕受战争影响，纷纷取消了在奥地利的订单，对奥地利经济有很大影响的旅游业更是深受其害。

在这最危急的关头，许士尼格豁了出去。3月9日，他宣布将在3月13日举行全民公决，表决的内容是：是否愿意拥有一个"自由的、独立的、社会的、基督教的和统一的奥地利，是或否"。

消息传到柏林，希特勒勃然大怒。第二天，也就是3月10日，希特勒决定入侵奥地利。德国的将军们一片忙乱，因为之前没有为这次行动做任何准备，机灵的约德尔想起有个奥托特别方案，是为阻止哈布斯堡皇室复辟行动准备的，希特勒当即决定采用这个方案。然而在向参谋总长贝克了解奥托方案详情时，贝克却说："我们什么也没有准备过，什么都没有做过，什么都没有。"

贝克被召往总理府，正好曼施坦因当时也在陆军总部，他正准备离开柏林，去担任一个步兵师的师长，就被贝克拉着一同去见希特勒。希特勒告诉他们，德军必须在3月12日星期六以前开始行动。

两人匆忙赶回陆军总部，贝克召集参加入侵行动部队的长官，通告希特勒的决定，曼施坦因着手拟定必要的命令。

古德里安就是在这时知道希特勒的决定的,他对第2装甲师参与行动并无异议,但认为让他越过现任师长法伊尔将军直接指挥部队不太合适。古德里安建议由他带领16军军部随2师行动,这样除2师外,还可以临时编入其他部队。贝克接受了古德里安的意见,并决定将参加行动的"希特勒装甲近卫师"也交给古德里安指挥。随后古德里安赶回军部,进行必要的准备。

下午6点,曼施坦因拟定完了全部行动命令。6点30分,德军最高统帅部向陆军3个军和空军下达了动员令,任命冯·博克上将为奥托行动总指挥。

大约在20点,古德里安又接到贝克的命令,命令他在21点至22点之间通知第2师和近卫师在帕绍集结。这是德奥边境的一个小城市,边境的另一边就是希特勒的家乡——林茨。

古德里安一面忙于向第2师下达命令,一面亲自出面和近卫师师长迪特里希联络,做个初步沟通。近卫师执行任务困难不大,2师却有些麻烦,法伊尔将军当时正带领部分幕僚进行参谋旅行演习,不在师部。不过,古德里安还是设法找到了他,命令他尽速赶回师部执行任务。

3月11日20点左右,古德里安率领16军军部到达帕绍,到达后接到了12日上午8时进入奥地利的命令。深夜时分,法伊尔也率第2师赶到。由于来得匆忙,不仅手头没有奥地利地图,所带油料也不够。古德里安找了本旅行指南作为行军地图临时应急。解决油料问题则费尽了周折,当地有一个陆军仓库,可是没有接到命令,所以拒绝向古德里安提供油料,古德里安用尽了威胁手段才搞出油料。然而又因为德军装甲师中没有摩托化运输部队的编制,部队无法带油料行进。多亏帕绍市长的帮助,他连夜征用了一些民用卡车才解决了这个问题。

到了12日凌晨,德军大部分入侵部队集结完毕,等待行动的命令。

许士尼格11日早晨就得到了德军大量集结的情报，上午纳粹党人的内政部长赛斯·英夸特和国防部长带来了来自柏林的指示，希特勒非常愤怒，命令取消公投。许士尼格这回又退缩了，他与米克拉斯总统内阁商量后，让英夸特转告德国政府，说奥地利政府已经决定取消公投。

希特勒的风格一向是对手退一步他就进两步，戈林告诉英夸特现在仅仅取消公投已是不够了，他传达了希特勒的命令，要许士尼格立即辞职，任命赛斯·英夸特为奥地利总理，并让赛斯·英夸特按照柏林拟定的电报稿向柏林发电，请求德军帮助奥地利平息骚乱。德国使馆武官甚至入住奥地利政府大厦，监督英夸特等人的行动。

许士尼格已经彻底失去了斗志，他向总统提出了辞呈。总统米克拉斯仍在顽强抵制，但希特勒直接将他无视。电报当晚发了出去，12日一早就登上了纳粹党机关报《人民观察家报》，希特勒宣布接受奥地利政府的请求，出兵帮助恢复秩序。

12日上午8点，古德里安的部队从帕绍出发，9点越过德奥边界，受到边界对面的奥地利人的热烈欢迎。参加过第一次世界大战的老兵，胸前挂着勋章，向行进的坦克敬礼；欢迎的人群往德军队列里投掷鲜花；战车一停下来，人们就蜂拥而上，亲吻德军士兵，向他们手里塞食物，到处洋溢着血浓于水的感情。

这之前有个插曲，深具大日耳曼民族主义情怀的古德里安一接到出兵奥地利的命令，就认定这会是一次和平的进军，同属日耳曼民族的奥地利人一定欢迎德奥合并。为了对奥地利人民表达善意，古德里安请求贝克批准他在战车上插上彩旗。而深知德奥合并内情的贝克对此并不以为然，但听古德里安说已经通过迪特里希请示过希特勒，并为希特勒首肯，也就没说什么。现在看到这欢乐景象，古德里安颇为自己的先见之明而得意。

中午，古德里安的部队到达林茨。午饭后部队正要上路，古德里安却看到了匆匆赶来的党卫军头子希姆莱和奥地利内阁的两名成员。希姆莱告诉古德里安，下午3点希特勒要来林茨，要求他担负警戒任务。古德里安命令第2师停止前进，在当地奥地利驻军的帮助下，在林茨一带布置警戒。

希特勒在黄昏时分才到达林茨，他像凯旋的英雄一样乘车进入市区，受到他那些狂热的乡亲们的热情欢迎。他在林茨市政官员的陪同下，去父母的墓地祭拜了双亲，然后在市政厅发表演说。希特勒演说时，古德里安就站在他的身旁，得以在最近的距离观察他的元首。他看到希特勒面对欢呼的人群，泪水布满了脸颊。据古德里安回忆，这是在他与希特勒的接触里，所见过的希特勒最真情流露的一次。

晚上希特勒在旅馆休息的时候，接见了古德里安。古德里安发现希特勒那时还沉浸在激动中。随后古德里安率领部队离开林茨，继续向维也纳前进。

关于德军装甲部队在林茨停留的原因，后来还流传着另一个版本。说是尽管天气良好，道路状况也不错，但德国的战争机器刚过边境，就开不动了。战车都趴了窝，林茨至维也纳的大道上挤满了德国的军车，让路过的希特勒大为光火。维也纳的市民准备好了盛大仪式，准备欢迎德军入城，但德国军队却迟迟不到，后来三个德国先遣士兵乘火车进入维也纳，被热情的维也纳市民发现，欢呼着将他们抛向空中。

这个版本流传甚广，甚至丘吉尔也在自己的《第二次世界大战回忆录》中津津乐道地转述了它，并奚落希特勒的野心和德军当时的实力并不匹配，全靠宣传和恐吓，才吓唬住了世人。

古德里安在回忆录里，对这些传说一条一条地加以驳斥，愤怒地捍卫德国军队和自己的荣誉。

希特勒是3月24日抵达维也纳的,古德里安率领装甲部队提前一天到达,在维也纳布置警戒。希特勒抵达那天,维也纳为他举行了盛大的入城式,成千上万的维也纳市民伫立在道路两旁,高举手臂行纳粹式敬礼。希特勒站在敞篷车上,抬起手臂向欢迎群众回礼。

此时,除了些法律问题,德奥合并已成事实。而西方大国还没有做出有力的反应。墨索里尼已经完全倒向了希特勒,张伯伦的英国政府只进行了不痛不痒的谴责,而法国这时甚至还没有政府。

在3月15日举行完阅兵式后,德国装甲部队完成了进军奥地利的任务。在这次行动中,德国装甲部队既经受了考验,也得到了教训。

这次行动中,第2装甲师行军480英里,近卫师行军600英里,用时不超过48小时,应该说行军速度是达到了要求的;战车故障率不超过30%(约德尔在日记中记载战车故障率是70%,此处以古德里安为准),而且在15日阅兵式前全部修好,在这样大的又没有准备的行动中,能做到这样,古德里安认为已经不错了,包括博克上将在内的一些人的指责,是因为他们不了解装甲兵部队。

但是教训也不少,第一,各级指挥官的经验不足;第二,部队对师一级的冬季行军没有准备;第三,保养维修设备不足,以前就发现了这个问题,可是一直没有解决;第四,后勤保障是个问题。

古德里安是个善于总结的人,通过这次行动,他又一次验证了自己理论的正确,也对暴露的问题有了足够的认识,并决心加以改进。

德奥合并后,第2装甲师留在了维也纳,古德里安随16军军部回到了柏林。

《慕尼黑协议》

　　1938年的夏季，古德里安都在轮番巡视所属部队，和基层官兵进行交流。古德里安认为只有平时彼此了解，战场上才能互相信任。能得到部下官兵的信任，一直是令古德里安骄傲的事情。不过古德里安远离柏林，也许还另有苦衷，他可能是在躲避德军上层和希特勒的矛盾。

　　现在希特勒统治下的德国，就像在公路上高速行驶而又刹车失灵的汽车，不到车毁人亡那一刻，是停不下来了。希特勒盯住的下一个猎物是捷克斯洛伐克。

　　捷克斯洛伐克共和国是"一战"后东欧那些新独立的国家中工业化程度最高、最民主、治理最完善的国家。捷克的兵器工业也很发达，它的军队装备精良，训练有素。

　　但是这个国家却有一个先天缺陷，在它的1500万人口中，少数民族占了将近1/3，其中在其工业发达的苏台德地区居住了350万日耳曼人。此外还有100万匈牙利人以及波兰人等少数民族。因此后来当希特勒利用苏台德地区日耳曼人挑衅闹事、寻机出兵时，英国首相张伯伦起了让这些少数民族用民族自决的方式分离出捷克,以保住和平的念头。

　　严格来说,苏台德地区的日耳曼人从来没有当过德国人。奥匈帝国解体前,他们属于奥匈帝国的统治民族。奥匈帝国解体,留在捷克斯洛伐克的日耳曼人成了这个国家的少数民族,他们一直心有不甘。希特勒上台后,他们就在纳粹党的煽动下,不断挑起事端,为希特勒出兵制造借口。

　　1937年,希特勒就指示当时的德军总司令勃洛姆堡制定了入侵捷克斯洛伐克的战争计划,该计划被命名为"绿色方案"。1938年5月31日,希特勒最后下定了出兵捷克斯洛伐克的决心,向德军下达了10月1日入侵的命令。在补充后的"绿色方案"中,还加入了有关政治和宣传的内容,这是世界上第一份可称之为"总体战"的作战方案,为保密起见,方案中将进攻日期称为X日。

　　命令下达后,希特勒却遭到了自他上台以来德军将领的一次最坚决的抵制,以参谋总长贝克为首的高级将领强烈抵制这个命令。

　　路德维希·贝克早年思想上倾向过纳粹主义,在他还是步兵团长的时候,就为自己部队中因宣传纳粹主义而受审的三个青年军官出庭辩护,希特勒作为此案被法庭传唤的证人,也在同一法庭出现过。贝克欢迎希特勒上台,对他撕毁《凡尔赛和约》、重整军备更是志趣相投,甚至将奥地利并入德国他也不反对。希特勒用卑劣手段将弗里奇整下台的事件,让他看清了希特勒的面目,知道任由希特勒发展下去,他会将德国拖入深渊。当全面入侵捷克斯洛伐克的命令下达后,贝克坚决抵制,并反对希特勒任何进一步的扩张行动。

　　从5月份风闻希特勒要有所动作开始,贝克就不断地向陆军总司令勃劳希契上将递交自己写的文件。在文件中,他详细分析了欧洲局势和德国与其他国家的力量对比,认为德国一旦进攻捷克,法国同捷克缔有军事条约,会出兵保护捷克，而英国又有义务支持法国，最后苏联也可能会出面干预，当前德国的战略地位甚至还不如1918年，而且现在德国战争准备也十分不足，战争的结果必然是德国的失败。在7月16日，他不顾勃劳希契已经不太高兴，又交上了最后一份文件，他在文件中表示：自己有责任向最高统帅迫切要求取消对战争的准备并放弃武力解决捷克问题的意图，还表示这是总参谋部全体高级军官的共同立场。他请勃劳希契将自己的文件转交希特勒，并且口头建议勃劳希契，如果希特勒不同意，陆军全体高级军官应总体辞职抗议。软弱的勃劳希契没敢将文件交给希特勒。

为了促使摇摆不定的勃劳希契有所行动，贝克秘密召集了一批将领，举行了一次会议。他准备了一份讲稿，要陆军总司令宣读，内容是高级将领一致同意，要求希特勒不要将德国带上武装冲突的道路。但是在会上，勃劳希契不愿意宣读，贝克只好把自己7月16日写的文件读了一遍，但这些将领没做任何表示就散会了。

古德里安似乎没有参加这次会议，不过他应该听到了一些消息。后来他在回忆录里说，既然总司令都拒绝了贝克，其他人就更不会有什么表示了。

勃劳希契最后还是将贝克的意见转告给了希特勒。希特勒的反应是召集了一批低一级的军官，也开了一次会议，这批人大部分是各部队的参谋长。希特勒在会上谈了自己对局势的判断。叮是当他讲完，还是有驻守西线的军官站起来反驳了他，他们说西线德军只有5个师，如果法国出兵援助捷克，可能会动员100多万人的兵力，西线驻军根本无力抵抗。希特勒听后咆哮如雷。

贝克被自己的同僚们弄得心灰意冷，向希特勒递交了辞呈，并推荐自己的副手弗朗兹·哈尔德继任。本来贝克建议勃劳希契与自己一同辞职，但总司令拒绝了。

希特勒接受了贝克的辞呈和推荐的继任人选，不过要求推迟几个星期公布，以不影响作战准备。

弗朗兹·哈尔德出身于巴伐利亚军人世家，是德国第一个担任总参谋长的非普鲁士人。他温文尔雅，外表就像一个大学教授。贝克推荐他是知道他对德国未来的看法和自己完全一致。贝克、哈尔德、维茨勒本等将领，还有几个文官和一些德国著名世家子弟组成了一个反对希特勒的小团体，他们决心阻止希特勒把德国引向战争，必要时就发动军事政变推翻希特勒。他们秘密派人赴伦敦，接触英国政要，警告他们希特勒的野心，希望他们明确反对希特勒的企图。

对于反对希特勒的事件，古德里安不会参与，他现在对希特勒还很信仰，而且也对屡次反对他的装甲兵发展计划的贝克有些反感。

8月份，古德里安参加了几次希特勒招待外国政要的活动。其中一次宴会后，希特勒还特意来到古德里安这桌坐了一会儿，和古德里安聊了会儿他的战车。

9月份，古德里安和夫人被邀请列席了纳粹党全国代表大会，他亲耳听到了希特勒对捷克的战争威胁。会议一结束，古德里安就直接去了格雷芬训练基地，第1装甲师和禁卫军装甲师都驻扎在那里，他要为即将开始的战争做最后的准备。大战就要开始了。

然而令贝克他们大失所望的是，他们显然高估了英法政治家的智慧和阻止希特勒侵略的决心。贝克他们了解历史，但对欧洲政治现实的理解远没有希特勒深刻；他们对德国未来命运的预测很准，但对当下局势的发展却没有希特勒的直觉来得正确。

张伯伦在确认希特勒真的是要对捷克动手后，立刻给希特勒发了封电报，要求和他立即举行会谈。在希特勒同意后，张伯伦不顾自己69岁高龄，风尘仆仆，前后三次前往德国同希特勒会谈，最后签署了《慕尼黑协议》，以牺牲捷克斯洛伐克为代价，满足了希特勒扩张领土的愿望，暂时保住了欧洲的和平。

《慕尼黑协议》签订的消息传来，古德里安感叹元首的外交手段又取得了伟大的成就，用和平的手段达到了目的，现在可以兵不血刃地占领苏台德地区了。

不过他也觉得在惊涛骇浪之后，德国至少应该有一个短暂的和平发展时期，以消化新近获得的领土和人口，他认为德国现在是足够强大了，今后应该更多地用和平手段追求国策目标。

1938年9月，慕尼黑会议结束后，英国首相内维尔·张伯伦（左一）抵达英国赫斯顿机场

吞并捷克

《慕尼黑协议》签订不久,古德里安指挥德国占领军进入苏台德地区。这次他指挥的部队包括16军的第1装甲师,13和20两个摩托化步兵师。9月30日晚从驻地出发,昼伏夜行,经过两天夜行军,10月2日早上,到达德捷边境。由于吸取了进军奥地利的教训,这次行军十分顺利。

在国境线附近,古德里安见到了刚好赶到的希特勒。希特勒告诉他,随后的两天里,他本人会和古德里安的部队一起进入苏台德地区。

正好两人都没有吃晚餐,古德里安就带希特勒来到一个野战炊事班,领取了两份士兵野战口粮。但因口粮里有肉,而希特勒是素食主义者,他就只吃了几个苹果,草草结束了晚餐。希特勒请古德里安第二天给他准备些不含肉的食物。

希特勒和古德里安两人跟随德军跨过边境,遇到了身穿民族服装、盛情欢迎的人群。第二天希特勒同古德里安一起用过早餐后,继续和部队一起前行,他的座驾穿行在马路中央,两边是行进的德军纵队。希特勒看到德军军容整肃,士气高昂,不禁十分高兴,他常常停下车来,和两边的士兵打招呼,大声地夸奖他们。

同上次在奥地利时一样,古德里安还是先行为希特勒打前站。他来到苏台德地区首府卡尔斯巴德时,先期到达的部队已经组织好了仪仗队,准备接受希特勒的检阅。古德里安的长子也站在仪仗队里,他现在是第1装甲师一团一营营副。

希特勒到达时,虽然天上已经下起了大雨,但是当地民众还是潮水般地涌了上来,人们又哭又喊,有人还跪在街头祈祷。希特勒检阅完仪仗队,走进礼堂,向当地民众发表演讲,他的演讲引起一阵阵的欢呼声和尖叫声。演讲结束后,希特勒离开了苏台德。

这几天的行军中,古德里安发现当地日耳曼人生活十分贫困,缺衣少食,就组织部队沿途救济。他感慨自己的同族人受到了捷克政府的不人道待遇,幸亏现在德军解放了他们。

可是古德里安是否想到还有一种可能,也许正是因为当地日耳曼人不停地挑起事端,才使局势动荡,经济困难,以致民生凋敝,生活窘迫。

古德里安的部队继续深入。每当他们经过日耳曼人居住的村镇时,路边都会挤满了欢迎的人群,有时拥堵的人群甚至使车辆都无法通过。现在随时可以看到成百上千的、被捷克军队遣散的日耳曼裔捷克士兵,他们还穿着捷克军队的制服,有的扛着箱子,有的扛着口袋,徒步返乡。

至10月10日,德军已经占领苏台德全境。

完成占领任务,古德里安终于可以轻松一下了。他出席了一些日耳曼旧贵族为他举行的欢迎宴会,参加了几次狩猎活动,这都使他心情愉悦。

在布置完苏台德地区的防务后,10月底,他回到了德国。

途经魏玛,正好碰上当地纳粹党支部在举办庆祝活动,希特勒也赶来参加,古德里安以当地军方最高将领的身份陪同希特勒出席。活动的高潮是希特勒的演讲，演讲时，希特勒用尖刻的语言挖苦了英国反对绥靖政策的丘吉尔和艾登，这让古德里安隐隐感到，虽然刚签署完《慕尼黑协议》，但德英关系依然不太融洽。在随后的茶叙中，古德里安坐在希特勒近旁。在古德里安询问下，希特勒道出原委，原来在希特勒和对方交往时，感到英国人礼仪不周，认为他们是有意表达轻蔑。古德里安听后不禁一番吹嘘。

刚回到柏林，古德里安就遇到了让他不高兴的事。陆军总司令勃劳希契找他谈话，告诉他陆军总部准备设立一个新的职位，统管摩托化步兵和骑兵，新职务的名称叫机动兵总监，并将陆军总部拟定的新机构章程给古德里安看。古德里安看后感觉是，这个职位属于看似方方面面都能插手，但在哪处又都没有具体职责，典型的有名无实，有责无权，当场予以了拒绝。

几天后，陆军人事处长凯特尔——最高统帅部长官凯特尔的弟弟，过来找古德里安，告诉他设立这个职位并不是勃劳希契的意思，而是希特勒本人的想法，让古德里安出任这个新职务，也出自希特勒的建议。古德里安听后更为不满，他认为勃劳希契是有意对他隐瞒。他依然拒绝了凯特尔，他让凯特尔将他拒绝的理由转达给希特勒，并表示如果需要，他愿意当面向希特勒陈述。

没多久，希特勒召见了古德里安，在只有他们两人在场的情况下，古德里安畅所欲言。他向希特勒讲解了陆军总部的组织架构，说明了陆军总部赋予这个新机构的职权范围。古德里安还把自己多年来和陆军总部在装甲部队发展方向上的争执、战术理念的差异以及与骑兵等兵种的矛盾，一股脑地向希特勒做了倾诉。最后他说："这个新职务权力不够，很多困难我无法克服，请你还是让我留任原职吧。"

在古德里安滔滔不绝的20多分钟讲话过程中，希特勒一直聚精会神地听着，没插一句话。古德里安讲完，希特勒向他说明了自己设立这个新职位的初衷,他认为机动兵总监应该对摩托化步兵和骑兵的发展有最后的决定权,他要求古德里安接受这个职务。他说:"如果你行使职责时遇到困难,可以直接向我报告,我们合作来推动改革,但我命令你接受任命。"希特勒既然把话到这个份儿上,古德里安也就不好再拒绝了。

1938年11月20日,古德里安就任德国陆军机动兵总监,军衔晋升为陆军二级上将。

希特勒设立新机构的用意,可能是因为通过几次军事行动,他看出了现代化战争中部队机动能力的重要性,因此想让古德里安这个干劲十足的将领把德军机动部队好好整顿一番,使德军的机动能力有一个大的提高。但是陆军总部的军官们并不愿意给古德里安那么大的权力,相关兵种自然也不愿意将自己的权力上交,所以在制定机动兵总监的职责范围时,将它架空了。希特勒虽然是个独裁者,但对官僚机构,恐怕也有无力的时候。

古德里安走马上任,搭建好部门机构后,就开始了工作。他是坦克兵出身,自然最熟悉装甲兵部队的事,现在德军装甲兵除了陆军16军外,还有其他几支部队,各出自不同兵种,还没有一本统一的训练大纲,这被古德里安认为是一大弊病。总监部建立后,编写一部坦克兵标准训练大纲成了古德里安要办的第一件大事。几经周折,将大纲编写完毕,送交陆军训练处审批。可是这个部门却没有一个坦克兵出身的军官,他们以一个步兵的眼光看待这部大纲,稿件被退回,上批:"该件不合于步兵教范的格式,无法予以批准。"令古德里安啼笑皆非。

古德里安改造骑兵部队的计划,也被军务处驳了回来。其实私下里,古德里安认为骑兵这个兵种早已走到历史的尽头,除了供那些年老的军官发一下思古的幽情,现实中没有一点用途。

有件小事可以说明古德里安在陆军总部不受欢迎的程度。在机关工作的军人，每人都有一个动员令，说明一旦军队总动员，便会被指派到哪个指挥岗位。古德里安的动员令写明机动兵总监战时将担任一个预备军的军长，这让古德里安怒从心起，一番争执后，才算给他改为装甲兵军长。

虽说希特勒让古德里安有事找他，可古德里安毕竟不是爱打小报告的人，而且作为一个标准的军人，他严格遵守军中的等级制度，所以有气也只好自己憋着。

在机动兵总监任上，古德里安可以说事事不遂心，件件不顺手，近乎一事无成。

时间到了1939年。失去了苏台德地区的捷克斯洛伐克共和国，既失去了由坚固山地工事构成的防线，也丢失了一块重要工业基地，它立国的基础已经动摇了。

1939年3月15日，捷克共和国的残山剩水，被德国、匈牙利以及波兰政府所瓜分。德国拿到了最大的一块，以波西米亚保护国的名义将其并入德国。

1939年4月20日，德国马克Ⅱ型坦克开进捷克首都布拉格的瓦茨拉夫广场

德军占领捷克后，古德里安奉命前往布拉格。在那里他会见了自己的继任者、现任 16 军军长霍普纳，听他讲述了进军的经过，视察了部队，听取了士兵们的意见，并到布尔诺检视了捷克军队的装甲车辆，认为它们的性能和质量都不错，后来德军在波兰战役和法国战役中，都用上了这些装备，直到进攻苏联时，才被替换掉。

占领捷克使德国接收了大量原捷克军队的精良装备和一批军工企业，让德国的军事实力大大增强。

但德军入侵捷克的行动，也终于惊醒了陶醉于绥靖梦中的英法两国领导人，他们现在认识到希特勒是个无法无天的人，他们下决心无论如何也要制止希特勒的下一个侵略行动。张伯伦在英国下院发表讲话表示："如果一旦发生显然威胁到波兰的独立而且波兰政府认为必须尽全力予以抵抗的行动，英国政府将认为自己有责任立即给予波兰政府全力支持。我还补充一句，法国政府也授权我明白表示，他们与我们持有完全一致的立场。"

相关链接：

捷克 ZB-26 轻机枪

"二战"前，捷克共和国是中东欧经济最发达、治理最完善的民主国家，是当时世界十大工业国之一，兵器工业尤其发达。ZB-26 轻机枪就是其兵器工业的经典产品之一，该枪设计师为哈力克，1926 年定型生产。ZB-26 轻机枪结构简单，枪机动作可靠，在激烈的战斗中和恶劣的自然环境下也不易损坏，使用维护方便，除了射击精确以外，只要更换枪管就可以持续地射击。二人机枪小组，大大提高了机枪实战性能。一般步兵经过简单的射击训练就可以使用该枪作战。由于性能优良，被世界其他国家广泛采用。其中中国是进口数量最多的国家，后期还加以仿制，进口和仿制数量总和估计超过10万挺。在抗日战争中，中国军队装备的ZB-26轻机枪就性能而言，全面超过日军的制式机枪——十一年式6.5毫米轻机枪（歪把子机枪）。

第三章

闪击波兰

/ **大战前夜** /

英国对德政策的转变是非常突然的。1939年3月15日捷克斯洛伐克共和国被最后肢解，当时英法两国没有做任何事来挽救它，只是发出了几句软弱无力的抗议。到了3月17日，张伯伦却好像大梦突醒，发表了言辞激烈的演说，这很可能是外界刺激和内心煎熬下产生的一种反应。

张伯伦开始没有料到，捷克共和国的覆灭会让英国社会、舆论界和英国下议院产生那样强烈的反响，下议院中他的很多支持者和内阁中超过半数的阁员都反对继续姑息希特勒，要求他当机立断，改变政策。

3月17日，张伯伦本来准备发表一篇有关社会福利的演讲，后来他扔了原来的讲稿，自己动笔重写了一份演讲提纲。晚上，他向下议院、英国民众和全世界发表了那篇著名演说。

演说中，他首先为自己两天前的"极其克制，极其谨慎——而且有点失之于冷淡和客观"的演说道歉，他说："我希望今天晚上纠正那个声明。"

张伯伦在演讲中一一列举了希特勒提出保证，随后又亲手撕毁的事例，表示英国政府决心阻止希特勒的下一步扩张行动,并对波兰政府作出了单方面的安全保证,可是这又相当于把开启世界大战的决定权交到了统治波兰的一群上校手里。

丘吉尔在其《第二次世界大战回忆录》中对张伯伦政府这一转变有精辟的评论:

张伯伦政府"当所有(对英国的)支持力量和利益都丧失殆尽后,才拉着法国一同保证波兰的完整——这个贪鄙的波兰,仅仅在不久之前,还曾经在捷克背后捅了一刀。如果在1938年为捷克而战,那还是合理的。当时德国陆军在西线只有6个师,而法国能动员六七十个师,所以一路越过莱茵河,直趋鲁尔,都是非常可能的,可当时人们认为这种想法是鲁莽的,不合理的,不符合时代精神。现在却有两个西方民主国家宣布他们不惜以自己的生命做赌注,来保证波兰的领土完整。虽然有人说过历史就是人类的罪恶、蠢行和不幸的记录,但要找到与此类似的例证恐怕也困难。五六年来,一直采取绥靖政策,现在一夜之间做了一个突然的和完全的转变,决心在更不利的条件下和在更大规模上,接受一场必然到来的战争。

其实,丘吉尔的这段评论也属于事后诸葛亮,在当时,他本人对英国政策的改变也是热烈拥护的。

英、法两国虽然对波兰提出了安全保证,但由于地理位置决定,它们无法直接军事援助波兰,能够对波兰提供直接军事援助的强国只有一个——苏联。

在奥地利被德国吞并后,苏联出于自身安全的考虑,曾呼吁欧洲联合起来制止希特勒的野心，它向英、法两国提出三国签订军事互助条约，并联合向欧洲小国提供安全保证的建议。

张伯伦对苏联具有强烈的厌恶心理，他的外相哈利法克斯也对苏联抱有反感，他们对苏联的军事实力估计过低，恰如对波兰的军事实力估计过高。虽然形势危急，却依然希望按照自己的条件签署条约。行动上拖拖拉拉，显得毫无诚意。

波兰和其他东欧国家也对苏联深具戒心，他们生怕前门挡住了虎，后门又迎来了狼。

希特勒的反应则完全不同。他对英国向波兰提供安全保证和扩军备战感到震惊，感到英国开始反对他向东扩张，但是仍不相信英国会真的为此开战。他对英国的估计过于理想化，他想象中的英国人头脑冷静，具有理智，感情受到头脑的控制而不会轻举妄动。他认为除非获得苏联的支援，英国绝不会为波兰投入战争。希特勒决定暂时抑制住自己对共产主义和斯拉夫人种的厌恶，尽量满足斯大林的条件，至少让苏联在未来的德波战争中保持中立。

苏联对英、法两国的三心二意深为不满，而且早就因为《慕尼黑协议》的签订而怀疑西方国家是想将祸水东移，既然无法从英法两国那里得到集体安全的保障，那么是不是可以和德国达成哪怕是暂时的和平协议？

希特勒伸出橄榄枝，经过一番试探，斯大林终于接受。1939年8月23日，德国外长里宾特洛普飞往莫斯科，与苏联人民外交委员莫洛托夫签署了《苏德互不侵犯条约》，条约还有一个秘密附件，约定双方瓜分波兰。

消息传来，欧洲政府和舆论一片谴责，但是苏联完全可以辩解这不过是另一个版本的《慕尼黑协议》，只不过主角换成了苏联和德国。

德苏条约的签订，意味着波兰在劫难逃了。

在大战前，我们可以比较一下以英、法、波为一方，以德国为另一方的两方军事实力。

波兰陆军共有 30 个常备师和 10 个预备役师，包括 12 个大型骑兵旅，其中一个师是摩托化部队，可动员的后备力量更是能达到 250 万人。

法国共有兵力为 110 个师，其中常备师不少于 65 个，包括 5 个骑兵师，2 个机械化师，1 个正在组建的装甲师，在面对德国一线至少可以部署 85 个师，它可动员的后备力量可达 500 万人。

英国承诺向欧洲大陆投入 4 个正规师，后来实际投入了 5 个，不像法国和波兰军队主要是由短期服役的义务兵组成，英国正规师的士兵都是长期服役的志愿兵，人数虽少但战斗力很强。另外英国正着手组编和装备 26 个地方军，一旦战争爆发就可以将它们转为正规部队，不过这项工作刚刚开始，在 1940 年以前它们派不上什么用场。英国在战争初期的贡献，主要还是由强大的海军舰队对德国进行封锁，以扼杀德国的经济，但这要有一个较长的时间才能看出效果。

1939 年 9 月，行进中的法国步兵

空中方面，英国有600架飞机，法国数量是英国的一半。波兰虽然有200多架飞机，但大部分已老旧过时，不是德国新式飞机的对手。

德国已经动员的兵力是98个师，其中常备师52个，还有10个师稍加整训就可以上战场。其余36个师是由参加过第一次世界大战的老兵组成，年龄大多超过40岁，对现代化的武器和战术都很陌生，还严重缺乏炮兵，要将他们组训完毕送上战场，还需要较长的时间。和外界预料的相反，德国对即将到来的世界大战准备得也不充分。希特勒没想到英、法两国会真的宣战，他的将领大部分也相信了元首的判断，德国以为在1944年以前，世界大战打不起来。

德国空军的飞机数量是英、法两国的总和。

在战争初期德国人迅速获得胜利后，一般人都以为这是由于他们在兵器质量和数量上占有压倒性的优势。这一观点极为普遍且牢固，甚至在"二战"结束多年后，丘吉尔写的回忆录里，还认为在1940年德国人至少拥有1000辆重型坦克。事实上德军当时根本就没有重型坦克，大战之初，他们只有少量的中型坦克，重量仅为20吨。他们在波兰战场使用的大部分是装甲很薄的轻型坦克，甚至还有训练坦克。德军唯一拥有的优势，是他们处于内线作战，可以对敌军各个击破。

真正造成德军胜利的是德军和其他国家的军队在军事思想上的差异。

波兰的军事思想可以说是完全落伍，其部队的组织结构也大致如此。他们没有装甲师和摩托化师，它的老式部队也缺乏战防炮和高射炮。在20世纪30年代末，它的将领仍然对骑兵冲锋寄予一种深深的信仰，从这一点来说，他们的军事思想至少落后了80年，远在美国南北战争时，就已证明了骑兵冲锋的无效。

法国军队拥有构成一支现代化军队所应具备的全部元素，但是却没有被组织成一个整体。法军高层的军事思想仍停留在第一次世界大战，落后时代20年。与失败后的辩解完全相反，法军拥有的坦克比德军已有和在建的加起来还要多，其中许多比德军的坦克体积要大，装甲要厚，当然速度也要慢些。但是法军高层还在用1918年的眼光看待坦克，他们只是把坦克作为步兵的支援武器，或者补充搜索部队骑兵的不足。仅仅是在开战前不久，才在戴高乐等人的大声呼吁下，尝试着组建一个装甲师，大部分坦克还在被分散使用。

波、法两军在现代化陆军方面的缺陷，又因为他们缺少空中的支援而更加严重。波兰军队还可以理解，可是法国军队竟然没有做过任何空地协同作战的演练。这其中的原因在于法军过于大陆军主义，军费绝大部分都给了陆军，空军能分到的很少，法军领导层不了解，现代化战争中，没有空中的支援，陆军也是不能发挥效用的。

而且法国和波兰两国的军事领导层，还盲目傲慢自大，一味沉醉在以往的胜利中。法国不仅是因为第一次世界大战的胜利而骄傲，更因为其他国家军人对法国军队的推崇而不可一世。波兰也为战胜过苏联而颇为自得。他们对新的军事技术和新的军事理论丝毫也不关注，这和积极研究新的军事理论的古德里安等德军将领形成了鲜明对比。

与法、波两国军队相比，德军在其98个师中已经组建了6个装甲师，4个轻型装甲师，4个支援上述装甲师的摩托化步兵师。这些部队只占德军全部的很小一部分，但是这14个师比其余84个师加起来还有价值。无论是在波兰战场还是法国战场，德军这把尖刀都是靠机械化部队这片薄薄的刀刃在战斗。

就整体而言，德军离现代化标准还差得很远，德军上层将领也有因循守旧的趋势，可是多亏了古德里安和他少数的支持者，正是由于他们的大力提倡和不懈努力，才组建了德军装甲部队，更是因为古德里安的慷慨陈说打动了希特勒，而后者对所有速战速决的理论都有兴趣，才使德军装甲部队有了一试锋芒的机会。可以说，仅仅是因为德军比他们的对手领先的这一步，成就了他们在"二战"初期的优势。

初历战阵

1939年8月22日，古德里安从机动兵总监改任新组建的陆军19军军长。19军由第3装甲师、第2摩托化步兵师、第20摩托化步兵师以及军直属部队组成。第3装甲师原属陆军16军，是古德里安熟悉的部队，现在该部又增加了一个战车示范营，装备了德国最新式的"Panzer Ⅲ"型和"Panzer Ⅳ"型坦克。军直属部队中有一个搜索示范营，这些示范营都是由装甲兵训练学校改编，古德里安希望他们在战场上能得到一些实际的经验。

1939年8月23日，希特勒在军事会议上下达了进攻波兰的命令，进攻日期定于1939年8月26日凌晨4点钟。

德军进攻部队分为南北两个集团。北集团由博克上将指挥，包括驻扎在东普鲁士的库希勒第3兵团，驻扎在波美拉尼亚的克卢格第4兵团。古德里安的19军配属克卢格第4兵团，位于第4兵团三支进攻箭头的中央，它在战役第一阶段的任务是由西向东渡过布达河，快速推进到维斯瓦河，与库希勒的第3兵团会师，切断波兰走廊，将走廊内的波军包围全歼。

南集团是这次进攻的主力，它包括第8、第10和第14三个兵团，总指挥是龙德施泰特，左翼的第8兵团进攻目标是波兰工业中心罗兹，并承担保护第10兵团侧面的任务；右翼的第14兵团指向克拉科夫，同时其配属的克莱科夫装甲军要迂回包抄波军在喀尔巴阡山脉的侧翼；主要的进攻力量是第10兵团，它的目标是华沙，德军最大一支装甲部队也配属这个兵团。

波兰军队的部署则十分地不合理，对波兰军队来说，合理的布防应是将部队收缩在维斯瓦河和桑河的后方，但是这样就要放弃波兰走廊和重要工业区罗兹。出于经济的需要，以及民族自豪感和军事上的自信，再加上对西方盟国援助的盲目乐观，波军反而将1/3的兵力部署在波兰走廊地带，而南面防守德军主力的兵力则十分薄弱；波军另有1/3的兵力部署在罗兹至华沙一线，充当战略预备队，它的任务是对德军进攻部队发起反攻击，但是它十分有限的机动能力和它的任务却很不匹配。

波兰军队的将领一向鄙视防御，所以也没有花大力气构筑防御工事。他们信奉进攻是最好的防守，尽管缺乏机械化装备，他们仍然相信他们的军队能有效地对入侵部队进行反击。而这为德军进攻部队减少了很多障碍。

到了8月25日，德军进攻部队进入待命状态，这时柏林忽然传来暂时取消进攻的命令，原来墨索里尼在最后一刻退缩了。而且25日当天，波兰和英国之间的条约获得了批准。这些都让希特勒对进攻波兰的行动进行重新考虑，这让古德里安又燃起了对和平的希望。

像古德里安这样参加过第一次世界大战的军人，对战争的残酷性有清醒的认识，战争就意味着流血，对军人家庭更是如此。如同古德里安和父亲、弟弟一同参加第一次世界大战一样，古德里安和自己的两个儿子现在也都在一线进攻部队中，他的长子担任第35坦克团副团长，他的小儿子刚刚获得少尉军衔，就在他麾下第3装甲师搜索营服役。战争可能的后果之一就是父子亲人之间的阴阳相隔。

和平的希望最终还是破灭了，进攻的命令重新下达。1939年9月1日，上午6点，德军大举越过边界，展开了对波兰的全面进攻。而在一小时前，德国空军就已经对波兰境内的交通设施和机场进行了空中打击。波兰空军的飞机还没来得及起飞，就被击毁在地面上，轰炸不仅摧毁了波军的空中力量，也给波兰社会造成恐慌。德国的短波无线电台冒充波兰电台向波兰民众传播虚假信息，瓦解波兰人的抵抗意志。这就是总体战。

德国军队搬开路障，进入波兰境内

9月1日凌晨4点45分，古德里安部的全体官兵就已集合完毕。全军三个师分成三个箭头，平行向边界移动，主力第3装甲师作为全军的右翼，第20摩托化步兵师为左翼，中间是第2摩托化步兵师。作为集团军预备队的步兵23师则紧跟在19军后面。

对于边界另一边的波兰土地，古德里安其实并不陌生。在紧邻边界的大克罗尼亚地区，曾经有过他祖父的庄园，他的父亲就出生在那里，而维斯瓦河畔的库尔姆市则是他自己出生的地方。

初秋的早晨，天空被一层浓雾笼罩，出击部队无法得到德国空军的空中支援，古德里安乘坐装甲指挥车，跟随第一攻击波中的第3装甲师一起前进，成为行进中用无线电指挥部队的第一位装甲军军长，这让他颇为得意。按照计划，第3装甲师会首先和波军相遇，打响战争的第一枪。

古德里安所部的大多数官兵，还是第一次上战场，虽然战前接受过严格的训练，但处在真实的战场环境中，依然不免有过度兴奋、紧张、混乱甚至害怕等各种反应。开战前，古德里安严令第3装甲师的重炮部队没有命令不得射击，可是由于浓雾，让炮兵无法对前方目标进行识别，就忍不住盲目开起炮来。更为凑巧的是，第一发炮弹就落在古德里安指挥车前50码的地方，第二发炮弹落在车后50码，如果再来一发，古德里安恐怕就会"出师未捷身先死"了。古德里安赶紧命令司机将车驶出危险地段，但是司机精神紧张之下，手忙脚乱，竟把车开到了沟里，还好古德里安没有受伤，只好转回军部，申斥了一番炮兵部队，换了一辆新指挥车追赶进攻部队。

首战发生在第3装甲师。他们越过边境不久，就遭到了波军的抵抗。波军的战防炮击中了德军的几辆坦克，1名军官、1名见习军官和8名士兵阵亡。

古德里安追上第3装甲师时，它的前锋已经冲到了布达河边，师的主力离布达河却还有一段距离。古德里安走进师部，没有见到师长，原来师长被北线德军总指挥博克将军召去问话。古德里安看到了在场的第6坦克团团长，向他询问布达河的情况，他表示今天恐怕过不了河，准备让部队原地休息，他竟然忘了军部给他的命令是今天必须过河。古德里安不禁有些恼怒,开战初始,德军的指挥有些混乱,官兵的思想也没有进入战时状态,他必须设法扭转这一局面。

走出师指挥所,恰好一个年轻人从对面跑了过来。他是一个叫费里克斯的年轻中尉,他向古德里安报告:"军长,我刚从布达河边过来,对岸的兵力非常薄弱,波兰人想放火烧掉河上的桥梁,已经被我领人扑灭。现在这个桥还可以通过,但是部队却停止了前进,这是因为没人指挥。军长,你应该亲自指挥过河。"古德里安惊讶地看着这个青年尉官,见他已经脱掉了上衣,两只衬衫的袖子高高卷起,胳膊被烟火熏得黧黑,两眼却充满了自信。古德里安立即接受了这个年轻下级的意见,马上驱车向布达河边的哈米尔缪森林进发。

古德里安一到河边,就看到一群参谋人员站在距河100米的一棵橡树下,见到古德里安就喊:"军长,对岸还在射击呢!"不错,波兰人是在射击,德军坦克6团的坦克炮、步兵3团的步枪也在回击,但是却没有人组织进攻。

古德里安立刻下令停止这种毫无意义的对射,命令尚未投入战斗的第3装甲营,在对方火力覆盖不到的地方首先用橡皮舟渡河,过河后,从侧面威胁波军守桥部队,然后6团的坦克从桥上冲过河去。战斗很快结束,几乎没遇到什么抵抗,就全歼了波军一个连的守桥部队。

过河部队建立了一个桥头堡,第3装甲营继续前进,直奔维斯瓦河,他们的任务是找到波军主力和后备部队。至18时,德军前锋全部渡过布达河。

暮色中古德里安返回军指挥所,一路上发现波兰军队的抵抗基本已被清除,甚至零星的枪声也未听到。一到军指挥所驻地,他发现下属们头戴钢盔,正忙乱地在营地周围布置战防炮,不由得吃了一惊,原来有情报显示,一股波兰骑兵正向军部驻地移动。古德里安告诉下属不必过于惊慌，然后开始处理下一级指挥官的报告。

第2步兵师报告他们遇到了波兰人有铁丝网的防线，进攻受阻，全师三个团一字排开，已经没有了后备部队。古德里安命令趁夜色将左翼1团撤回，转向右翼，第二天跟在第3装甲师后面对波军迂回。

第20步兵师经过困难的战斗占领了柯尼茨，但推进距离极为有限，古德里安命令他们明天加速推进。

到了晚上，古德里安接到了一个令他啼笑皆非的电话。第2师师长亲自打电话向他报告，说由于波兰骑兵的袭击，他们要被迫撤退。古德里安强忍住心中的不满，努力平息了一下心情，用略带嘲讽的语气问他是否听说过波美拉尼亚的榴弹兵被敌方的骑兵赶跑的事。2师师长有些惭愧，表示自己一定会守住现有阵地。但古德里安还是不太放心，决定明天一早亲自去这个师看看。

第二天早上5点多钟，古德里安来到第2师师部，发现那里的气氛还被惊慌所笼罩。古德里安就亲自带领退下来的那个团，由大克罗尼亚以北向图霍拉迂回。波军在德军正面和侧面的攻击下，很快垮了下来，第2师开始快速突进。

19军毕竟是训练有素的部队，在经历了最初的慌乱后，开始走上正轨，变成了一架有条不紊的战争机器。

9月1日深夜，第3装甲搜索营抵达维斯瓦河，他们遭到了波兰军队的袭击，受了一些损失。9月2日上午，被布达河分为两部的第3装甲师在河东的部队遭到了波军的攻击。中午时分，德军击退了波军的进攻，全师以战斗队形向前挺进，步兵23师正从后面强行军赶过来，19军其余两个步兵师也进展顺利。

到了9月3日，第3装甲师全部抵达维斯瓦河，19军已全部达成进攻目的，第23步兵师也已赶到，填补了第3装甲师和第2步兵师之间的空隙，波兰走廊已被德军切断，走廊内的波军被全部包围。在德军扎紧的这个口袋里，有波军的三个步兵师和一个大型骑兵旅。

绝望中的波兰骑兵向德军坦克部队主动发起了攻击。世界各大报都报道了这次骑兵出击，渲染了波兰骑兵的勇敢无畏。可是这次出击只是使波兰人自己遭受了重大伤亡，而对德军基本上没造成什么损害。

有一个波兰炮兵团向维斯瓦河方向突围，结果被古德里安的坦克追上，除了两门大炮来得及发射炮弹，其余还没开火就成了德军的战利品。波军的步兵也损失惨重，他们大部分的伤亡是在撤退途中。大量物资包括舟桥部队的设备被德军缴获，其余也被击毁。

到了9月4日，走廊内成建制的波军已被全部歼灭，只剩下一些残敌未被清除。北线德军取得了决定性胜利。然而就在同时，传来了英、法两国对德正式宣战的消息，波兰战役已转变成欧洲全面战争。

闪击战

开战4天后,南北两线的德军都取得了节节胜利,各参战部队均达成预定任务。若不是德军高级指挥部囿于以往的观念,限制作为箭头的装甲部队不得冲得太快,以免与支援的步兵部队过于脱节,本来还可以取得更大的战果。德军指挥部直到发现由于对方的混乱,即使孤军深入也不会有危险,才放手让装甲部队进行更大胆的出击。

波兰陆军此时已溃不成军,大都在狂奔逃命,有些勇敢的官兵也只能向近旁的德军部队做些凌乱的攻击。

这是联合使用装甲兵和空中力量的机动作战理论第一次在战争中使用,它取得的成果让全世界瞠目结舌。原本闪电战的理论最先是英国人提出的,军事术语也用英语表示为"Lightning",自从德国人在波兰战役取得空前的胜利后,术语就被用德文的"Blitz krieg"表示,而德文的"Blitz"本来就是英语"Lightning"的翻译。

古德里安的19军已经完成了在波兰走廊的战斗任务，他的部队现在驻扎在维斯瓦河岸边，与库尔姆市隔河相望。在阳光下，可以看到库尔姆教堂的尖塔闪闪发光。

古德里安命令部队抓紧时间休整，他准备去集团军司令部接受战役下一阶段的任务，可是9月5日他却先接到了希特勒要来他的部队视察的消息。

古德里安亲自前去迎接希特勒，并陪同他重走了一遍德军行进路线。在经过被击毁的波军炮兵团时，希特勒问古德里安这是否是德国空军干的，古德里安骄傲地告诉他这是坦克兵干的！

1939年9月，希特勒数次前往波兰前线。图为希特勒接受海因茨·古德里安将军的敬礼

在装甲3师驻地，古德里安召集了所有没有战斗任务的部队接受希特勒检阅。然后他又陪同希特勒前往其他部队视察。路上希特勒向古德里安询问此次作战经验，当他听到古德里安指挥的4个师全部阵亡只有150人、受伤

700人时，不免大为惊讶，并与他自己在第一次世界大战的经验做了比较。希特勒在"一战"初期所在的巴伐利亚志愿兵团在参战的第一天就战死了2000人，4天后，全团3900人只剩下600多人，而军官几乎全部战死。他问古德里安伤亡率如此低的原因，古德里安告诉他是因为坦克的威力，坦克部队的高速挺进，使得敌人无法建立有效的防线，自然使步兵部队减少了伤亡。

当汽车临近维斯瓦河畔时，希特勒眺望河的对岸。以遥远的天际线为背景，河对面显现出一个市镇的轮廓。希特勒问那是不是库尔姆市，古德里安回答："是的，那是库尔姆，去年3月我有个难得的机会，在你的家乡欢迎你，今天你又来到我的家乡，我就出生在库尔姆。"多年后，希特勒还能记得当时的情景。

在两人谈起此次作战暴露出的德军装备问题时，古德里安认为应该尽快扩大Panzer Ⅲ和Panzer Ⅳ战车的产量，并尽早投入部队使用，如果说这两款坦克还有什么不足的话，就是前甲板还应加厚，坦克炮的射程和穿透力也应加强。

希特勒在对古德里安的部队赞扬了一番后，在黄昏时离开。

古德里安在回忆录里谈到希特勒的视察对部队的士气起了很好的鼓舞作用，他还认为希特勒后来脱离了现实，如果希特勒在战争后期也能多接触部队，也许战争的结果会有不同。

9月6日，全军渡过维斯瓦河，古德里安把军部设在一个美丽的古堡甲，这是一个日耳曼伯爵的府邸，府邸的主人眼下正在柏林养病。拿破仑东征俄国时曾下榻这里，古德里安现在的卧室就是当年法兰西帝国皇帝陛下住过的地方。

9月8日晚，古德里安接到命令，让他到集团军司令部接受下一阶段的任务。集团军司令部原来的想法是将19军划归库希勒的第3兵团指挥，与该兵团的右翼协同作战，由阿利斯地区经过沃姆扎直趋华沙东面。但是古德里安对这个方案却有点看法，他认为让19军这样的机械化部队与一支步兵兵团保持密切协同，这无疑会限制自己威力的发挥。他建议19军由集团军司令部直接指挥，从第3兵团的东面渡过那雷夫河，发挥机械化部队的速度优势，沿布格河东岸高速推进，直逼布列斯特—立托夫斯克，并将之攻克，这样从华沙退下来的波兰军队，就无法沿布格河建立新的防线。

博克上将和他的参谋长沙尔姆斯接受了古德里安的建议，并且为了加强他的部队的机动能力，将他的部队进行了一番调整，决定将第2步兵师调为集团军总预备队，另将第10装甲师和由参加过第一次世界大战的老兵组成的勒特曾要塞旅调归古德里安指挥。

古德里安连夜赶回驻地，在次日凌晨2点到4点30分之间，向第3装甲师和第20摩托化步兵师下达了新的作战任务，又几乎马不停蹄地赶往21军指挥部。新调拨给他的那两支部队，现归21军指挥，他要与21军军长法肯霍斯特将军做必要的交接。

凌晨五六点钟，古德里安赶到了21军军部。对方还在休息，他让人叫起了法肯霍斯特军长，两人简单地谈了一些交接的事情，又彼此交换了一下战况。原来21军对沃姆扎的攻击没有成功，他们与波兰军队的战斗处于胶着状态，第10装甲师和勒特曾要塞旅目前都在那雷夫河沿线与波军战斗。

上午8点，古德里安驱车来到维茨拉，在这里找到了第10装甲师师部。第10装甲师师长夏尔将军此时意外负伤，现在师长一职临时由斯坦福将军代理。他告诉古德里安，刚刚接到报告，第10师的步兵已经成功渡过那雷夫河，并攻占了对岸的敌军阵地。古德里安对这一消息详细核实一番后，又前往勒特曾旅视察。他到时，这个旅正在组织部队强渡那雷夫河，这个旅和它的旅长都让古德里安非常满意。

当他又返回第10师师部时，发现上午收到的那个步兵团成功渡河并攻占敌军阵地的报告并不确实。那个团确实渡过了河，但是并没有攻占敌军任何阵地，甚至到目前为止，没有接到任何他们已发动进攻的消息。古德里安不由得大为失望，他决定亲自过河看一看。

过河后，古德里安一直走到最前沿，也没找到团指挥所，而且一路上也没有看到德军坦克，原来第10师的坦克还没有过河。他立刻让自己的副官返回师部，命令坦克部队马上过河。而已经过河的部队，则是组织非常混乱，没人知道波兰军队的情况，因为根本就没有做过搜索；最前沿的那个连居然还在换防，好像和平时期一样；部队没有接到攻击的命令，不知道自己的任务是什么；重炮团的观察所竟然和步兵混在一起。古德里安命令部队重新整顿，结束这种混乱现象，然后命令团营长们向他报到。当那个团长一到，古德里安就带着他向前沿走去，一直走到敌军火力能覆盖到的地方，在这里已经可以看到敌方的混凝土工事，古德里安命令就在这里准备进攻。

德军乘小艇渡河进入波兰

古德里安回到那雷夫河边，发现坦克还是没有过河，原因是渡桥没有架好。古德里安严令坦克团团长，先用船渡的方式把坦克运过河来。

到了18点，德军经过认真准备，对波军防守的阵地发动了进攻，战斗很快结束，伤亡也很轻微。从这里可以看出一个好的指挥员是多么重要。

攻击成功后，古德里安三令五申第10师工兵指挥官，明天天亮以前，务必架好渡桥，以便第10师后续部队和第3装甲师从这里过河。

回到军部，古德里安又拟定了第二天的作战命令，然后才躺下休息。从9月8日到现在，他已经超过24个小时没有合眼了。

虽然很疲倦，古德里安还是在10日一大早就爬了起来。他心里惦记着河上架设的桥梁，待来到河边，又是让他哭笑不得，因为工兵指挥官没有说清楚，昨天半夜架好的桥梁，又被20师师长下令拆掉，移到下游重新架设，以便供20师的部队过河。现在只有等到下午新桥架好，坦克部队才能过河。

第20摩托化步兵师渡过那雷夫河后，在赞布罗夫附近与一股从沃姆扎撤退的波军遭遇，双方发生激战。20师师长准备让自己的部队绕到敌军后方，然后将其包围歼灭。古德里安批准了他的计划，并从第10装甲师抽调一部分坦克部队支援他。12日，第20摩托化步兵师在第10装甲师的协助下，将这股波军包围。13日，突围无望的波军向德军投降，波军18师师长也在俘虏之列。

在20师包围波军期间，第3装甲师收到了一个错误情报，以为古德里安的军部被波军包围，他们马上派出一个摩托化步兵营驰援。当他们赶到军部驻地，发现不过是虚惊一场，古德里安安然无恙时，不禁发自内心地欢呼起来。古德里安也被老部下们真挚的袍泽情谊所深深感动。

这期间，第2摩托化步兵师从后方追了上来，重归古德里安的指挥序列。古德里安指挥所部避开波军驻防的比亚沃韦扎森林，因为那里的地形不适合坦克作战。古德里安只留下少数部队对此地波军进行监视，全军不顾侧翼及后方的一切威胁，直奔布列斯特—立托夫斯克。

9月14日，第10装甲师的部分部队，包括搜索营和第8坦克团，已突破布列斯特外围防线。古德里安命令全军加速前进，以期达成奇袭效果。

15日，古德里安的部队在布格河东岸完成了对布列斯特的合围。由于波军早有准备，德军没有达成奇袭的效果，经过两天激烈的战斗，9月17日古德里安才占领该要塞。此役，德军遭受了一定损失，古德里安的副官也在随他视察前线时被流弹击中身亡。

占领布列斯特后，古德里安自信地认为波兰战役"已经完全见分晓了"。

此时，南线德军的迂回部队，也已沿布格河向北推进，克莱斯特装甲军的前锋已经与古德里安会师，至此，德军对波兰军队形成了战略包围的态势，波军覆亡在即。

与苏军会师

此时入侵波兰的德军,由于推进太快,深入敌境过深,已经感受到了后勤供给的紧张,特别是燃料的短缺,一些部队已经被迫放慢了进攻的步伐。但是波兰军队的指挥体系现在已经瘫痪,波军各部被德军分别切割包围,彼此不能呼应,对于德军目前这一弱点也无法利用,只能眼看着德军一步步地缩小包围圈,等待着最后的一击。

1939年9月17日,苏军越过波兰东部边界,入侵波兰。这一行动,最终决定了波兰共和国的命运。次日,波兰政府和最高统帅部逃入罗马尼亚境内。在那里,波兰统帅部发表文告,要求波兰军队继续抵抗。大部分波兰军队没有接到这个文告,但还是继续进行了抵抗,直到被歼灭或崩溃。在猛烈的空中和地面火力的打击下,华沙守军仍然坚守到9月28日,最后一支波军在10月5日才投降。另有8万波军越过边界,逃到了中立国。

从东普鲁士沿布列斯特—立托夫斯克直到喀尔巴阡山脉一线,德苏两国军队在此会师，彼此向对方的军旗敬礼，瓜分战利品。

一个德军青年军官乘坐装甲车来到了古德里安的司令部。他是作为前导来通知古德里安，一个苏联坦克旅随后就到。这时古德里安才知道布格河已经成了德苏新的边界，布列斯特被划给了苏联，德军要在22日以前退回到布格河西岸。古德里安觉得这样的划分对德国不太有利，而且撤退的时间实在是仓促。

办理交接工作那天，苏军来了个叫克利弗金的准将，他能说点法语，勉强可以和古德里安交谈。德国政府没有给古德里安下达指示，古德里安就尽量以友好的方式办理交接工作。德军自己的装备当然随身带走，波兰军队的物资就移交给了苏联。最后，举行了临别阅兵式。古德里安率部退回了布格河西岸。

古德里安现在不可能想到，不出两年，他还会回到这里，并以此为起点，踏上了入侵苏联的征途。

波兰战役结束，古德里安的19军撤回东普鲁士进行休整。利用这段难得的闲暇时光，古德里安探访了自己在东普鲁士的亲戚，并在成年后第一次，也是最后一次回到了自己的家乡库尔姆。在那里，他找到了自己的祖母和双亲住过的房子。

10月9日，19军军部奉命迁回柏林。古德里安和他的两个儿子都参加了波兰战役，小儿子就在他身边，但是他的大儿子自从开战就没有音信，这一直让他挂心，回到柏林后，终于又父子相见了。他的大儿子参加了围困华沙的战役，因作战英勇，获得了一级和二级两枚铁十字勋章。

10月27日，古德里安来到德国总理府，他和另外23名将领接受了希特勒亲自授予的骑士级铁十字勋章。古德里安把它看成是对自己艰苦建立装甲兵部队的褒扬，是对装甲兵部队在波兰战役中巨大成功的肯定。

11月中旬，19军划归A集团军指挥序列，军部驻扎在科布伦茨，它属于莱茵兰，西面就是法国。

相关链接：

梅塞施密特Me-410战斗轰炸机

Me-410是Me-210的改进型，它的前身的操控性能几乎是灾难性的。改进后的Me-410安装了开缝机翼并加长了尾部，稳定性大大提高，成为一款性能优良的战斗轰炸机。它在俯冲轰炸时发出的刺耳的呼啸声，给敌国军民造成极大的恐慌，它与Panzer Ⅳ坦克一起，成为德军闪电战的象征。

第四章

巅峰时刻

/ "假战争" /

在德国征服波兰以及以后一段时间，西线宁静得不可思议，几乎没有放一枪，德国老百姓称它为"静坐战"，美国报纸给它起了个名字叫"假战争"，这个名字马上被西方舆论广泛采用。英国将军J.F.C.福勒评论说："世界上最强大的（法国）陆军，面对不过26个（德国）师，却躲在钢筋水泥的工事后面静静地坐着，眼看着一个唐·吉诃德式的盟国被敌人消灭。"

对于这一局面，德国人早就有所预测。与波兰开战之前，德国陆军参谋总长哈尔德就预估到法国多半不会采取攻势，法国更不会不顾比利时人的意愿，假道比利时出兵，所以他判断法国还会采取守势。

1939年9月7日，希特勒在与勃劳希契谈话时也判断："西方的动向尚不清楚，从某些迹象来看，没有真想打仗的意图……法国内阁缺乏果敢的气魄，英国也流露出进行清醒考虑的迹象。"所以在两天后他发布的第三号战争令中，命令部队准备调往西线，但同时也下令没有他的命令，任何飞机不得过界。

然而，法国和波兰是有军事条约的，条约有明确规定：德国主力部队一旦对波兰发动进攻，法国军队将在动员后15天内以主力对德国发动攻势。波军副总参谋长曾问起这一攻势的规模，法军总参谋长甘末林回答是35~38个师。

至于英国人的战争行动，丘吉尔称之为"象征性的帮助"。1939年10月11日英国人才派出了4个师——158000人，来到法国。12月9日，英国人有了第一次伤亡，一个班长巡逻时牺牲。

为什么法、英两国，特别是法国在拥有巨大优势条件下，却不愿意发起攻势？

有人认为英、法两国并不那么认真对待他们的战争承诺，仍然在等待和平谈判的机会。在当时还有一种流行的传说，说联军统帅部故意采用一种守势战略，诱使德军跳进事先设计好的陷阱。

1939年秋，正在演习中的法国坦克。1940年5月德国入侵时，法国在西北前线布置了2200余辆坦克

其实致使法军采取这一奇怪战略的,是法国上下弥漫的失败主义情绪。法国在第一次世界大战中承受的巨大牺牲,让法国人丧失了对德国进攻的勇气;德军对波兰军队取得压倒性的胜利,让法军上下误以为德军在兵器方面拥有极大优势,从而产生了畏惧心理。

更根本的原因则如丘吉尔所说:"这场战争早在几年以前就已经输掉了。"在1938年《慕尼黑协议》时已经输掉了,在1936年德军出兵莱茵兰时已经输掉了,甚至在1935年希特勒撕毁《凡尔赛和约》时就已经输掉了。现在是到了偿债的时候了。

虽然台风的中心似乎风平浪静,但是周遭却已经波浪滔天。

面对希特勒的强势,斯大林未雨绸缪。苏联人先是逼迫波罗的海三国与自己签订了军事条约,允许苏军进驻三国战略要地,然后为了列宁格勒的安全,又向芬兰提出调整两国边界的要求。

平心而论,苏联人向芬兰提出的条件是大度的,甚至是慷慨的。苏联愿意用2134平方英里的土地对换芬兰1066平方英里的国土,这样调整后,会让列宁格勒处于一个比较安全的位置,而芬兰也不会降低防卫能力。但是出于民族感情,芬兰却拒绝了。

双方开始相互指责,苏联的军事威胁不断升级,直至最后爆发了战争。战争的结局是苏联惨胜。

芬兰战争的后果之一,就是欧洲国家和德国都进一步低估了苏联的军事实力,认为由于斯大林的大清洗,使苏联红军失去了大批有经验的指挥官,现在极为虚弱。

在战胜波兰6个月之后,德国军队又入侵丹麦和挪威。

入侵的起因是英、法海军在挪威海域布雷，以阻止德国船队通过这一海域，这个举动已经破坏了挪威的中立。德国人的反应非常迅速，就在英国报章 4 月 9 日公开赞扬这一行动的当天，德军就在挪威登陆，借口是保护挪威免遭侵略。

英国人对于德军无视其海上优势的做法极为意外，也非常吃惊，认为德军纯属自投坟墓。但是德军在挪威原国防部部长吉斯林等内奸的接应下，在挪威几个港口顺利登陆，并于当天占领挪威首都奥斯陆。

入侵挪威的德军是一支不大的部队，一共只有 2 艘重巡洋舰，1 艘袖珍战列舰，7 艘巡洋舰，14 艘驱逐舰，28 艘潜艇及若干辅助船只，登陆部队不过 1 万人，每个登陆点的兵力不超 2000 人。值得一提的是，此战在战争史上第一次使用了伞兵，德军的一个伞兵营占领了奥斯陆和斯塔万格的飞机场，证明了伞兵的价值。但是挪威之战中起决定作用的兵种是空军，德国空军投入 800 架战斗机和 250 架运输机，战斗刚一打响，就吓倒了挪威人，接着又打退了英法援军。挪威军队还来不及动员，就被人数远少于它的德军击败，挪威国王和挪威政府被迫流亡英国，吉斯林成立了亲纳粹德国的新政府。

丹麦则是在几乎毫无抵抗的情况下被德军占领。

在大西洋的海面上，英、德两国的舰船互相追逐，各有斩获，总体上英国海军略占上风。

而随着 1940 年春天的来临，风暴中心的平静也就要被打破了。

曼施坦因计划

1939年11月中旬，古德里安的19军划归A集团军指挥序列。集团军总司令卡尔·鲁道夫·格尔德·冯·龙德施泰特上将是骑兵出身的德军老将，他的家族到他为止，有850年的不间断从军历史，被曼施坦因誉为卓越的天才军人，他为人正直、忠诚、敢言，甚至博得了希特勒的尊重和信任。集团军参谋长是弗里茨·埃里希·曼施坦因，是"二战"中与古德里安和隆美尔并列的德军三杰之一。这是德军一个精锐的战略集团。

波兰战事一结束，德军统帅部就开始总结波兰战役的经验和教训。如同古德里安战前的预言，轻型装甲师的编成，完全不适合战场的要求，所以波兰战役一结束，就被当局命令改组为重装甲师，番号为第6师到第9师；摩托化步兵师编制过大，不便于指挥，每个师裁减一个团，缩小规模；最重要的工作是坦克部队换装，用Panzer Ⅲ和Panzer Ⅳ型坦克替换下现有的装备，但是由于生产能力的限制以及陆军打算留下一些做战略储备的原因，这项工作进展缓慢。

　　古德里安接管了几个新建装甲师和"大德意志"步兵团的训练工作。后者的前身是1921年成立的柏林卫戍团以及由卫戍团改组的总部卫戍部队，希特勒上台后改称"大德意志"步兵团，部队成员的籍贯涵盖德国所有地区及海外德国人，全部官兵都是选自德军现役部队的优秀军人，相当于御林军，是德军精锐中的精锐，实力远远超过普通步兵团，全团下辖5个营，包括一个重装备营和一个训练营，德军另一名将隆美尔就出自这支部队。

　　随着战争脚步的临近，在部队训练之余，古德里安也开始考虑未来德军在西线战役中的战略和战术问题，特别是如何最大限度地发挥出坦克的威力。

　　波兰战役进入尾声的时候，希特勒就开始考虑西线攻势问题，但他当时没有向任何人透露。波兰战役结束后，德国又向西方国家发起了一轮和平攻势，在不出预料地被拒绝后，希特勒给他的高级将领写了一份备忘录，向他们表明了准备在西线发动攻势的想法。这份备忘录于1939年10月9日下发。

　　希特勒向他的将领们解释了为什么必须尽快在西线发起攻势的原因，首先是与英、法两国长期的战争，会耗尽德国的资源，并将后背暴露在苏联的威胁之下；其次他对苏联是否会一直遵守条约没有信心，他的恐惧心理，促使他想提早发起进攻迫使法国求和，他认为法国求和后，英国也会接受现实。

　　希特勒对于战胜法英联军抱有极大的信心，他在备忘录中说："目前，坦克兵种和空军，无论进攻还是防御，都已经达到其他国家所不能达到的技术高度。它们关于作战的战略潜力得到了其组织和领导的保证，那是比其他任何国家都更为优秀。"希特勒认为凭借德军在军事技术上的优势，完全可以无视法国兵员上较大的优势。

　　从士气来说，法军目前士气低落，人民厌战，但随着时间的推移，英国的军事实力将会增强，而这会给法国人以心理上和物质上的帮助。如果敌方利用这段时间对武器和军队组织的弱点加以改进，则对德国的进攻力量非常不利。

相比法军，德军战胜波兰后，士气正旺，可是如果长期不战，官兵陶醉在以往的胜利中，战斗意志会有所下降。

希特勒感觉应该马上动手攻击，否则会太迟了，时间对西方国家有利。他下的最后结论是："只要条件勉强可能，就应在这个秋季发动攻势。"

进攻时，希特勒认为不必顾忌比利时的中立地位，这样可以绕过马奇诺防线，同时也可以预防英法联军通过比利时领土攻击德国的鲁尔工业区。

与以往一样，这次的反对力量也主要来自陆军总部。陆军总司令勃劳希契、总参谋长哈尔德及一些高级将领，反对在西线发动攻势。他们不相信德军在军事技术上的优势可以压倒对方训练有素的兵员优势，而且认为德国的物资储备和资源无法支持一场大规模的战争，其实在他们内心深处最惧怕的是这场战争最后会发展成为世界大战，而一旦战败，德国会跌进万劫不复的深渊。

希特勒逐条驳斥了这些反对意见，指责这些将领怯懦畏战，并怀疑他们暗中破坏自己的计划。希特勒下令将1939年11月12日暂定为发动攻势的日期。

反对无效后，哈尔德等人又起了推翻希特勒的念头。然而他们这些人对于用武装政变的方式推翻希特勒，既无信心，更无决心，因此也就在彼此磋商一番后不了了之。

希特勒为了统一军官团的思想，连续举办了几次讨论会，由戈林、戈培尔和希特勒本人主讲，古德里安也参加了这些讨论会。会上，纳粹党高层和希特勒本人在讲话中流露出的对陆军的不信任情绪，让不明就里的古德里安大为不平。会后他找到了曼施坦因，谈了自己的感受，对方也有同感，建议他和集团军总司令龙德施泰特谈谈。龙德施泰特对于眼下局势洞若观火，不愿意蹚这趟浑水，他告诉古德里安自己和陆军总司令勃劳希契谈谈可以，但不会去找希特勒。古德里安却觉得希特勒的一些话针对的就是总司令本人，找勃劳希契又有什么用。古德里安不死心，最后找到了和纳粹党高层及希特勒本人关系密切，与自己也交往不错的赖兴瑙上将。赖兴瑙告诉他，自己刚为这件事与希特勒大吵了一架，现在自己再去找希特勒恐怕也没用，他建议古德里安自己去见一次希特勒，向他反映陆军将领们的不满。古德里安觉得自己是德军最年轻的军长，资历太浅，恐怕没有资格代表陆军讲话。赖兴瑙说这没有关系，他能把军官们的不满对希特勒讲清楚，是对大家都有好处的事。赖兴瑙当场就与总理官邸通了电话，要求希特勒尽快接见古德里安。

第二天古德里安就接到通知，让他前往柏林，觐见希特勒。在总理官邸，希特勒单独接见了古德里安，并耐心地听古德里安讲了20多分钟，没有在中途打断他。古德里安向希特勒表达了自己和其他将领对他讲话的不满，认为陆军将领们在波兰战役中亲冒矢石，为国效忠，现在却不被信任，这不仅不公正，而且是种侮辱。很多陆军前辈不愿出头，而古德里安作为后起将领来向希特勒表示抗议，是因为不愿意看到高层出现裂痕，尤其大战在即，政治领导人和军队将领之间不应丧失相互的信任。

希特勒聚精会神地听古德里安讲完，表示他只是对陆军总司令个人有意见。古德里安认为如果只是勃劳希契的问题，希特勒完全可以换人。希特勒让他推荐人选，古德里安先推荐赖兴瑙。希特勒面色不愉，这让古德里安相信了赖兴瑙没有撒谎，接着他又说了龙德施泰特等人的名字，希特勒也不置可否，场面冷了下来。

忽然，希特勒好像打开了话匣子，他开始历数他的每次重大举措都遭到陆军总部的一些将领的反对。在波兰战役中，他和将军们也有很多不同意见，他不敢相信在未来的西线战役中，陆军总部的将军们会抱有和他一致的意见，但是他还是感谢古德里安的坦率陈词。谈话前后历时一个多小时。古德里安回到科布伦茨，深感沮丧。

到了11月12日，希特勒却没有如期下达进攻的命令，这倒不是希特勒接受了哈尔德等人的意见，而是恶劣的天气实在不适合部队出击，气候是比将领的反对更难以抗拒的力量。

后来进攻计划又一拖再拖，最后希特勒索性决定1940年以前不发动进攻，给部队放了圣诞节假。

过完圣诞后的1月10日，希特勒按捺不住急迫的心情，不顾气候再次变坏，还是下达了1月17日发动进攻的命令。但是就在这同一天，发生了一起意外事件，迫使他又一次延迟了进攻日期，并对原来的作战方案做了重大调整，它直接改变了第二次世界大战的走向。

1月10日，希特勒下达进攻命令的当天，德国空降部队司令施图登特将军派了一位少校去第二航空队充当联络官。他从明斯特飞往波恩，去和空军讨论计划中某些不重要的细节，但是他却带上了全套作战计划。在恶劣的天气里，他在莱茵河上空迷失了方向，飞入了比利时境内，并在那里迫降。他未能把重要文件全部焚毁，一大部分落入比利时人手里。也就是说德军西线作战计划的大部分暴露了，当天德国驻荷兰海牙的武官报告，根据可靠情报，比利时国王和荷兰女王作了电话长谈。

消息传到德国最高统帅部，德国人立即做了最坏的打算。希特勒当时表现得异常冷静，开始他倾向于提前展开攻势，但是立即抑制住了自己的冲动，下令取消攻击令，更改作战方案。

至于这次意外，到底是一起偶然事故，还是德军内部希特勒的反对者故意策划的一起泄密事件，直到现在还是众说纷纭，莫衷一是。但从最后的结果看，希特勒成了这次事件的最大受益者，而同盟国方面成了最大输家。

德军原来的进攻计划叫"黄色方案"，它基本上是第一次世界大战前德军总参谋长施里芬制定的作战计划"施里芬方案"的翻版。黄色方案中，计划以主力部队通过比利时北部，攻击法国，进攻路线如同1914年一样。主攻任务将由博克指挥的B集团军担任，在它左面，龙德施泰特指挥的A集团军则准备通过丘陵起伏、森林密布的阿登地区进行助攻。总参谋部认为阿登地区不适合坦克作战，所以绝大部分坦克部队将调归B集团军。

曼施坦因他被认为是德国青年将领中最优秀的战略家，认为这个作战方案过于平凡，同1914年的作战方案几乎一模一样，它也是同盟国军队做好了迎击准备的那种作战方案，而且这个方案还可能使德军与英军相遇，曼施坦因认为他们是比法军顽强的敌人。并且这个方案有一个最重要的缺点，就是不能在短时间内决定战争的结果，攻势很可能停顿在索姆河上，形成与1914年一样的局面。

曼施坦因将目光转向了阿登地区，这是敌人预想不到的进军路线，可以达成出其不意的效果。不过他心里有一个大问题，必须得和古德里安商量一下。

1939年11月份的一天，曼施坦因找到了古德里安，向他描述了自己设想的作战方案。其要点是利用强大的装甲部队，穿过比利时南部和卢森堡所在的阿登地区，直抵色当，突破该地区马奇诺防线的延长部分，将法兰西防线一分为二，割裂开来。他请古德里安以一个坦克专家的观点，研究他这个设想是否可行。古德里安仔细研究了地图，并回忆了第一次世界大战时自己在该地区的地形经验以后，明确答复曼施坦因，他设想的作战方案绝对可行。古德里安附加的唯一条件是，参与攻击的装甲部队和摩托化部队数量一定要足够多，最好将全部装甲部队投入到这一地区。

曼施坦因就这份作战计划写了一份备忘录，先呈交给被他视为良师益友的龙德施泰特，并说服他支持这一方案。龙德施泰特亲自写了一封信，向陆军总部推荐曼施坦因计划。但是陆军总部对这一计划却不太感兴趣，最初只肯在这一地区投入一两个师的装甲部队。古德里安认为这么小的兵力根本起不了什么作用，曼施坦因也与陆军总部产生争执。

恰好希特勒的侍卫长瓦利蒙特将军是曼施坦因和古德里安的共同朋友，在12月中旬，曼施坦因和他做了一次长谈。瓦利蒙特将曼施坦因方案的精神带到了德军最高统帅部，他先将这个计划对主管作战的约德尔将军做了介绍，后者又转告了希特勒。当1月10日原来的黄色方案已经可能泄露时，希特勒立即想到了曼施坦因的方案，并下令审核这个方案，一个月后，最终决定采用这一方案。

这最后的决定过程非常曲折。曼施坦因为人比较尖刻，平日在陆军总部就树敌颇多，现在又绕过陆军总部将方案递交到最高统帅部，更是激起勃劳希契和哈尔德的强烈不满，他们决定将他从A集团军参谋长任上调离。曼施坦因要求去担任一个装甲军的军长，但他们只肯让他担任一个步兵军的军长。这个军被列在未来西线战役的第三攻击波中，这样曼施坦因最后终于无缘参与按曼施坦因方案展开的作战行动。龙德施泰特在哈尔德视察A集团军的时候为曼施坦因举行了一次告别会，并赞扬了曼施坦因的成绩，这让哈尔德颇为尴尬。

瓦利蒙特一向崇拜曼施坦因，认为他受到了不公亚待遇，就安排他借调任军长的机会，觐见了希特勒。曼施坦因亲自向希特勒详细解说自己的作战方案。希特勒立即对这个方案产生了极大兴趣，他亲自出马迫使勃劳希契和哈尔德接受这个方案。在希特勒的压力下，陆军总部只能接受曼施坦因方案，并按曼施坦因的构想修改了原来的作战方案。哈尔德虽然思想比较守旧，但却是个极其干练的参谋军官，最后完成的曼施坦因方案，在细节上也是堪称杰作。

希特勒一旦决定采用这个方案，立刻宣称它完全出自自己的构想，至于原创作者的版权问题，则是"当我谈到西线方面的计划时，在所有将领中，只有曼施坦因一个人了解我的思想"。

这个飞行意外事件，可以说是让希特勒因祸得福。如果德军按照原来的黄色方案展开攻势，法国几乎肯定不会陷落，德军主力部队会与联军最强大的部队相撞，并且在他们进攻的道路上，布满了难以逾越的障碍——河流、运河和大的城市。而阿登地区虽然丘陵起伏，森林密布，但只要在联军主力部队赶到之前，克服了这一地形上的困难，开阔平坦、道路良好的法兰西平原就会展现在他们面前，那里是坦克的理想战场。

令人不可思议的是，盟军方面似乎没有受到已泄密的黄色方案的影响，好像没有想到德军会对原计划进行调整，也许他们认为这次事件不过是德国人的一次欺骗行为。11月中旬，同盟国最高会议批准了法军总参谋长甘末林主持制定的"D"计划，该计划重点加强了联军左翼的力量，随后的部队调动也没有受到缴获德军文件的影响，几乎是与曼施坦因方案做了一次完美的配合。

大战的序幕已经拉开了。

/ 坦克，出击 /

1940年2月7日，A集团军在科布伦茨举行了一次演习，这次演习证明了曼施坦因方案的可行性。在图上作业的时候，古德里安建议在发动攻势的第五天，用强大的装甲兵部队，在色当附近强渡马斯河，在这里突破法军的防线，并向亚眠发展。哈尔德觉得这个计划不可行，他认为即使坦克部队渡过马斯河并建立了桥头阵地，但也必须等到步兵赶上来才能对法军防线纵深发起进攻。古德里安认为他的观念过于保守，并一再强调，最重要的是充分利用装甲兵的全部实力，对一个有决定性作用的点施以奇袭式的打击，使突入的楔形地区既深且广，可以不必顾虑侧翼的安全，最大限度地扩大战果，而不必等待步兵的跟进。

一个星期后，在12兵团李斯特上将的司令部里，又举行了另一次图上演习。哈尔德同样也出席了，课题还是强渡马斯河的问题，需要古德里安给出答案的问题是：1.装甲兵能否只靠自己的力量强渡马斯河，而不必等待步兵的支援？2.如果需要步兵的支援，是和步兵同时渡河，还是等步兵渡河成功，建立滩头阵地后，再被接应过河？总的来说，德军高层还是不太相信在阿登复杂的地形条件下，机械化部队能有太大的效用，甚至龙德施泰特这样支持曼施坦因计划的老将，也认为谨慎为好。没有了曼施坦因，古德里安感受到了孤掌难鸣的滋味。

关于装甲兵部队的指挥问题，经过几次冗长的讨论，决定成立一个装甲兵团，统一指挥7个装甲师，克莱斯特将军担任兵团司令。对于这一任命，古德里安很不服气，他觉得没看出克莱斯特在装甲兵指挥方面有什么特殊才能。

古德里安的19军担任整个集团军的攻击矛头。他的麾下有第1、第2、第10共3个装甲师和"大德意志"步兵团以及军直属部队。这些部队有的是他一手带出来的，有的随古德里安经历过波兰战役的战火，"大德意志"步兵团更是德军精锐中的精锐。古德里安对他们的能力无比信任，现在古德里安要带他们去实现一个近乎疯狂的计划。目前除了曼施坦因、古德里安和希特勒外，没有几个人认为它能完成。为了实现这一理想，古德里安对他们进行了倍加艰苦的训练，直到把自己也弄得精疲力竭。

3月，A集团军高级将领被召集到总理府，向希特勒进行战前汇报，每个将领都亲自报告自己担负的任务和执行计划。古德里安最后一个发言，他对自己的任务简述如下：在奉命进攻之日，19军要越过卢森堡的国界，穿过比利时南部，直插色当，渡过马斯河并建立一个桥头阵地，以掩护后续的步兵过河。古德里安还详细分解了每天的进度，认为可以在第五天渡过马斯河并建立好桥头阵地。这时希特勒忽然插话问他："那么在此之后你打算做什么？"这是在历次军事会议上第一个向他提出这个重要问题的人，古德里安回答："除非我接到其他命令，否则第二天我将继续向西推进。最高统帅部应该决定我的目标是巴黎还是亚眠，我个人认为应该是通过亚眠，直插英吉利海峡。"

古德里安自信的表述引起了一些步兵将领的不满，认为古德里安是说大话。这时希特勒有些神情紧张地盯着古德里安，古德里安粗暴地回应说他肯定不需要别人帮忙，希特勒听后没再说什么。

自始至终，没人明确告诉过古德里安，过了马斯河他应该干什么，从那之后，古德里安的坦克部队的所有行动都是他自行决定的。

无论多么先进的理论，如果不是让一个充满活力的人来实践它，也难以取得决定性的效果。而古德里安正是一个充满活力并且执行能力极强的人。由于没有给他明确的命令，反而让他获得了当机立断的权力；事先没有确定进攻的目标，也使他能够把握住稍纵即逝的战机，灵活选择进攻路线，彻底打乱了盟军的防御体系，这种阴差阳错使古德里安有机会将其坦克部队作战理论发挥得淋漓尽致。最后，是古德里安这支进攻的矛头拖着整个德军冲向了胜利。

现在古德里安对即将到来的战争满怀胜利的信心，这种信心不是盲目的，而是建立在知彼知己、对敌情我情做了详尽分析的基础上。

第一，坦克这种威力强大的兵器的出现，已经有可能彻底颠覆传统的作战形式，但是这一点只有少数人有所察觉，而古德里安就是这少数先知先觉人物中的一员。他创建的坦克作战理论，自信已领先于世界上任何其他国家的军事理论家，并且他已经把其理论成功地变成了现实，使德军的装甲部队比其他国家的装甲兵领先一步。

第二，对以坦克为代表的运动战时代的到来，法国的领导阶层则是彻底漠视。他们囿于第一次世界大战的经验，重视火力而忽视机动性；喜欢按事先预想的战场环境制定作战计划，按部就班地执行计划，没有万全的把握绝不行动，这种僵化的体制，完全忽视了对战机的把握。空有远超过德军的装甲车辆数量（1940年，法国装甲车辆数量4000余辆德国2800辆；法国战役投入2200辆），而不能有效利用。

第三，经过多年的探察，德军已对法军的防线有了比较全面的了解，看起来固若金汤的马奇诺防线，不是全部都那么坚不可摧。当年由于财政紧张，在修筑蒙梅迪至色当一段工事时，采用了比较低的标准，这一段的防线比较薄弱。从色当通过比利时、荷兰至大海的马奇诺延长线上，比、荷两国所筑要塞、堡垒的位置及强度，德军也了如指掌。

倚恃马奇诺防线的坚固，法军统帅部在这一线只部署了少量兵力。他们固执地认为德军一定还会沿着1914年的进攻路线，经由比利时北部对法国进行包抄，所以将法军主力和英国远征军部署在佛兰德平原。还有对德军有利的一件事，就是马奇诺防线和比、荷两国要塞上大炮的炮口都固定在面朝德国的方向，这意味着只要在色当快速渡过马斯河，突破法军防线后，德军就既不会遭遇到侧翼的攻击，也不会受到炮火的威胁。

第四，古德里安虽然尊重法国普通军人的勇敢顽强，但对于法国的领袖人物，则由于他们在1939年秋天的消极态度，而认为他们对未来的战争不太热心，战斗意志不会太顽强。

古德里安由此得出结论，只要用一支强大的装甲部队，经过色当和亚眠发动一场具有决定意义的攻势，以大西洋海岸为最终目标，就可以直插敌后，将届时已进入比利时境内的盟军主力与法国本土分割开来。古德里安相信，那时盟军不会有足够的后备兵力阻挡自己的攻势。因此只要初战成功，并乘势扩大战果，则一定会大获全胜。

古德里安希望将自己的必胜信念传达给自己的上级和下属，让他们和自己一样抱有坚定的决心，但是愿望只达成了一半，属下官兵深受鼓舞，上级长官仍是不以为然。

战前，德军统帅部对于陆军和空军的协同问题也做了专门安排，古德里安会见了战术空军司令斯图尔汉将军、空军兵团司令罗兹尔将军。为了彼此熟悉对方的战术，古德里安邀请空军人员参加了自己组织的演习，古德里安本人也参加了空军的演习。双方重点讨论了强渡马斯河的问题，最后确定的战术是空军应以多批次不间断地对敌攻击来掩护陆军过河，这样可以使部署在开阔地带的敌军炮兵不能连续攻击古德里安的渡河部队。

开战时，为了尽快穿过阿登地区，古德里安麾下的3个师将一字排开，中间是第1装甲师，军直属部队跟在它的后面，这是全军主力；第2装甲师在它的右翼，第10装甲师和"大德意志"步兵团在它的左翼。3个师的师长都是古德里安的老部下，他们彼此互相了解，充分信任，信念一致，都认为攻势一旦发动，不到英吉利海峡绝不应停止。古德里安给了他们充分授权，如果攻势发动后，因失去联络而接不到古德里安的命令，他们可以各自为战，直奔最后的目标。

另外还有一个小的战术安排，开战前，"大德意志"步兵团的一个营，被空降在比利时后方，以期扰乱敌方军心。古德里安将之贬低为只是为了满足戈林的心愿，其实他们确实达成了很好的效果。

1940年5月10日凌晨，从荷兰低地到阿登高原，在漫长的战线上，德军展开了全面的攻势。开战伊始，德军右翼就取得了戏剧性的成功。它进攻的前锋是德军空降兵部队，他们对荷兰和比利时两国战略重地和要塞的大胆的攻击,成功地吸引了联军统帅部的注意力,使他们忽略了来自阿登地区的危险。

5月10日清晨,德军空降部队对荷兰海牙和交通枢纽鹿特丹进行了攻击。就在同时,德国陆军也跨过边界大举入侵。德军4000人空降部队,成功占领了海牙和鹿特丹的机场,然后在乘运输机赶来支援的一个轻步兵师的配合下,攻占了莱茵河和人工运河上几座有战略意义的桥梁。荷兰人一度击退了占领海牙机场的德军部队,但德国空军的袭击造成了荷兰的混乱。德军在荷兰方向唯一的一个装甲师,利用荷军的一个防御间隙冲了过来,与鹿特丹的德军会师,然后不顾前来支援的法军的威胁,继续向既定目标前进。开战第五天,荷兰军队投降。但是空降海牙的德军未能完成抓住荷兰国王和政府要员的任务。与德军空降部队的战果相比,它的伤亡则是微不足道,全部伤亡人数180人,包括空降部队司令斯徒登特,他头部受重伤,休养了8个月才复原。

攻占比利时的战斗,在开始阶段更是惊心动魄。进攻部队是德军第6兵团,它的主力是德军第16装甲军,下辖两个装甲师。进攻前,它必须克服一个困难,就是占领艾伯特运河上的两座桥梁和埃本·埃迈尔要塞。后者是比利时最重要也是最现代化的要塞,它保护着这条水上防线的侧翼。

完成这个困难任务的是500名德军伞兵,而最先想出这个主意的是希特勒。在希特勒的头脑里,有无数稀奇古怪的想法,这次无疑是最高明的一个。空降部队司令斯徒登特思考了一天,才答复希特勒想法可行。当第6兵团司令赖兴瑙和参谋长保卢斯看到这个计划时,都认为过于冒险而不抱信心。

对埃本·埃迈尔要塞的奇袭是一支由78名工程伞兵组成的小部队完成的,他们乘坐滑翔机悄无声息地降落在要塞顶部,消灭了少量比利时的防空士兵,然后用一种强力炸药炸毁了要塞炮台,并压制住了1200名要塞守军,直到24小时后德军地面部队赶来。对那两座桥梁的攻击也是伞兵乘坐滑翔机进行的,其中的一座，比利时守军已经点燃了炸药的导火索，马上就要炸毁桥梁，幸亏跟着败退的比利时士兵冲过去的滑翔机驾驶员掐灭了它。

除了这两座桥梁，其余被德军正面攻击的桥梁都被比利时守军炸毁。

到了第二天，德军的两个装甲师利用这两座桥梁跨过了艾伯特运河，在佛兰德平原上展开。它们狂风暴雨式的攻势，逼得比利时部队不得不实行总退却，并诱使英法联军赶来支援。

入侵荷兰期间，德军通过马斯河

德军在比利时的突破，虽然不属于致命的一击，但却对战局的走势产生了很大的影响。它使同盟国统帅部做出了错误的判断，并使联军机动能力最强的部队，包括三个法国兵团和英国远征军，向比利时南部推进得更远，当真正致命的危险出现在法兰西边境时，他们已是鞭长莫及、徒唤奈何了。

在右翼的德军 B 集团军展开轰轰烈烈的攻势同时，左翼龙德施泰特的 A

集团军正不引人注目地跋涉在阿登地区的崎岖山路上。

这是一支令人生畏的力量，德军10个装甲师中的7个配置在这里，是有史以来最大的一个坦克集群。它组成了3个装甲军，排列成纵深三层，前两层是坦克师，第三层是摩托化步兵师。领先的是古德里安的19军，整个兵团由克莱斯特指挥。在它的右方，是霍特将军指挥的第15装甲军，它将独立执行使命，其任务是冲过阿登北部，向纪韦和迪囊之间的马斯河挺进，未来的德军战神隆美尔，目前是这个军的一个准将坦克师师长。在装甲集团的后面，是50个德军步兵和炮兵师，构成了一个狭窄而纵深极大的正面。

这次行动的关键是德军装甲部队能否快速通过阿登地区并渡过马斯河，只有那时德军的坦克才有展开的余地，必须在法国统帅部察觉到德军的意图并调动部队前来阻击之前渡过马斯河。

5月10日早晨5点30分，古德里安跟第1装甲师一起从瓦伦多夫附近越过卢森堡边境。当天下午，德军前卫部队已经突入比利时境内，并与早先机降在那里的"大德意志"步兵团的一个营取得联系。由于山区公路已被比利时人彻底破坏，又无法绕行，当晚第1装甲师只能就地宿营，由工兵部队连夜修复道路。此时第2装甲师、第10装甲师都传来消息，他们进展顺利，并与法国部队有了接触战。当天夜里，古德里安接到了克莱斯特的电话，要求第10装甲师改变进军路线，迎击一股据说过来的法国骑兵。古德里安立即请他收回成命，指出如果抽调走1/3的兵力，他很难渡过马斯河。因为强渡马斯河将影响战局的成败，克莱斯特也不得不作罢。古德里安对这种莫名其妙地惧怕敌人骑兵的心理，很不理解。最后，敌人的骑兵也没有出现。

11日的上午，工兵部队清理完比利时境内的爆破区和布雷区，第1装甲师继续推进，由坦克开路，向着讷沙托两面的要塞进攻。守军为边境退下来的比利时部队和法国骑兵，敌军的抵抗很轻微，讷沙托很快就被攻占。第1装甲师继续前进，黄昏时到达布永，这里有一部分法军驻守没有撤退。

12日一早，第1装甲师的步兵团对布永发起攻击，并很快击败了守军。虽然法军撤退时炸毁了瑟穆瓦河上的桥梁，不过这里河床较浅，有几处地方可以让坦克涉水过河。师工兵营也很快在河上架好了渡桥，古德里安就跟随着德军坦克继续前进。可是过河不久，就遇上了法国人的雷区，只好又退了回来。

在布永，古德里安遇到了开战以来法军最猛烈的空袭。他的军部被迫几次转移，最后在德国战术空军司令斯徒尔汉将军的指点下，将军部搬到一个小村庄，才获得了安全。

就在他忙着搬家的时候，接到了兵团司令部的命令，命令19军在次日，也就是5月13日16时渡过马斯河。古德里安计算了一下时间，认为第1、第10两个师可以按时到达马斯河沿岸，第2师由于前进受阻，可能无法按时赶到。他请求兵团司令克莱斯特延迟进攻的时间，遭到了拒绝。他反过来又重新思考了一遍，觉得克莱斯特的命令也有它的优点，可能会让敌军防守部队措手不及。但是克莱斯特的第二个命令却让他强烈不满，原来克莱斯特不知道古德里安已经和空军的罗兹尔将军有了约定，在陆军强渡马斯河时，空军采取多批次不间断的战术对敌方阵地进行攻击，他向空军下达了在陆军炮兵进行轰击的同时，空军进行全面轰炸的命令。古德里安力辩原来制定的战术更为有效，但克莱斯特还是不肯改变命令。

当天下午，第1、第10两个师已进占马斯河沿岸，并攻下了法国的历史名城和著名要塞——色当。夜里，开始做渡河攻击准备，军炮兵和兵团炮兵进入阵地；攻击的主力是第1装甲师，支援它的有"大德意志"步兵团、军直属炮兵和其他两个师的师属炮兵，但同时也削弱了其他两个师的攻击力量。

古德里安的攻击是集中在色当正西方的一段长仅1英里半的河岸线上。这是一个理想的强渡场所，马斯河在这里作了一个急转弯流向圣芒热，然后又再转向南，构成了一个口袋似的突出地。北岸周围的高地上林木茂密，可以掩护攻击的准备，并提供良好的炮兵阵地和观测所。

1940年5月13日，是法兰西战役具有决定性意义的一天，它决定了法兰西战役的成败。

15时30分，古德里安冒着炮火来到炮兵前沿观测所，想要亲自观察火炮射击和空中轰炸的效果。16时，火炮准时开始向河的对岸怒吼，场面十分壮观。空军的飞机也准时抵达，它们没有用集中轰炸的方式，而是采用和古德里安事先商量好的战术对敌攻击。这让古德里安松了一口气，以为克莱斯特最终还是接受了自己的意见，后来与罗兹尔通话，才知道他没有接到命令，所以仍按原来的方案进行了攻击。

在火力攻击的同时，陆军也开始强渡马斯河，乘坐橡皮舟和木筏的装甲步兵首先渡河，然后又将轻型装甲车辆渡过河去。很快装甲1师的步兵1团就在对岸建立了滩头阵地，由于过河比较轻松，1团的军官们看到随后赶来的古德里安时，用开玩笑的口吻喊："马斯河禁止游船游览。"这是古德里安在演习时常开的一个玩笑，目的是善意地提醒年轻军官们在演习时保持严肃认真，今天被他们用来回敬自己的军长。

第1步兵团和随后跟上来的"大德意志"步兵团继续向纵深攻击前进，其进攻步骤几乎和演习一样准确。由于持续不断的空中攻击，法军的炮兵几近瘫痪，沿马斯河一线的混凝土工事被德军的战防炮和高射炮击毁，机枪手也被德军重武器和火炮压制得抬不起头来。尽管法军工事前沿十分开阔，但是德军的攻击部队伤亡仍然十分轻微，到午夜时分，德军的最大攻击深度已达5英里。不久在色当和圣芒热之间的格莱雷也架起了一座桥梁，德军的坦克川流不息地涌到了对岸。

14日早晨，接到第1装甲师师长的报告，昨天后半夜，他们又有了新的进展，现在已经通过了谢姆里。当古德里安前往谢姆里时，马斯河两岸已经站满了成千上万的俘虏。

不过德军的优势并不稳固，目前只有第1装甲师一个师全部过了河，所有的后续部队和补给都只能凭借这唯一的一座桥梁上通过。此时德国空军已经转移到其他方面，盟军空军掌握了制空权，不断有飞机向这座桥梁俯冲轰炸。但是古德里安的高炮团在这座桥的上空构建了一层绵密的火网，盟军的飞机损失惨重，到当天黄昏，德军自己统计，全天击落了150架盟军飞机，该团团长希泊尔上校因此获得骑士级铁十字勋章。

古德里安到达谢姆里时，第1装甲师师长正给他的部队下达命令，据报一支法军装甲部队正向这个方向开来，他命令第1装甲师的坦克部队向斯东尼方向进攻，以便给敌军一个迎头痛击。古德里安听后立即返回马斯河渡桥，命令已到河边的第2装甲师的坦克部队加紧过河，加强第1师的攻击力量。法军的攻势被德军阻止，在布尔逊德军击毁了20辆法军坦克，在谢姆里又击毁了50辆，"大德意志"步兵团占领了布尔逊，并由那里向菲里尔斯进攻。

中午时，集团军司令龙德施泰特来到前线视察。当时盟军的飞机还不时飞过来轰炸，古德里安站在马斯河渡桥上向龙德施泰特报告战况，龙德施泰特赞扬了古德里安所部官兵的英勇行为。

14日下午，古德里安的三个装甲师全部都已渡过马斯河，第1装甲师也击退了法军姗姗来迟的那次反击。古德里安在第1师师部,与第1师师长和参谋长商量下一步的作战计划,是全军一致向西推进,还是留下一支部队防守侧翼。师参谋长温克少校用古德里安常说的一句口头语回答了他的军长:"只准集中,不许分散。"这也正是古德里安自己的想法。

古德里安立即下令,第1装甲师和第2装甲师全体改变方向,向西推进,越过阿登运河,以突破法军防线为目的。

到了黄昏时分,第1师强大的坦克部队已渡过阿登运河,击败了敌军的抵抗,攻占了辛克莱和汪德雷斯。第10装甲师的前锋也越过梅松西里—罗库尔—弗拉巴一线,它的主力则到达了布尔逊—推龙尼以南的高地,并缴获了40多门大炮。

19军的一个主要任务就是占领斯东尼附近的高地,以阻止敌军任何进攻马斯河桥头堡的行动,保证后续部队安全过河。第10师和"大德意志"步兵团竟日苦战,就是为了要攻克这些高地,斯东尼这个村庄在几度易手后,到15日才终于被德军完全占领。

至此,德军在马斯河对岸已站稳了脚跟,法兰西的大门对古德里安敞开了。

直抵英吉利海峡

1940年5月15日清晨4点钟，古德里安和从后方赶来的14军军长魏特夏将军见了面。两人商谈了将桥头阵地由19军移交给14军的问题，随后两人又来到第10装甲师师部。师长夏尔将军不在，他们和师参谋长李斯本中校讨论了一番。李斯本中校向魏特夏将军介绍了战场环境，并详细回答了他提出的几个问题。最后古德里安同意，交接期间第10师和"大德意志"步兵团暂归14军指挥，交接完毕后，再回归建制。

从第10师师部出来后，古德里安又去看望了"大德意志"步兵团，然后回到军部。

出乎古德里安的意料，他在夜里接到了兵团司令部的命令，命令所有部队停止前进，固守桥头阵地。古德里安对于这个命令当然是既不能同意，更不愿同意，它会使古德里安前功尽弃，使德军快速突破马斯河防线带来的战略先机完全失去。古德里安立即和兵团参谋长蔡兹勒上校通电话，但是不得要领，之后又与兵团司令克莱斯特直接通话。古德里安坚决要求他收回成命，双方在电话里一度情绪异常激动，最后在古德里安的强势面前，克莱斯特勉强同意古德里安再攻击前进 24 小时。

古德里安获得行动自由，不敢耽搁，马上安排下一步的攻势。第二天一早，他就赶到了第 1 师师部，当时前方的战况不甚明朗，只听说昨夜在巴维里蒙附近有过激烈战斗，古德里安立即驱车前往该处。

在余火未灭的村庄旁，古德里安找到了步兵 1 团团长巴尔克中校。看得出部队已经十分疲劳，士兵就在他们的散兵坑里熟睡着。巴尔克披着一件短外套，拄着棍子，脸上挂着硝烟，两眼布满血丝，他告诉了古德里安昨夜的经过。

当行进到这个村庄时，由于连日苦战，这个团又一直是全军攻坚的先锋，士兵的精神和体力都到了极限。下级军官纷纷要求停止进攻，暂时休整，但是巴尔克说："就是只有我一个人，也得打下这个村庄。"说完就一个人朝村庄走了过去，部下们看到团长如此坚决，也就鼓起余勇，向村庄发起了进攻。古德里安到时，战斗已接近尾声，炮击已经停止了，只是村子里还可以不时听到机枪射击的声音。巴尔克后来也因为这一天的战斗获得了骑士级铁十字勋章。

在此前一天，德军截获了法军的一个命令，这个命令很可能是法军总参谋长甘末林将军亲自下的，命令中有一句话是"必须制止德军坦克的进攻势头"。这个命令使古德里安的信念更加坚定，法军统帅部已经看出了德军的意图，现在德军必须倾全力进攻，不能再犹豫不决，更不能停止。

古德里安巡视各部，将士兵一个连、一个连地集合起来，给他们念了法军统帅部的命令，坦率地告诉他们继续进攻的意义和重要性，一方面感谢他们这些天的劳绩，另一方面要求他们继续进攻，以争取最后胜利。讲话完毕，就命令他们赶紧上车，继续前进。

现在战争的迷雾已经完全廓清，古德里安和他的官兵们已经清楚地看到，战争的进程就像战前的预料一样，胜利已经触手可及。当古德里安的指挥车追上第1装甲师的行军纵队，从他们身边经过时，士兵们为他们自己取得了突破而向他们的军长热烈欢呼。

在古德里安向西猛进的同时，在蒙丹梅渡河的赖因哈特的两个师和从迪囊附近过河的霍特的两个师也在各自向前狂奔，如入无人之境，这样法军的防线就彻底崩溃了。

在蒙科尔内市的广场，古德里安找到了第6装甲师的师长肯夫将军。第6装甲师隶属于赖因哈特的第41装甲军，他们和古德里安的部队几乎同时到达蒙科尔内。古德里安为这三个装甲师制定进军路线，双方议定三个师齐头向西推进，直到用尽最后一滴汽油才能停止前进。此时19军的先头部队已经到达了马尔勒和德尔西，距早上出发地点40英里，距色当55英里。

进入蒙科尔内时，古德里安命令部队对广场周围进行搜索，结果抓到了好几百名法军俘虏，各单位的都有。另有一个法军坦克连，企图从西南进入这个市镇，也全部成了俘虏，审问得知他们属于法国新成立的一个装甲师——戴高乐指挥的第4装甲师。

回到军指挥部，古德里安向兵团司令部汇报了全天的进展，并重申自己的决心：5月17日依然要继续向西推进。

古德里安以为，既然自己的部队和41军在16日这天取得了如此大的进展，上级司令部应该会放下疑虑，抓住当前的战机，放手让他们进攻，不必坐等步兵部队跟上配合。但是却没有想到，一直极为欣赏古德里安进攻精神的希特勒，这次竟然会亲自叫停了进攻的步伐。

第二天清晨，古德里安接到了兵团司令部停止前进的命令，并命令古德里安亲自向克莱斯特报告。古德里安当即飞往兵团司令部，请兵团司令克莱斯特与自己在机场相见。7点整，两人在古德里安的座机旁见面。克莱斯特劈头就指责古德里安不服从命令，对古德里安部队的战绩似乎视而未见。在他一口气讲完后，古德里安愤怒地表示，既然被认为不服从命令，那么他要求免除自己的职务。克莱斯特的表情有些紧张，但还是点了下头，表示接受，并让古德里安将职务移交给最资深的部将暂时代理。谈话结束后，古德里安飞回军部驻地，立即要求第2师师长法伊尔将军来军部，暂代自己的职务。

古德里安接着给集团军司令部发了一封报告，说明自己在中午职务移交完毕后，将立即飞回集团军司令部，并对事件经过提出详细报告。电报发出，古德里安马上就接到了集团军司令部的回电，集团军司令部让他等候李斯特上将（12兵团司令，正在古德里安部队的后方）的到来，李斯特已被授权处理此事。在他到来之前，各部队一律就地待命。

李斯特上将到达后，代表集团军总司令龙德施泰特慰留古德里安，并告诉他停止前进的命令，是最高统帅部下达的，所以必须服从。但他也认可古德里安的看法，不能放弃进军的势头，所以集团军批准古德里安继续作威力搜索，但是军部不能移动，以便和上级保持联系。这已经是集团军司令部的最高权限了。

古德里安的辞职行为，本来就是一种以退为进的要挟，既然目的已经达到，也就见好就收。他向李斯特上将表示由衷的感谢，并请李斯特上将代自己向克莱斯特解释早上是一场误会。然后他就迫不及待地命令全军出击，进行威力搜索。同时又设立前进指挥所，在前指和军部之间架设一条专用电话线，免得兵团司令部能收听到他和下属之间无线电通话的内容，惹来不必要的麻烦。

5月19日，古德里安的部队已经突进到第一次世界大战的旧战场——索姆河的北岸。索姆河会战是第一次世界大战中规模最大、最惨烈的一次战役，双方共伤亡130多万人，坦克就是在这里第一次被投入战争中使用。

埃纳河、塞尔河和索姆河给进攻的德军左翼提供了天然的掩护。当然，由于法军在马奇诺防线后方的兵力实在薄弱，他们也没有多大能力给古德里安造成威胁。现在这一地区比较活跃的是戴高乐所率领的新组建的法军第4装甲师，他们经常袭扰德军，在19日那天，少数法军坦克一度甚至冲到距古德里安的前进指挥所不到1英里，让古德里安虚惊一场。此外，在巴黎地区集中了法国的一个预备军团，有8个师的兵力，但古德里安不相信他们会主动攻击德军，按照法军的战术原则，一定要把敌军的虚实摸清楚，才做决断，所谓"知己知彼，谋定后动"。但是对于古德里安这样的时合时分，飘忽不定的装甲部队一时还真是难下决断。

到了19日德军最高统帅部终于让德军各部放手进攻，此时第19军已经到了康布雷—佩罗讷—阿姆一线，第10师接替第1师掩护左翼，第1师直趋亚眠。

古德里安估计第1师会在20日上午攻打亚眠，他希望亲自参加这次历史性的战斗，就在一早5点钟赶往那里。

现在古德里安手下各部进展之争先恐后，甚至有时都会让他自己也感到头痛。路过佩罗讷时，他接到了第10师的投诉，原来驻防在这里的是装甲1师步兵1团，团长就是那位大名鼎鼎的勇士巴尔克，他怕赶不上亚眠的攻击战，还没等到接防部队到来，就整队开拔了，令接防的第10师部队极为愤怒。

亚眠的攻击顺利得难以置信。上午8点多钟开始进攻，中午以前就占领了该城。古德里安在阵地上巡视一番，并参观了这个以美丽教堂闻名的城市后，又匆匆赶回阿尔贝，他要在那里和第2师会合。回去的路上发生了一件趣事，有些敌军的车辆居然跟在德军车队后面飞跑，想用这种方式逃回巴黎，古德里安指挥截获了这些敌方军车，其中还抓获了15名英军俘虏。

在阿尔贝，古德里安见到了第2师师长法伊尔将军，第2师俘虏了一个英军炮兵连，因为他们完全没有想到德国人会来得这么快。各国的俘虏挤满了市内的广场和附近的街道。本来法伊尔以为自己部队的汽油已经用完了，准备在这里休整一下，检查后发现原来还有，古德里安命令他们在19点以前赶到阿布维尔，这是大西洋沿岸的一座城市。古德里安自己的经验是，部队一旦疲倦想要休息，常用的借口就是汽油没了。

在当天夜里，第2师的斯比塔营到达了罗也利斯，这是第一支到达大西洋沿岸的德军部队。同一天第2装甲师抵达索姆河的入海口——阿布维尔。

现在，比利时军队、英国远征军和3个法国主力兵团都已落入了德军的重围。

在尘埃落定后，已经可以清楚地看到奠定德军胜利的几处关键所在：首先就是古德里安顶住了总参谋长哈尔德等人的质疑，坚持不必等待后续步兵和炮兵部队的支援，凭一己之力渡过马斯河，赢得了时间，使法军来不及有效地布置防御，让德军轻松地取得了突破，这是法兰西之战最关键的节点，此后，德军就已立于不败之地；其后是渡过马斯河后的快速推进，德军高层将领甚至是希特勒本人，都不相信他们会有这么好的运气，认为法军一定会从侧翼对德军进行袭击，一再羁绊古德里安前进的脚步，又是古德里安用抵制甚至是抗命的方式，不肯停住自己进军的步伐，这虽然已经对德军的最后胜利影响不大，但却大大缩短了战争的进程。

从渡过马斯河前一些德军高级将领的怀疑态度，以及渡过马斯河后德军高级指挥部和最高统帅部的几次命令，可以感觉到，也许德法两军高层意识上的差异还没有德军内部新旧两派之间的大。

在战争结束时，法军总参谋长甘末林将军就德军在马斯河做的战略突破作了如下评论："那是一个杰出的行动，但是否事先既已完全预知呢？我不相信如此—最多不会超过拿破仑对耶拿会战所能预料的程度，或是毛奇于1870年的色当会战。那是对环境的一种完美的利用，它表现在部队和指挥组织知道如何利用己之所长——在坦克、飞机、无线电所能容许的极限内，尽量采取迅速的行动。也许这是有史以来第一次赢得了一次决定性会战，而并未动用其兵力的大部分。"

法军前敌总指挥乔治将军说，原先法军指挥部估计，在比属卢森堡境内有计划的阻击行动至少应使德国人到达马斯河时多花4天时间。他的参谋长杜芒克也说："因为以为敌人的办法和我们一样，所以我们也就幻想着认为他们必须在集中充足的炮兵后才会试图渡过马斯河，这样也就需要五六天的耽搁，就可以让我们有充分的时间来增强自己的部署。"

这些法国人对战争进程的估算和德军高层的估算几乎如出一辙，所以看来法国军事领袖对于德军攻势的基本假定好像没有错—但事实却证明他们是大错特错了，那是因为在他们所有的估算中遗漏了一个人的因素，这就是古德里安。古德里安不仅掌握了装甲部队突击穿插的理论，而且对实践这一理论具有狂热的信心，行动中又能不顾上级的制止奋斗到底。这样才使法军的一切预计都落了空，否则德军统帅部达不成如此大的成功。

每一阶段的胜负，时间都是关键的因素，法军每一次反击的失败，也在于没有抓住时间，丧失了战机。法军的军官都是按照1918年的模式训练出来的，他们已经适应不了坦克的时代，无法赶上瞬息万变的战局。当然这也是因为古德里安的行动太快，超过了法国统帅部的想象，也超过了德国统帅部的想象。

敦刻尔克

古德里安的部队已经抵达大西洋岸边,成功地完成了对英法联军的包抄,现在他必须等待上级给他指示进攻的方向。

因为对德政策的失败,目前英、法两国领导人都已进行了更换,在德军开始进攻的同一天,丘吉尔取代张伯伦成了英国首相,法国也由雷诺替代了达拉第。雷诺也是一个一直反对绥靖政策的法国政治家,并且他多年来一直呼吁法国建立装甲部队。当15日德军在色当取得了突破的消息被证实后,他打电话告诉丘吉尔:"这次会战我们失败了。"

丘吉尔虽然限于第一次世界大战的经验,认为攻势在开始八天后会自动停顿,情况应该不会那么糟,但还是立即飞往巴黎,与法国军政高层举行联席会议。会上他问法军总参谋长甘末林:"将军,我们的预备队在哪里?"这位"世界上最优秀的军人"尴尬地回答:"没有。"丘吉尔惊讶得说不出话来,后来他在回忆录里说:"这是我一生遇到的最吃惊的事之一。"

不久甘末林就被雷诺撤掉,由第一次世界大战的老将魏刚接替。而后者的观念甚至比甘末林还要陈旧,他还是按照1918年的方式制定作战计划,所以一切的希望都没了。

丘吉尔(左一)当选为英国首相,正在与戈特勋爵和伯纳尔中将交谈

总而言之,同盟国领袖人物们的所有作为不是错误的,就是太迟了,因此最终失败的命运也就不可避免了。

5月21日,古德里安接到命令,让他继续向北推进,以占领英吉利海峡诸港口为目标。他的右翼是赖因哈特的第41装甲军。

古德里安原本计划第10师向敦刻尔克前进,第1师向加来前进,第2师向布洛涅前进。但在行动开始前,兵团司令部突然决定将第10师调为兵团预备队,古德里安只好更改计划,命令第1师和"大德意志"步兵团,以萨梅尔—代夫勒—加来为目标,第2师则沿着海岸向布洛涅进发。

新的攻势从5月22日早晨开始。下午,在代夫勒—萨梅尔和布洛涅的南面,都发生了激烈的战斗。对手都是法国人,也有些英、比、荷的残军,现在盟军已经没有了成系统的抵抗，不过盟军的空军还是很活跃，由于此处离德军机场较远，现在英、法空军占有优势，给德军一定的威胁。

22日晚上，第10师又被归还给古德里安指挥。古德里安决定第1师转向敦刻尔克，第10师接替第1师向加来进发第2师攻击布洛涅不变。

23日上午，第1师在联军的外围防线上，遭到了顽强抵抗，而第2师也在布洛涅四周及城下受到了阻击，进行了激烈的战斗。布洛涅的城墙很厚、很坚固，德军的大炮和抵近射击的坦克炮都射不透古老的城墙，最后在88mm高射炮的掩护下，步兵用梯子攀城而上，才攻进城内。在港口区的战斗中，一辆德军坦克击沉了一艘英军鱼雷艇。

到了5月25日，第1师已越过了Aa运河向敦刻尔克前进，第2师主力和临时调拨古德里安指挥的党卫军"希特勒近卫师"向瓦唐进攻，第10师包围了加来，准备攻占这个古老的海港要塞，重炮兵也被调来增援这个师。

此时赖因哈特的第41装甲军也渡过Aa运河，并在圣奥梅尔占据了桥头阵地。

但是德军的攻势到了这一线也就戛然而止了。在前一天，也就是5月24日，希特勒突然下令左翼德军各部暂时停顿在Aa运河一线，不许过河。这条运河离海港敦刻尔克最近处只有10英里。

此刻比利时北部的盟军防线已临近崩溃，南边的德军装甲部队也切断了英法联军的补给线，比利时军队、英国远征军的9个师和法国第1兵团的10个师被夹在中间。虽然在包围圈的南端，运河、沟渠纵横，还有大片的泛滥区，不适于装甲部队行动，但是古德里安和赖因哈特的部队已经在Aa运河对岸建立了5个桥头堡，准备与从东面过来的德军第6和第18兵团联合夹击，给敌人最后毁灭性的打击。眼看着法兰西战役中最大的胜利就要到来的时候，为什么希特勒却下令停止进攻，除了希特勒还有谁对此应该承担责任？

战后德军将领们习惯性地将德国战败的责任全部推到希特勒身上。对敦刻尔克未能全歼盟军部队，以哈尔德和龙德施泰特为首的德军将领也认为希特勒要承担全部责任。哈尔德是反对希特勒的决定的，他和陆军总司令勃劳希契与希特勒为此进行了激烈的争吵，但是龙德施泰特至少应该和希特勒分担责任。

龙德施泰特是一个谨慎的战略家，他一向避免犯乐观的错误，所以他对希特勒是个很好的帮手。他可以提供冷静客观的判断，而这正是希特勒欠缺的，但这次他对于德国取胜的机会却是害多于利。有证据可以表明，在5月24日希特勒视察A集团军司令部时，龙德施泰特建议在离敦刻尔克不远的运河一线，装甲师应该停止前进，等候更多的步兵部队的接应。希特勒同意了这个建议，并且认为装甲部队应该保留下来，用于进攻索姆河以南的法军。他还说如果盟军的袋形阵地收缩得太小，不利于德国空军的攻击。很有可能是龙德施泰特在元首的批准下发出的命令。

经过长时间的等待，英国远征军一部终于登上"收获者"号驱逐舰撤离敦刻尔克

古德里安在他的回忆录里也认为命令是希特勒下的，是在戈林的怂恿下发布的命令，因为戈林向希特勒保证德国空军用轰炸的方式就可以打垮盟军部队。

不过希特勒是个复杂的人物，他的决定可能不会只出于一个原因，后来的一些历史学家总结出可能有下面几个因素影响了他的决定：1.他想保全坦克以供下次攻击。2.因为第一次世界大战的经历，他对法兰德斯平原的沼泽地带有畏惧心理。3.戈林对空军作用所做的夸大保证。4.潜藏在他内心深处的某种政治理由。希特勒对英国人一直有一种又爱又恨的复杂感情，不排除他对英国还有媾和的意愿。

不管出于什么原因，德军坦克的攻势整整停止了3天。英国政府和英国远征军充分利用了这段时间，动员了所有能出港的船只，包括军舰、货船、邮轮以及私人游艇和渔船共860艘，前来接应从敦刻尔克撤退的英国远征军和其他国家的军队。在三天后德军恢复攻势时，有10万法军坚守防线，他们顽强地抵抗住了德军的攻势，为英军的撤退赢得了时间。到6月4日上午行动结束，一共有338000名英国和同盟国人员在英国上岸，其中222000人是英国远征军人员，其余是同盟国战士，大部分是法国人，这些人员后来成了新组建的英国陆军和戴高乐自由法国军队的中坚。

戈林向希特勒许下的诺言没有兑现，由于天气的原因，有一部分时间德国空军无法出动，其余时间里，它们意外地遭到英国皇家空军的对抗。虽然英国空军的飞机较少，又必须从海峡对岸起飞，但英国新式的喷火式战斗机在性能上超过了德国的梅塞施密特式飞机。

在希特勒下令停止进攻期间，并不是所有德国部队都不打折扣地执行命令。古德里安在视察党卫军近卫师时，发现他们正在组织部队渡过运河，进行攻击。河对面的瓦唐山虽然只有235英尺高，但却是个控制周围地区的制高点，迪特里希师长认为它对德军的防守威胁太大，决心占领它，古德里安认为他说得很有道理，就批准了他的行动，并派第2师跟进支援。

包围加来的第10装甲师也不肯将攻击任务交给空军。当德国人向驻守的英军发出最后通牒时，英国人干脆地拒绝了，守将尼克逊准将说："英国陆军的责任是和德国陆军打得一样好。"

战斗在16点45分结束，守军最后投降，俘获了两万多人。其中英军只有三四千人，大部分是法、比、荷三国的士兵，他们早就不想打了，英国人怕他们临阵投降，战前先把他们关在了地下室里。

5月26日夜间希特勒重新下令发动进攻，此时前线德军已经能看到大批船只从敦刻尔克开出，一场眼看到手的大捷就这样溜走了。

英国远征军将大批重型装备丢弃在敦刻尔克

进攻开始没两天，古德里安接到命令，19军将转到其他的进攻方向，现有任务由陆军14军接替。

在26日的时候，古德里安曾发布了一个文告，向自己部下的官兵表达深切的感谢，感谢他们开战以来的英勇无畏和建立的功勋。

古德里安在结束了敦刻尔克地区的战斗后，接到了他的长子负伤的消息，好在没有生命危险。他的次子在法国战役中，获得了第一、第二两级的铁十字勋章。

法国的陷落

1940年5月27日，比利时国王不顾比利时内阁的反对，率领比利时军队投降。而法国雷诺内阁也由于战事失利而改组，第一次世界大战中凡尔登之战的英雄贝当元帅担任内阁副总理，魏刚将军还是法军总参谋长。德国统帅部开始调集部队，准备在索姆河一线发动一场大规模的进攻，彻底打垮法国军队。

现在法国的精锐兵力几乎丧失殆尽，匆匆布置在索姆河沿线担任防御任务的49个师大部分是二流部队，另有17个师防守马奇诺防线，还有两个英国师留在法国。由于时间紧迫，无法构筑坚固的工事；兵力短缺，不能采用纵深防御的战术；机械化师的大部分装备都已丧失或破损严重，所以也缺乏机动部队作为预备队。

德国方面，利用新运来的坦克对10个装甲师补充完毕，130个步兵师几近完整。为了发动新的攻势，兵力也进行了重新调整，新组建的第2、第6两个兵团调到埃纳河一带（在瓦兹河与马斯河之间），以加强这一带德军的力量。古德里安此时升任一个新成立的装甲兵团司令，兵团下辖2个装甲军。第39装甲军下辖：第1装甲师、第2装甲师和第29摩托化步兵师，军长施密特将军。第41装甲军下辖：第6装甲师、第8装甲师和第20摩托化步兵师，军长赖因哈特将军。

比利时国王列奥波德

古德里安装甲兵团也调入上述地区，归第12兵团李斯特上将节制。

克莱斯特装甲兵团还保留两个装甲军，分别布置在亚眠和佩雷讷，他与古德里安的任务是从两地发动钳形攻势，在克雷附近的瓦茨河下游会师。其余的装甲军由霍特指挥，从亚眠到海岸之间的广阔地段向南前进。

攻势在6月5日由右翼的博克集团军率先发动，6月6日，中部的龙德施泰特集团军也开始进攻。

龙德施泰特集团军战区中,第12兵团担负的任务是渡过埃纳河和埃纳运河,再向南推进。步兵分8个渡河点先行渡河,建立桥头阵地。架设好渡桥后,古德里安的装甲兵通过桥梁,越过步兵向前挺进,再根据当时的情况,确定以巴黎、朗格勒或凡尔登为目标,暂定第一个目标为朗格勒高地,到那里再等候新的指示。

古德里安坚持原来的习惯,不愿跟在步兵的后面,希望分给他一两个渡河点,让他独立进攻。他认为步兵庞大的后勤部队会阻挡他前进的道路,但是遭到了第12兵团司令李斯特的拒绝。

6月9日,12兵团发起进攻,古德里安一早就亲自并派其他人到各个攻击阵地的观测点观察攻击的进展。一直到中午,攻击都不太顺利,只在夏陶—波尔新附近建立了宽不过1英里、纵深不过1.5英里的桥头阵地。古德里安和自己的朋友——第12兵团参谋长马克松联系,请他转告李斯特将军,古德里安的意见是趁着黑夜,装甲部队就利用这唯一的桥梁先冲过河去,明天一早他们就能突破敌军阵地。

当天夜里,古德里安的装甲部队过了河,展开了进攻。第二天,在夏陶附近又建立了两个新的桥头阵地,第2装甲师和第1装甲师的后续部队全部迅速渡过了埃纳河。

埃纳河一旦被突破,法军的防线立刻就陷入了混乱,法军分成小股退守村庄和森林地带。在平原开阔地区,德军的坦克已经可以任意驰骋,法军已经很少再有有组织的抵抗和反击。只是在周尼维利以南,第1装甲师遇到了一次法军坦克部队的反击。在坦克战进行时,古德里安突发奇想,想测试一下法国坦克的性能。他用一门缴获的法国47mm高射炮,正面射击法国CharB型战车,结果炮弹被弹了回来,看来如果用德军轻型坦克的37mm主炮或者同口径的德军战防炮正面攻击该型号的法国坦克,将会是无能为力的。在周尼维利附近的战斗,德军遭到了一些损失,但最后还是击溃了反击的法军。

此后几天,古德里安的部队势如破竹,39军和41军并肩前进,而且现在步兵部队也赶了上来,这使指挥变得更加困难。坦克部队是且走且战,而步兵部队几乎是没放一枪,以强行军的速度日夜追赶,务必要争取打上一仗,不能让坦克兵独占全功。

到了6月13日,装甲1师的勇将巴尔克已经不顾39军军部的命令,攻过了莱因—马恩运河,并建立了一个桥头堡。巴尔克告诉古德里安,对面是一支黑人部队,没有炮兵部队支援。信奉坦克兵的绿灯应该永远设置到路的尽头的古德里安,立即批准了巴尔克的进攻请求,命令他直接向圣迪济耶前进,古德里安说自己会替他向施密特军长解释。巴尔克马上高兴地带着他的团出发了。

6月14日,传来消息,法国政府撤出巴黎并宣布巴黎为不设防城市,德军随后进占巴黎。

德军占领巴黎

早在6月7日，魏刚将军就建议法国政府立即要求休战而不要再拖延。次日他告诉内阁，索姆河之战已经是输了。法国政府虽然意见分歧，但还是不愿意屈服，遂于6月9日决定撤出巴黎，最后迁到图尔。这时走投无路的法国总理雷诺，居然给美国罗斯福总统发出了一封求救电报，他用丘吉尔式的语言慷慨激昂地说："我们将在巴黎的前面战斗，我们将在巴黎的后面战斗，我们将在某一省内凭险固守，而我们即使被逐出了法国，我们将前往北非继续奋斗……"

6月10日，意大利趁火打劫，向法国宣战。但是意大利军队却让它的领袖大失所望，面对虚弱的法军，依然遭到了失败。

6月14日，德军开进巴黎，而侧翼德军进展更大，6月17日是古德里安的生日，他的参谋长内林上校带领兵团司令部的参谋人员向他祝贺生日，并把一份报告作为送给他的生日礼物：第29摩托化步兵师已经到达瑞士边境，马奇诺防线的守军已被与法国其他地区分割开。

古德里安立即驱车追赶29师，在蓬塔里耶遇到了29师师长朗格曼将军，古德里安立即向最高统帅部报告自己的部队已到达蓬塔里耶。希特勒马上回电来问："你的通讯地址一定有错误，我想你一定说的是索恩河上的潘塔利。"古德里安回复："一点没错，我本人就在瑞士边境上的蓬塔里耶。"

占领蓬塔里耶后，古德里安立刻通知39军各师改变进军方向，分别以普伦楚特、贝尔福、勒米尔蒙为目标；41军也从原地向左转进，以埃皮纳勒、沙尔姆为目的地。这个行动的目的是要与正从上阿尔萨斯方面推进的德军第7兵团会合，切断驻守阿尔萨斯和洛林两州的法军的退路，不让他们与其他法国军队会合。

当天黄昏，古德里安接到李布集团军（C集团军）的通知，被告知古德里安兵团已改属李布集团军指挥，并且命令他们立即向贝尔福至埃皮纳勒一线前进。古德里安干净利落地回答没有任何问题，立即执行。后来李布元帅一直纳闷古德里安为什么命令执行得那么痛快，后来两人在纽伦堡监狱待审时同处一间牢房，相互说起，才知道是二人所见略同。

在17日这天，古德里安还得到了一个意外惊喜，他见到了自己的小儿子库尔特。他已调到希特勒近卫营，这次借传达命令的机会，来祝贺父亲的生日。

18日的清晨古德里安向贝尔福进发，在蒙贝利亚尔至贝尔福的公路上，停着长长的一列法军车辆，投降的法军俘虏成千上万，他们露宿在古老的贝尔福要塞周围。古德里安到时还有少数龟缩在堡垒里的法军不肯投降，但在第1装甲师组织的进攻开始不久就缴枪了。

同一天，第1装甲师的其他部队进展到贝尔福以北的日罗马尼，他们俘获了1万名俘虏，缴获了40门迫击炮、7架飞机及其他装备。

此时的法军分崩离析，士无斗志，已经一心只想逃命。魏刚将军不断催促政府求和，内阁在最近的一次表决中，通过了求和的提案，雷诺随即辞职，由法国第一次世界大战硕果仅存的英雄贝当元帅出任总理，重组内阁。法国新内阁在16日夜间向希特勒提出休战要求。

希特勒在6月20日将休战的条件交给法国代表，谈判地点是在贡比涅森林的一节车厢内——1918年德国代表签署停战协定的旧地。此时德军并未停止行动，仍继续攻击与扩张。到了22日，法国不得不全盘接受德国人的条件，在6月25日1点35分，停战协议正式生效。

法国维希政府成立,希特勒(左三)会见贝当

法兰西之战到了最后阶段,德军各部竞相扩大战果,彼此也为猎获物的归属争吵不休。李布上将是个公正的长者,他把15万名俘虏归属在古德里安名下,并说如果不是古德里安兵团的包抄行动,集团军其他各部不会有这么大的战果。

在法兰西战役的第二阶段,古德里安兵团一共俘获了大约25万名俘虏,缴获装备无数。

6月23日,古德里安借口拜访多尔曼将军,重游了自己儿时的故地科尔马尔。它属于阿尔萨斯,古德里安在这里上的小学,第一次世界大战德国战败,阿尔萨斯划给了法国。

6月30日,古德里安兵团解散。古德里安向部下发表了告别书,对他们表示感谢。

法国战役是古德里安军事生涯的巅峰,闪电战的巨大成功,成就了他的赫赫威名,也使他的装甲兵理论成为军界的主流。创立理论的人往往很难有机会试验自己的理论，可是古德里安却偏偏得到了这个机会。把他的幻想力和精力结合在一起，就使他对于这个机会可以充分地加以发展——因此就获得了一个革命性的结果。

相关链接：

德国 Panzer-Ⅳ 坦克

严格说来，Ⅲ号和Ⅳ号坦克才是德军装甲部队最早的主战坦克。整个设计过程由古德里安主导，其设计思想源自于古德里安的装甲兵理论。在坦克的火力、防护力和机动能力上，最着重机动能力。起先是将轻型的三号坦克作为主力突击坦克，而较大较重的四号坦克以其 75mm 的火炮为装甲部队提供火力支援。在苏联战场上，它们遇到了宿命的对手，苏军的 T-34 坦克，无论是三号还是四号坦克，都无力与之抗衡，特别是三号坦克的 50mm 火炮发射出的炮弹，打在 T-34 的装甲上，就会像皮球一样被弹回来。这样德国不得不开始研制新型主战坦克，即后来大名鼎鼎的豹式和虎式坦克。在研制新型坦克的同时，德国人也设法对三号和四号坦克予以改进，由于四号坦克较大的车体和马力，使它比三号坦克有更大的升级空间，改进后的四号坦克，火炮由 24 倍径深变为 43 倍径深，安装了炮塔护圈，并在车体两侧加装了 5mm 厚的侧裙板。改装后的四号坦克初步具备了和 T-34 抗衡的能力。在豹式坦克投产后，德军内部一度有人主张停产四号坦克，但被时任装甲兵总监古德里安否决，因为四号坦克的结构简单、性能稳定，这些不是新型的豹式和虎式坦克所能比拟的。四号坦克在"二战"期间总产量达 8000 辆以上，远远超过名气更大的豹式坦克，是德军当之无愧的主战坦克。

停战之后

在第一次世界大战中坚持了4年的法国，在这次战争中开战仅6周就被迫屈辱地退出了战争。现在希特勒统治的区域北达北极圈，南至地中海沿岸，从西端的英吉利海峡到波兰的布格河，欧洲大部分地区都被踩在德军的战靴下。希特勒成了德国有史以来最伟大的征服者，现在唯一能阻碍他在欧洲建立霸权的人就是英国首相温斯顿·丘吉尔。

希特勒相信在法国投降后，只要他提出对英国有足够吸引力的条件，英国政府会愿意与他达成一个妥协的和平协议，他并不想与英国人拼个你死我活。因此在法国战役末期，希特勒给德军将领的暗示是战争已经结束了。对于军人开始准假，一部分飞机也被移往他处，特别是在6月22日，希特勒命令把35个师的兵力复原。

对于丘吉尔6月18日重申英国"继续作战的不可动摇的决心"，希特勒认为那只不过是在说大话。即使后来丘吉尔在另一篇著名演讲中说出如下的话：

让我们振作起精神，负起我们的责任，让我们这样来要求自己：假如大英帝国及英联邦能延续千年，人们将要这样说："现在是英国历史上最光辉的时刻。"

身为著名煽动家的希特勒也以为那不过是另一个天才演说家的夸夸其谈。

自1939年9月1日德军入侵波兰开始，到1940年5月西线战事开启，直至6月25日法国战败，希特勒和德国最高统帅部都没有制定任何针对英国的战争计划，更没有这方面的准备。

古德里安在法国战役结束后倒是对英国有一个构想，它是纯军事方面的。古德里安认为埃及是英国的软肋，为了在短期内获得和平，应该让法国交出地中海沿岸的殖民地，再加上意大利的殖民地，德军就可以在北非登陆，同时派伞兵部队占领马耳他——英国在地中海上的小小堡垒。如果法国同意出兵最好，否则只靠德、意两国军队也照样可以成功，只要运过去4~6个装甲师的兵力，德、意两国军队就会拥有绝对优势。他觉得这个计划有百利而无一害。

古德里安的朋友艾普把古德里安的这个想法告诉给了希特勒，希特勒听了未置可否，后来就没有了下文。如果不是古德里安自己在回忆录里写了出来，恐怕不会在历史上留下任何痕迹。古德里安对于希特勒未理睬自己的想法，认为是因为希特勒的思想无法超出欧洲的范围，他不知道地中海对英国的重要性。

7月17日，德国国会举行庆功仪式。为奖励将士们的功绩，希特勒提升勃劳希契等12名将领为元帅，古德里安也被晋升为陆军一级上将。

在7月2日的时候，希特勒下令研究是否入侵英国的问题。7月16日，他下达制定入侵方案的命令，虽然他怀疑制定这个方案有无必要，但还是命令必须在8月中旬以前完成方案，该计划被命名为"海狮方案"。

作为海狮方案的一部分，装甲兵做了坦克潜渡的试验，将坦克全部密封，用一根导气管将水面上方的空气导入驾驶舱内，坦克从水底开过河。后来在1941年对苏作战时，德军使用了这一技术，再后来这一技术也被其他国家使用。

鉴于西线战争中坦克部队的成功，希特勒命令每月生产800辆到1000辆坦克，但后来发现如要达到这一目标，所需的庞大的人力、物力资源，不是德国所能承受的，只好将计划缩减。希特勒还命令军工署将Panzer Ⅲ战车上的37mm火炮改成60倍径炮身的50mm火炮，但是军工署把它改为42倍径炮身的50mm火炮。到了1941年希特勒看到这种短粗的主炮，才知道自己的命令被擅自改动，这让他恼火不已。

在法国战役结束后，希特勒又命令成立许多新的装甲师和摩托化步兵师。由于希特勒好大喜功，装甲师的数目不久就增加了一倍，但是战车的数目并没有增加一倍。同时摩托化步兵师的增加也使德国汽车工业感到吃不消，很多部队只好使用在欧洲战场缴获的车辆，这就使得德军机械化师机动能力有所下降，后来在俄国战场和北非战场都暴露出弊端。

古德里安在这段时间负责整训这些新扩编的装甲部队。训练之余，他继续思考结束战争的办法，他认为设法结束对英战争是重中之重。但无论是最高统帅部还是陆军总部，都没有人征询过他对未来战略的看法。

对于海狮作战方案，陆军和海军都严重信心不足，强调自身有很多困难无法解决。7月31日，海军司令雷德尔同希特勒做了一番长谈，希特勒采纳了海军的意见，同意9月中旬以前，海狮作战是不能发动的，但也没有延迟开战日期，因为戈林保证他的空军可以把英国空军逐出天空。陆军和海军都乐意让戈林去出这个风头，如果戈林的空中攻势不成功，他们也就不必做什么准备了。结果英、德两国空军在不列颠上空的激烈空战成了海狮作战唯一的标志。

德国空军持续不断的连续空袭虽然给英国造成了巨大的损失，但是并没能让英国人民屈服。从7月份到10月份的空战中，德国空军损失了1733架飞机，英国空军也损失了915架战斗机。从10月份后，德国空军不再进行连续轰炸，并将轰炸目标改为英国的工业中心，但是效果也越来越小。

丘吉尔视察遭到空袭后的拉姆斯盖特

到了1941年的5月份，大规模的空袭基本结束，希特勒转移了自己的目标，德国的飞机也转移到了其他方向。

相关链接：

英国皇家空军喷火式战斗机

与"二战"初期英国另一款飞机——飓风式战斗机相比，喷火式战斗机是一款真正的现代战斗机，是当时新技术结合的产物。它采用的新技术包括：单翼结构、全金属承力蒙皮、铆接机身、可收放起落架、变矩螺旋桨和襟翼装置，机身小得只能装一名飞行员。"喷火"的机动性比德国的同类战斗机略差，但稳定性更佳，可以大大减轻飞行员的负担。在1940年8月15日至10月31日的不列颠空战中，它和飓风式战斗机共同承担起捍卫英国领空的重任，共击落德军战机2400架，英国空军自身也损失近千架战机。丘吉尔曾如此赞扬皇家空军的飞行员："在人类战争的领域里，从来没有过这么少的人对这么多的人做出过这么大的贡献。"

第五章

苏德战争——两个民族意志力的较量

战前局势

希特勒在波兰点燃的战火，现在已经燃烧到了巴尔干、地中海和北非。

墨索里尼在 1940 年 6 月 10 日兴高采烈地将意大利投入战争，想趁机在已被德国人打翻在地的法国身上占些便宜，却被法军轻松击败。后来意大利还是靠希特勒帮忙，才从战败的法国身上割下一块肉。8 月份，意大利又把英国这只蜷缩的老虎当成了病猫，趁英国人在本土自顾不暇，打起了英国在北非的殖民地埃及和苏丹的主意。墨索里尼调兵遣将将军队布置在埃塞俄比亚和利比亚这两块非洲殖民地，准备从南北两端分别进攻苏丹和埃及，开战之初，意军和英军的人数是 50 万对 5 万，意军有 10∶1 的优势。

意大利的领袖雄心万丈，试图恢复罗马帝国的光荣，可是他的军队却老成持重，不思进取，未虑胜，先虑败，还没跟英国人打过几次仗，就摆出防守架势，反而是本应防守的英军主动进攻。经过巴尔迪亚、贝达富姆几次战役，北线意大利军队差点全军覆没，的黎波里岌岌可危，要不是希腊危机，英国调走了部分军队，意大利肯定会丧失在利比亚的殖民地。英国前外交大臣现军务大臣艾登，套用丘吉尔在不列颠空战中赞扬英国空军的话，称赞驻埃及的英军说："从来没有这么多的人向这么少的人作这么快的投降。"

南线意大利军队更是悲惨。到了1941年5月，英军已经攻入埃塞俄比亚首都亚的斯亚贝巴，墨索里尼费了九牛二虎之力攻占的这块东非殖民地，又恢复了独立。5月19日，意大利在东非的残余部队在意大利驻埃塞俄比亚总督奥斯塔公爵率领下向英军投降。墨索里尼的非洲帝国梦彻底破灭。到此时为止，英军抓获的意大利俘虏已超过23万人。

就像是戏剧中那些平庸的配角是为了衬托主角的光芒，意大利人在北非的一系列惨败好像是为未来的主角隆美尔的出场做铺垫。1941年2月，墨索里尼向希特勒紧急求救。希特勒在总理府召见了自己极为信任的青年将领埃尔温·隆美尔，任命他为非洲军军长，让他去北非解救危难中的意大利军队。但是希特勒能给他的兵力十分有限，只有一个装甲师、一个轻步兵师和150辆坦克。

在埃塞俄比亚被俘的意大利士兵

隆美尔的登场和英军5个师的兵力从埃及调走，立刻使北非战场的局面为之一改，攻守易势。隆美尔先是用假坦克唬住了试探性进攻的英军，所谓假坦克，也就是效古德里安故技，在汽车底盘上扣个坦克外壳；接着在一部分坦克运到后，不顾柏林、罗马和在利比亚的名义上的意大利上司不许进攻的命令，隆美尔用50辆坦克发动了攻势。他用机动和诡计迷惑英军，将行军的队列拉得很长，利用扬起的漫天尘土，把自己那点可怜的兵力伪装成巨无霸。英军仓皇后撤，并一再被德军打败。英军前期战胜意大利军队的英雄奥康纳将军也因误入德军行军纵队成了俘虏，英军的一个装甲兵旅长和一个装甲兵师长都在被包围时率部投降。到了4月11日，英军被逐出昔兰尼加，并退回了埃及。轴心国在北非的局势暂时被稳住了。

墨索里尼非常嫉妒希特勒的赫赫战功，也埋怨希特勒在几次行动之前都不给他确切消息，能给希特勒点难堪，他是非常乐意的。在北非用兵的同时，身边的希腊和巴尔干半岛也让他心痒难耐。虽然他暂时听从了希特勒不要入侵巴尔干的劝告，但对希腊他决定自行其是。1940年10月22日，他下令意大利军队在10月28日进攻希腊。希特勒可能听到了些风声，给墨索里尼发电建议举行法西斯国家首脑会议。墨索里尼痛快地答应了，并建议会议于28日在佛罗伦萨举行。当28日德国人从火车上走下来的时候，墨索里尼满面笑容地迎了上来，向希特勒打招呼："元首，我们在进军，胜利的意大利军队，今天黎明已经越过了阿尔巴尼亚和希腊的边界。"希特勒极为气愤，回到旅馆后大骂这个忘恩负义的不可靠的盟友。后来古德里安回忆，希特勒亲口告诉他正是墨索里尼的轻举妄动，使西班牙的佛朗哥有了不参加战争的借口。

意大利入侵希腊的行动也跟在北非一样一败涂地。希特勒刚回到柏林，就传来了意大利人在希腊受挫的消息。因为英国从埃及调来的援军在希腊登陆了，一个星期后，意大利人溃败。

希特勒虽然愤怒，却不能不出面干预。因为英国占据了克里特岛和莱莫斯，从而获得了可以轰炸罗马尼亚的空军基地，而罗马尼亚的油田对德国有战略意义，英国占据希腊，威胁到了德国在巴尔干的地位。

另外希特勒此时已经下了入侵苏联的决心，进攻日期初步定为 5 月 15 日。希特勒害怕英军会再度在萨洛尼卡或色雷斯南岸登陆，那会威胁入侵苏联的南路德军的侧翼。

进攻希腊的计划由李斯特的 12 兵团执行，并加入克莱斯特的装甲兵团，归李斯特节制。原计划没打算占领希腊全境，德军预备先在罗马尼亚集结，通过保加利亚进攻希腊的梅塔克萨斯防线，一旦突破防线，兵分两路，右翼攻占萨洛尼卡，左翼攻占泽泽阿加赫，到达海岸线后，占领任务主要交给保加利亚部队，德军只留少数兵力协助，大部分部队特别是装甲部队开往东线，准备参加对苏战争。

在德军准备对希腊动手的前夕，南斯拉夫发生了一次军事政变。亲德的摄政王保罗被推翻，亲西方的西莫维奇将军掌握了政权，这使李斯特兵团的侧翼受到了威胁。于是德军不得不修改方案，克莱斯特坦克部队和一个临时组建的第 2 兵团将进攻的矛头指向南斯拉夫首都贝尔格莱德。

德军在希腊和南斯拉夫军队的结合部取得突破，并迅速转向，将攻势扩大到萨洛尼卡，切断了在色雷斯的大部分希腊军队的退路，随即沿着希腊西海岸前进，迂回到英军侧翼，并切断所有残余联军的退路。于是希腊境内的一切抵抗迅速瓦解，英军及盟军残部由海上退到克里特岛。

德军攻占克里特岛的方式是从天而降。5 月 20 日上午 8 点，3000 名伞兵伞降克里特岛，接着乘滑翔机的德军登岛支援，第二天黄昏，运输机冒着炮火降落在马来梅机场。

　　守岛部队计有英军、澳大利亚军队和新西兰军队 28000 人，并有与此数量相当的希腊部队；登岛德军 22000 人。不过德军人数虽少，但都是精锐，远不是守岛的部队能比。到 5 月 26 日，岛上英军指挥官发出撤退请求，5 月 28 日开始撤退，共撤出 16500 人，包括 2000 名希腊人，其余不是战死就是做了俘虏；为了尽可能多撤回一些部队，英国海军也牺牲了 2000 人，共有 3 艘巡洋舰和 6 艘驱逐舰被击沉，还有 13 艘其他军舰受到重创，包括 2 艘战列舰和皇家海军地中海分队的唯一一艘航空母舰。

　　德军战死 4000 人，重伤 2000 人，与英军相比似乎不算什么，但因为这 4000 人都是德军的精华，所以让希特勒极为心痛，之后对于使用伞兵部队攻占塞浦路斯、马耳他等的行动也不再热心，使德军没能在地中海扩大战果，从这一点上说，克里特岛的牺牲也不是没有意义。

克里特岛战役盟军最高指挥官，新西兰将军伯纳德·弗赖伯格

在巴尔干战役中，李斯特兵团共俘获了9万南斯拉夫人、27万希腊人和13000英国人，自身损失不过5000人。

4月13日，南斯拉夫首都贝尔格莱德被攻陷。4月17日，南斯拉夫军队投降，德国、意大利、匈牙利、保加利亚和阿尔巴尼亚瓜分了南斯拉夫大部分的国土，克罗地亚和黑山独立。

战后，一些历史学家和古德里安、龙德施泰特以及克莱斯特等人认为，由于巴尔干战役使对苏战争延迟了一个多月，从5月15日推迟到6月23日，致使德军在冬季到来前没能进入莫斯科，并且使德军的人员和装备受到了一些影响；但是也有一些历史学家和曼施坦因、哈尔德等另外一些德军将领认为，即使没有巴尔干战役，那一年东欧恶劣的天气也会使进攻日期向后拖延，而且受巴尔干战役影响的主要是龙德施泰特的南方集团军群的部队，而进攻的苏联主力中央集团军群并没受什么影响。到底如何，也就见仁见智了。

巴尔干战役结束后，现在该轮到苏联了。

巴巴罗萨

1940年11月12日,苏联人民外交委员莫洛托夫来到柏林,他要和希特勒本人举行会谈,最近几个月莫斯科和柏林的关系一直在趋于恶化。

在1940年6月,希特勒忙于征服法国的时候,斯大林趁机吞并了立陶宛、爱沙尼亚和拉脱维亚三个波罗的海小国。虽然在德苏条约谈判时,希特勒同意将这三个国家划入苏联的势力范围,但这种公然的吞并仍然让他感觉受到了侮辱。

到了6月26日,苏联人又事先未通知德国,就向罗马尼亚提出一份最后通牒,要求罗马尼亚归还第一次世界大战后得到的原属于俄国的领土比萨拉比亚。作为对苏联的补偿,还要把北布科维纳割让给苏联。苏联限罗马尼亚政府24小时内答复。当罗马尼亚政府屈服于压力,答应了苏联人的要求后,苏联军队立即从空中和地面开进这个地区。

这件事比上面那件事更让希特勒难以接受,因为这就使苏联人非常接近罗马尼亚的油田。由于英国海军对德国的海上封锁,德国的海外补给线已被切断，罗马尼亚的油田已经是德国唯一的石油来源。本来希特勒就对苏联人不信任，对于在西线战事进行时只有10个师留守东线常感到心神不宁，作为一种预防措施，又紧急调回2个装甲师、10个步兵师部署在波兰。

9月份的时候，从苏联传来的情报显示，苏军对官兵进行反德教育。也许这只是苏联人对于希特勒可能造成的威胁做的一种防范，但是希特勒却认为这是苏联人对德国有战争野心的证据。

海狮计划的失败，入侵英国的前景变得不明朗，也使希特勒将目光转向苏联。希特勒认为英国在法国沦陷后，自身遭到德国潜艇封锁的困难局面下，仍然坚持战斗，不肯接受希特勒自认为非常宽宏大度的和平条件，是因为他们对美国和苏联抱有希望。只要消灭苏联后，英国对美国的希望也会最后破灭，因为那时美国在远东不得不单独对付日本的威胁，而无暇顾及欧洲。所以苏联被摧毁，英国最后的希望也就被粉碎。

不过，就算是没有上述原因，希特勒最终也会将兵力转向苏联。因为摧毁苏联早就存在于希特勒要为德国扩展生存空间的狂热思想中，在希特勒的意识里，与苏联人的斗争是他的宿命。

早在15年前，希特勒即在《我的奋斗》中坦言：

我们国社党人要接替我们在600年前终止了的事业，我们要停止德国向南欧和西欧的无休无止的移动，把我们的视线转向东方的土地……当我们谈到欧洲的新土地的时候，我们主要想到俄国和它周围的附庸国家。看来，命运本身希望在这里向我们指出道路……东方的这个巨大的帝国解体的时候到了，犹太人在俄国统治的终结也就是俄国作为一个国家的终结。

希特勒的这一想法根深蒂固,他与斯大林签订的任何协议都只会是暂时的权宜之计。苏德互不侵犯条约签署不过两个多月,波兰战役刚刚结束,希特勒就指示德国陆军要把波兰作为未来军事行动的集结地区。

1940年7月份,希特勒就基本决定进攻苏联,并把时间大致定在1941年的春天,他要求陆军司令勃劳希契为此进行准备。勃劳希契和陆军参谋总部做了初步的估计,认为对苏战争将持续4到6周,目的是击败苏联军队或者至少占领足够的苏联领土。使苏联的轰炸机不能接近柏林和上西里西亚工业区,而德国空军能飞临俄国所有重要目标,要达到这一目的,只要德军动员100个师就够了,他们估计苏军的兵力是50到75个师。

到了7月底,希特勒对解决苏联问题已经有了清晰的想法。他告诉德军的高级将领,行动只有以摧毁苏联为目标才有意义,只占领大片领土是不够的,"要消灭苏联的生存力量,这才是目的"。最初确定发动两路攻势,一路在南方,向基辅和第聂伯河进攻,一路从北方通过波罗的海国家向莫斯科进军,两路大军在莫斯科会师。他准备为这次战争投入120个师。

8月1日,哈尔德和参谋总部人员就投入制定计划的工作中。哈尔德虽然后来说自己反对希特勒入侵苏联的决定,但无论是从他的日记还是其他人的回忆来看,他对这个计划都是充满热情的。计划制定限定在3个部门,并以德国人特有的严谨细密的作风进行着,这3个部门分别是陆军总参谋部,最高统帅部作战局,最高统帅部经济和军备局。

莫洛托夫在与希特勒和里宾特洛普的会谈中,代表斯大林提出下列要求:1.芬兰应划归苏联的势力范围。2.对于波兰的前途重新签订一个协定。3.承认苏联在罗马尼亚和保加利亚的利益。4.保证苏联在达达尼尔海峡的利益。

与莫洛托夫的会谈加大了希特勒对苏联人的疑惧,更坚定了对苏战争的决心。

当保卢斯将军9月份就任陆军副总参谋长的时候，对苏联的进攻计划已经完成了大纲，他奉命负责研究其可行性。所拟定的目标为：1.首先歼灭在苏联西部的苏军。2.然后向苏联内部推进，其深度以使德国免于从东方受到空中攻击为限，大致从阿尔汉格尔到伏尔加河一线。11月份完成了计划的细节，并进行了兵棋推演。

古德里安大致在这个时间了解到了"巴巴罗萨"计划。莫洛托夫来访不久，古德里安的参谋长李本斯坦中校和作战处处长拜尔林少校奉哈尔德的电话召集参加一次军事会议，这次会议就是讨论巴巴罗萨计划。会议结束后，他们向古德里安做了汇报。当他们把一份苏联地图摆在古德里安面前，向他介绍巴巴罗萨计划时，古德里安觉得自己简直是在做噩梦，希特勒在《我的奋斗》里不是指责过1914年代的当政者犯了两线作战的错误吗？为什么在对英战争没有结束的时候，就开辟第二战场，犯同样的错误？

古德里安用激烈的言辞表达了对这个计划的不满和失望。他的两个幕僚对古德里安的激烈反应感到惊讶，他们向古德里安介绍了哈尔德对战争进程的预测。哈尔德认为在8到10个星期内可以击败苏联，德军将分成实力大致相等的三个集团军群，分别向它们的目标攻击前进。但是古德里安认为这个计划没有确定一个单一而明确的战略目标。古德里安以一个专家的立场看，认为军事计划必须简单明确，每场战争只能确立一个唯一的目标，并全力以赴去实现，计划才能成功。他让自己的参谋长将他的意见转达给陆军总部，但是没有得到回应。

古德里安并没有被召集去参与对苏战争的决策过程，对于内情了解不多，他希望希特勒的对苏战争准备只是虚张声势。在1941年的冬季和春季，古德里安一直在重读瑞典国王查理十二世和拿破仑一世的战史。前者败于彼得大帝，失去了芬兰湾附近的大片土地，后者败于俄罗斯的严冬，失去的是自己的帝国。

对战史的研究，让古德里安更加确定对苏战争的艰巨，认为德军上层对战争的困难估计不足，对战争的预测过于乐观，以往战争的胜利，特别是西线战场闪电般的胜利，冲昏了德国最高统帅们的头脑，在他们的字典里已经没有"不可能"这个字眼。古德里安接触到的最高统帅部和陆军总部的人员中，没有一个人不对未来的战争表示乐观，听不进去任何反对的意见，这和前几次战争特别是与捷克斯洛伐克开战前形成鲜明的对照。

古德里安现在所能做的只能是加紧训练自己所部的官兵。他告诉部队的下级官兵，未来的战争比波兰战役和西线战争的艰难程度不知要高出多少倍。限于保密的原因，他无法说得更明确，但是他尽量让士兵们有较充足的心理准备。

按照希特勒的命令，新组建的坦克师和摩托化师所使用的车辆大部分是法国战场的战利品，它们实在不太适合东欧恶劣的道路状况，而德国本身生产的车辆供不上德军快速扩张的需求，这些车辆也无法得到替换。

坦克部队的情况也差强人意。德国陆军现有装甲师21个，比1940年的10个增加了1倍还多，但实际增加的规模并不像装甲师的数量那样大。原来每个师的核心是一个坦克旅，它有两个坦克团，每团160辆坦克，现在每个装甲师都被抽走一个坦克团，新的装甲师就以这个坦克团为核心组建。古德里安等坦克专家都反对这个决定，他们认为这个办法只是在装甲部队内增加了后勤人员和非装甲辅助部队的数量，而真正的装甲部队总数变化不大，结果也消减了每个师的打击力量。现在一个师17000人中，只有2600人是真正的坦克兵。不过由于老式的Panzer I 和Panzer II 轻型坦克已经被较新较重的Panzer III 和Panzer IV型替换，这种质的提高可以弥补一部分数量的减少。后来战争开始时，德军投入坦克总量也不过 3200 辆左右。

古德里安开始时和大部分德军将领一样，认为德国坦克在技术上的优势可以抵消苏联坦克数量上的优势，但是后来发生的一件事却让他在心里留下了一丝阴霾。1941 年的春天，一个苏联军事代表团要来参观德国的坦克学校和工厂。希特勒不知出于什么心理，下令可以让他们看德军所有的装备。可是那些苏联军官却不肯相信 Panzer Ⅳ 型坦克会是德军最重型的坦克，他们坚持认为德国人对他们有所保留。接待他们的德国军官猜测苏联人也许有更好和更重的坦克。到了 1941 年 7 月，谜底终于被揭晓，堪称经典的 T-34 登上了战争的舞台。

而且德国坦克的生产能力也很难超过每年 1000 辆的水平。古德里安曾经在 20 世纪 30 年代早期做过苏联的军事顾问，参观过苏联的坦克工厂。在 1933 年，他参观的那家工厂每天就可以生产 22 辆"克里斯蒂"式坦克，而那只是一间工厂。

德军装甲师坦克数量的减少也暴露了德军装甲师的一个弱点，即大部分机动能力是非履带的轮式车辆，它大大限制了德军装甲师的越野能力，而非常依赖有硬质路面的现成道路。改组后的德军装甲师全部履带车辆不过 300 辆，轮式车辆却有 3000 辆之多。在西线作战时，德军可以利用当地良好的公路网迅速扩大战果。但是在东线，道路状况非常糟糕，这就大大限制了德军的机动能力。德军的装备实力要远远落后于他们的军事理论，这最终将使他们受到惩罚。

在 1940 年 12 月 5 日，希特勒接受了哈尔德所做的对苏战争计划报告书，并于 18 日发布了"第 21 号训令——巴巴罗萨案"，这个训令开篇就采用了下述坚定不移的词句：

德国武装部队应准备在对英战争结束之前，就通过一场迅速结束的战争消灭苏联。

为了这个目的，陆军可以使用一切可以调动的力量，在占领国只保留必要的防备敌人袭击的兵力，海军的主力仍然主要针对英国。

如果战机到来，我将在开始行动之前8个星期命令部队集中以发动对苏联的攻击。准备工作需要较长的时间，若现在还没有开始，就必须马上着手进行，必须在1941年5月15日以前全部完成（就适合的天气条件而言，这是最早可能的日期），必须严格保密以免暴露攻击的企图……

对于苏联西部的苏军主力，准备用4个坦克军进行勇敢的作战予以歼灭，并应阻止敌方还有战斗能力的部队退入苏联后方的广阔区域。

训令中还说如果这些突击还不足以彻底打垮苏联，那么其在乌拉尔山以东地区的工业中心也将由德国空军予以摧毁。苏联海军舰队在波罗的海的基地将被攻占。罗马尼亚将协助牵制苏联南方的部队，并在后方提供辅助勤务。

为了隐瞒这个计划，又作了大规模欺敌计划，而且所欺骗的不仅是敌人，还包括盟国和自己人。

包括古德里安在内的一些德军将领，不太支持对苏战争，他们深恐德军陷入两线作战的梦魇。希特勒不想过早暴露计划，以免引起麻烦的争论。希特勒对于这些将领发自内心深处的不情愿非常焦心，虽然知道他们不会抗命，但为了战争的顺利进行，他还是希望能说服他们，让他们心悦诚服地执行命令。

2月3日，希特勒在贝希特斯加登召开军事会议，向德军高级将领宣布了巴巴罗萨计划的概要，并批准了最后的文本。

德国陆军元帅凯特尔（戴手套者）在介绍巴巴罗萨计划

凯特尔代表最高统帅部作了对苏联西部军队军事实力的估计：苏联西部的苏军大约有100个师，包括25个骑兵师和相当于30个机械化师的装甲兵力。这个估计大致是正确的，入侵后查明的情况是88个步兵师、7个骑兵师和44个坦克及摩托化师。凯特尔说德军进攻部队的兵力没有苏军大，但是素质比苏军优越，实际投入的部队有116个步兵师（包括14个摩托化步兵师）、1个骑兵师和19个装甲师，此外还有9个保卫交通线师。可以看出，德军没有进攻方通常的数量优势，就是装甲兵部队也不占优势，计划制定者将赌注都押在德军的素质优势上。

凯特尔又说：现在不能预知苏联人的作战意图，在边界线附近苏军没有强大的兵力。未来德军展开攻势时，苏军的退却只会是小幅度的，因为波罗的海国家和乌克兰在对于苏联支持战争的补给上有重大意义。这在当时是一种合理的推断，但后来证明实在是过分乐观的假定。

参战德军分为3个集团军群，对它们的作战任务也作了概略的分配，北方集团军群，由李布指挥，其任务为从东普鲁士通过波罗的海国家，进攻列宁格勒；中央集团军群，由博克指挥，以华沙为起点，沿莫斯科公路，指向明斯克和斯摩棱斯克；南方集团军群，由龙德施泰特指挥，从普利皮亚特湿地以南进攻，并向下深入罗马尼亚，以第聂伯河和基辅为目标。主力是中央集团军群，最多的坦克部队也配备给这个集团军群。古德里安的第2装甲兵团归属于这一方面，另一个装甲兵团是第3装甲兵团，司令官为霍特将军。兵力配备的原则是在北面兵力要与敌方大致相当，南面则要以寡击众。

除了军事计划外，还有与之配合的经济计划—奥尔登堡计划，计划以最大限度榨取苏联占领区为目的。

古德里安兵团共有3个装甲军和一些军直属部队，计5个装甲师、2个机械化步兵师、一个骑兵师及党卫军"帝国"摩托化步兵师和"大德意志"步兵团。军直属部队有一个空中支援的飞行大队，一个提供防空火力的"戈林"高射炮兵团，以及军直属炮兵，军直属工兵和其他兵种。

古德里安兵团被指定担负的任务如下：

发动攻势的第一天应从布列斯特—立托夫斯克渡过布格河，在突破苏军防御阵地后，应尽快扩大战果，一直向罗斯拉夫尔—艾尔雅—斯摩棱斯克前进，目的是防止敌军残部构成新的防线。这条命令对1941年的胜利具有决定性意义。首战目标达成后，再按新的命令决定作战方向。

德、苏两国新的分界线就是布格河，布列斯特—立托夫斯克要塞分布河的两岸，河东的卫城在苏联人的手里，德国人占据西岸古老的城堡。古德里安一开战就要把波兰战役攻克过的要塞重新攻占一次，这次的难度要比上次大得多。

德国装甲兵到现在为止还没有一套标准的装甲兵战术条例。由于部队扩张的速度超过了军官培训的速度,目前坦克部队的军官既有坦克兵出身,也有步兵或其他军种出身的,他们对战术的理解不尽一致。非坦克兵出身的军官,几乎一致主张,攻击前应由重炮兵做准备射击,然后步兵部队进行攻击,当步兵突进到一定纵深后,再由坦克部队完成最后的突破。而坦克兵出身的军官则力主一开始就以装甲部队为进攻的矛头,他们认为坦克才是威力强大的攻击武器,它可以快速攻入纵深并达成突破,突破后马上可以以最快的速度,最大限度地扩大战果。当然,如果是进攻要塞,那还是要由步兵担任主攻。为了统一不同出身背景的军官的见解,也让古德里安大伤脑筋。

1941年的春天,气候特别不利于德国人的攻击准备,春天的雨水特别多,布格河及其支流泛滥,一直到了5月,它的两岸还像沼泽一样,根本无法通行。再加上巴尔干战役的影响,开战日期不得不延迟到6月份。

古德里安和他的参谋人员利用这段时间,完善了兵团首战的战术安排。

中央集团军群的排阵是:左翼是第3装甲兵团,中间是第9、第4两个集团军,右翼是古德里安第2装甲兵团。

对于古德里安兵团,首要目标是布列斯特—立托夫斯克要塞。这虽然是一个过时的要塞,但是在它的周围河流纵横,非常不利于坦克部队的行动,而且现在也不存在奇袭的可能,古德里安决定将自己的兵团分成两部,从要塞的两边渡过布格河,绕过要塞向前进攻。而要塞本身,则从跟在古德里安兵团左翼和后方的第4集团军借来一个军,由这个军向要塞发起进攻。古德里安希望这个军在开战时由自己统一指挥,作为交换,自己也愿意接受第4集团军司令克卢格节制。古德里安认为这种交换对自己是一种自我牺牲,因为他觉得克卢格元帅刚愎自用,两人关系一向不睦。集团军群司令部接受了他的意见。

对于过河之后的安排，古德里安首先要保证部队不受分兵的影响，其次要保证两翼的安全。兵团的右翼将沿着普里佩特大沼泽的边缘前进，这个沼泽车辆无法通过，甚至步兵也不好行进，但是，敌方也不太容易从这里发起进攻，第4集团军只准备派少量步兵在里面搜索前进。为保险起见，古德里安命令兵团所属第1骑兵师从沼泽里通过，保护兵团的右翼。兵团的左翼是第4集团军主力，再向左有第9集团军。这一方向上，苏军有重兵集结在比亚韦斯托克地区。德军制定作战方案时假定，这一地区的苏军在发现自己的后路受到德军装甲师的威胁后，应该会沿着沃尔科维斯克—斯洛尼姆的公路后撤，虽然也没有太大的威胁，古德里安还是用加大纵深的方法应付可能的意外。

基于以上安排，古德里安兵团的部署为：右翼为24装甲军，左翼为47装甲军，中央为第12步兵军（暂归古德里安兵团），46装甲军为兵团总预备队。

6月6日，陆军总参谋长哈尔德视察古德里安兵团，他认为还是应该把步兵放在第一攻击波为好，古德里安没有同意。

6月14日，希特勒把所有集团军群、集团军和兵团司令官召集到柏林，作了最后一次战前动员。下午继续召开军事会议，汇报各部队的战争准备。希特勒只问了古德里安一个问题："你需要多少时间能到达明斯克？"古德里安回答："大约需要五六天时间。"

在开战前，最高统帅部向各部队下发了一个文件，是关于在苏联境内，德国军人处置平民和战俘失当的惩处措施，它规定如果德国军人犯有上述过错，不必交付军事法庭，而由各部队长官酌情处理。陆军总部转发这个文件时，意识到它对维持军纪有非常负面的影响，因此陆军总司令勃劳希契加了个按语，说执行这个文件以不损害军纪为原则。古德里安和部下的军长们一致认为，如按照这个文件执行，军纪不可能不受到影响。古德里安决定文件不再向下传达，并且坦率地向集团军群司令部做了报告。

同时下达的还有一个处置红军政治工作者的文件，即《政治委员文件》，它的内容是，对于红军政治工作者不必当作被俘军人对待。集团军群司令部扣住这个文件没有下发。

由于古德里安没有向下传达和执行这两个文件，所以他没有承担非人道主义的战争罪名，这对后来纽伦堡法庭宣判他无罪起了很大作用。

古德里安后来在回忆录里说这两个文件玷污了德国军人的荣誉。他认为不管苏联是否在《海牙公约》或《日内瓦公约》上签过字，德国军人都应该承担自己的国际义务，按照一个基督徒的良心行动，即令没有这个命令，战争对于敌国人民都已经够残酷的了，苏联老百姓和德国老百姓是一样地无辜。

希特勒召集的军事会议一结束，古德里安立即飞回华沙，检查各部的备战情况。他还来到最前沿，亲自观察苏军是否对德军的战争准备有所察觉。他看到苏军的日常作息没有改变，布格河沿岸的工事并没有进入部队驻守，布列斯特—立托夫斯克要塞周围的工事也没有加强，在要塞中心的广场上，军乐队边演奏边进行着分列式表演。一切和平常没什么两样，看来德军的战争准备成功地骗过了苏联人。

1941年6月22日凌晨2点10分，古德里安来到兵团前进指挥所。再过1小时5分钟，德军的重炮将开始炮火准备。大战之前的战场笼罩在黑色的寂静里，在前线的德军官兵恐怕没有多少人能意识到，他们将进行的是一场以德国命运为赌注的战争，而他们当中的大部分人，踏上的是一条不归路。

长驱直入明斯克

1940年6月22日3点15分,德军重炮的炮口向着东方发出了轰鸣;3点40分,俯冲轰炸机开始了第一轮的对做攻击;4点15分,古德里安兵团的第17、第18两个装甲师的前卫部队开始渡过布格河;4点45分,第18装甲师的坦克开始渡河,他们用的是海狮计划中试验成功的潜渡技术,从深度达13英尺的布格河底部开到对岸。

如果这一刻从高空鸟瞰,你能够看到德国军队像三道平行的洪流,从波罗的海到喀尔巴阡山脉之间,由西向东涌入苏联境内。

左面,李布的北方集团军群,越过东普鲁士的边界进入立陶宛境内。中央偏左,博克的中央集团军群向苏军在波兰北部所构成的突出地带防线的侧面展开了一个巨大的钳形攻势。中间偏右有一段60英里长的平静地带,那就是普利皮亚特沼泽。在沼泽右边,龙德施泰特指挥的南方集团军群,在喀尔巴阡山附近,向苏军的加利西亚防线上的利沃夫突出部北端进攻。

1941年6月，巴巴罗萨计划开始阶段的德国陆军

德军的攻击中心是博克元帅指挥的中央集团军群，它配备了2个装甲兵团，分别由古德里安和霍特指挥，每个装甲兵团配备4~5个装甲师和3个摩托化师，而其他两个集团军群只各配备一个装甲兵团。它还有第4、第9两个集团军，每个集团军含3个步兵军。

现在德军高层对装甲部队是战场上决定胜负的力量已经没有什么异议，但是对如何使用装甲部队依然有着很大的分歧。一些资深的将领想用经典的歼灭战消灭苏军的有生力量，并希望越过边界后越早实现越好。他们信奉克劳塞维茨开创、毛奇确立、施里芬发展的传统军事理论，巴巴罗萨计划主要反映的就是他们的军事思想。他们不愿意在苏军主力被消灭之前，就冒险向苏联内部深入。为了确保计划的成功，他们坚决要求装甲兵团必须与步兵部队合作，从两侧向内旋回，切断苏军的补给线，完成合围。

以古德里安为首的装甲兵军官们却有不同的见解，他们主张装甲兵团应该以最快的速度长驱直入，达到最大的纵深。这是在法国用过的战术，并已被证明是成功的。古德里安认为他和霍特两个装甲兵团应一直向莫斯科方向前进，中途不应被任何诱惑分心，并且至少要到达第聂伯河一线才能向内旋转。他们越早到达那一线，苏联人的抵抗全面崩溃的可能性就越大，如同法国战役中，德军抵达英吉利海峡，完成对法军的包抄后，法军的抵抗土崩瓦解一样。至于两个装甲兵团之间被包抄的苏军，则应交给后面跟上来的步兵部队加以包围消灭，装甲兵部队顶多能给予短时的帮助。

传统派的军事领导人掌握了巴巴罗萨计划的制定权，这是希特勒的决定，他虽然有足够的冒险精神，但也不愿意将全部赌注押在一张牌上，虽然这张牌刚刚帮他赢得了在法国的赌博。而且希特勒本人非常沉迷于一种幻想，就是将大量苏军包围俘获，这一景象让他想起来就十分兴奋。

古德里安的设想是否能够成功，虽然也是个疑问，不过就是在当时，总参谋部里也是有些激进的军官支持他的意见，即使他们不属于古德里安的坦克战略派。在战后的回顾中，他们对古德里安的战略表示了更多的赞许。他们承认那样的孤军深入对增援和补给是很大的挑战，但他们认为这些困难也不是不可克服的，一方面可以通过增大空运补给，另一方面可以用减轻装甲部队的包袱，即全力维持有越野能力的战斗部队，而摩托化部队可以在后面用慢些的速度跟进。但这个观念在当时很难被接受。

传统派制定的战略是要在到达第聂伯河之前形成大包围的态势，力求将苏军主力一网打尽。为了达到这一目的，博克集团军群的计划是分为内外两个包围圈，第4、第9两个集团军在较近的距离上对敌包围，古德里安和霍特两个装甲兵团在攻击到一定纵深后再向内旋转，形成一个较大的包围圈。这个计划是个折中的产物，它满足了古德里安、霍特和博克以及克卢格每人的一部分想法，但又没全部满足。

古德里安在 6 点 50 分乘坐一艘攻击艇渡过布格河。古德里安的前进指挥部包括 2 辆装甲无线电通信车，一些越野车和摩托车，它紧随第 18 装甲师坦克群前进。当到达非常重要的里斯拉河上的桥梁时，桥上的苏军哨兵还没有反应过来，看到德军车队才转身逃跑。古德里安的两名传令官自告奋勇去追击，反而丢掉了性命。

10 点 25 分，德军坦克开始通过桥梁过河，古德里安一直看着第 18 师全部通过才回到指挥部。

古德里安原来的设想是最好通过奇袭，趁苏军未从震惊中清醒过来，攻占布列斯特—立托夫斯克要塞。但是苏军很快从最初的慌乱中镇定下来，凭借预设的阵地据险顽抗，使德军攻击部队付出了巨大代价。德军在一星期后才攻下苏军据守的卫城，在这段时间内，他们一直无法利用经过布格河和马恰维克河的公路铁路交通线。

由于正面的宽广和德军使用的迂回战术，再加上奇袭的作用，中央集团军群在很多点上都取得了纵深突破。6 月 23 日，其右翼的古德里安兵团到达了科布林，这里距布列斯特—立托夫斯克已经 40 英里。左翼则已占领了格罗德诺要塞和那里的铁路中心。苏军在波兰北部的突出地区——比亚韦斯托克突出部已有被拦腰截断的危险。苏军坦克部队的数量虽然很大，但是效率极低，这给德军的攻击省去了不少麻烦。

但是苏军的抵抗还是对德军的进展造成了一定的阻滞。德军战术的机动灵活通常是它的敌人望尘莫及的，但是在面对面的战斗中，苏联人却也是顽强的战士。被包围的苏军虽然最终难免失败，但在被击垮之前，他们会抵抗很长时间。这种绝境中的困兽之斗，会使入侵者的计划受到延迟和扰乱，这在一个幅员辽阔、交通落后的国家是非常重要的。在德军前进的道路上，类似布列斯特要塞那样的顽抗一再重演，这是德国军人在波兰战役、法国战役中从来没有遇到过的事情。

一个德国将军回忆道："空间似乎是无限的，一望无际。景色的单调，森林、沼泽，平原的广大都使我们在心理上感到压迫。路况良好的公路极少，到处是泥泞的小路，一场大雨就可以使地面变成泥潭。村庄又穷又丑，尽是木屋草棚。环境的艰苦也使人变得麻木——他们对于气候、饥渴甚至于生死、天灾、人祸都同样没有感觉。苏联人民是坚强的，苏联军人则更坚强，他们似乎有无限的服从性和忍耐力。"

德军的第一次合围是在斯洛尼姆附近，这里距最初的进攻起点已经是在100英里以外了。当时在比亚韦斯托克突出地带集结了苏军两个集团军的兵力，德军的内钳（步兵）几乎将他们包围，但是功亏一篑，约有一半的苏军从缺口中冲了出来，尽管后来已经分散成不成编制的部队，他们还是给德军的外围部队以冲击。德军第4、第9集团军大部分是非机械化部队，缺少机动能力，这是计划未能实现的主要原因。

6月24日中午，古德里安在斯洛尼姆附近的第17装甲师师部，与该师师长阿尼姆将军、第47装甲军军长李美尔逊将军讨论战场形势，忽然后面传来一阵激烈的枪声。他们看到通往比亚韦斯托克的公路被浓烟覆盖，一辆卡车正起火燃烧。等看到两辆苏军坦克从烟尘中冲出来的时候，他们才恍然大悟是受到了苏军的攻击。苏军坦克很快发现了这群高级军官，立即调转炮口向他们射击。幸亏这些人虽然已是高级军官，但身手还算敏捷，立即卧倒在地，没有受到太大损失。不过还是有一个刚从陆军总部调到前线的费勒尔中校和战防炮营营长齐贝尔中校受了重伤，数日后去世。苏军坦克在冲进市区后才被击毁。

后来两天，古德里安又几次遇险，甚至误传已被击毙，不得不通过德国电台作了更正。

虽然付出了一些代价，但是第47装甲军在斯洛尼姆—沃尔维斯克将苏军西方方面军切断，迫使苏军西方方面军司令巴甫洛夫下令撤退以避免被包围。

希特勒因为害怕强大的苏军在可能的任何一点上突破德军的包围，因此命令装甲兵团暂缓前进，转过身来，先消灭比亚韦斯托克附近的苏军。这一次陆军总部坚决力主维持原计划，才使古德里安兵团继续向明斯克推进，完成了大包围作战。

6月25日，德军发现苏军有新的部队包括坦克部队在内，从比亚韦斯托克向斯洛尼姆进攻。正好这时第29摩托化步兵师赶到前线，他们担负起阻击苏军进攻的任务，第17、第18两个装甲师脱身继续向明斯克进军。

6月26日中午，古德里安接到第3装甲兵团司令霍特的电报，第3兵团的前锋已经到达明斯克北面，距明斯克只有18英里的某处。古德里安命令第47军继续向明斯克攻击前进，第24装甲军向博布鲁伊斯克前进。这个命令是两面兼顾，进占明斯克是为了执行围堵苏军的计划，而向博布鲁伊斯克进军是为了尽快挺进到第聂伯河一线，这是古德里安认为正确的战略。

下午14点30分，古德里安接到集团军群司令部的电报，命令古德里安部主力向明斯克前进，第24军则应向博布鲁伊斯克进发。古德里安回电，各部早已出发，进军路线与电报指示相同。集团军群司令部命令24军进占博布鲁伊斯克的原因，是由于步兵进展较慢，致使包围圈产生了很多缺口，使相当数量的苏军从缺口渗透出包围圈，他们撤退的方向就是斯摩棱斯克。现在已经必须再做一次包抄。

6月27日，第17装甲师已到达明斯克南面近郊，古德里安兵团和霍特指挥的第3装甲兵团取得了联系,该兵团已于6月26日进入明斯克城,而苏军退走前将明斯克破坏殆尽。德军完成了钳形包围。在这个包围圈里,有苏联西方方面军的第3、第10集团军大部,第13集团军一部共计20多个师,其中有11个整师,近40万部队。

合围，合围

对于下一阶段的作战安排，古德里安认为歼灭比亚韦斯托克突出地带苏军的任务，应交给后续的步兵部队，装甲兵团应继续快速挺进，去争夺这场战争的第一个战略目标，那就是斯摩棱斯克—艾尔雅—罗斯拉夫尔地区。以后几天古德里安兵团的行动，都应以此为目的。他相信要使战争获得胜利，就必须不顾及战场上的一切意外和偶然的因素，坚定地按原计划进行，虽然为此必须要承担一些风险。

6月28日，古德里安赶到第47装甲军军部。这个军承担着封堵住从比亚韦斯托克突围苏军的任务，这是古德里安兵团最直接感受到苏军威胁的部队，他希望亲自监控，以便随时控制可能出现的危机。此时古德里安的参谋长李本斯坦已将各军所属各师防区做了划分，以防止被围苏军在古德里安兵团方向的突破。古德里安批准了这个方案。

同一天，第24装甲军报告他们已经到达博布鲁伊斯克郊外。

古德里安兵团6月28日至7月2日各部所处位置如下：

第24装甲军各部：第3装甲师到达博布鲁伊斯克，这是第聂伯河支流别列津纳河西的一座小城，有铁路、公路桥通向对岸，这里离第聂伯河只有40英里。第4装甲师在斯卢茨克；第10摩托化步兵师到达西尼阿弗卡；第1骑兵师到达德罗希琴以东。这个军的矛头指向第聂伯河。

第47装甲军各部：第17装甲师到达柯达洛夫；第18装甲师到达涅斯维日；第29摩托化步兵师到达则利文卡河。这个军主要协助第4集团军围堵突出部的苏军。

第46装甲军各部：第10装甲师一部也到达则利文卡河，该师主力则在西阿尼弗卡；党卫军"帝国"师到达别廖—卡尔图斯卡；"大德意志"步兵团到达普鲁扎内地区。

霍特装甲兵团的第7和第20两个装甲师也留在明斯克地区。古德里安的南面是陆军53军。

但是这次德军合围并没有取得完全的成功，一场大雨救了苏联人，大雨把沙地变成了烂泥。

道路问题在苏联远比在法国严重得多。它不仅妨碍了德军的战术行动，更是妨碍了德军必须通过公路运输进行的战略行动。在苏联整个西部地区只有一条路面良好的柏油路，就是从明斯克至莫斯科的公路，但它对德军的计划只能起部分作用，因为希特勒的构想并非直捣莫斯科，而是要做大范围的包抄，所以必须使用两边的土路。在7月初的暴雨后，这些泥潭限制住了入侵者的机动性，增强了苏军的抵抗力。

苏军的顽强抵抗也超出了德国人的预期。苏联人虽然在6月22日遭到了突然袭击，部队和装备受到重大损失，在仓促后撤中，一些精锐部队陷入德军的包围。但是从7月起，他们开始进行德国人以前从没有遇到过的并且是日益顽强的抵抗。古德里安和其他前线指挥官的报告中开始频繁地后来是连篇累牍地记载着苏联人顽强的战斗，殊死抵抗和反攻，以及除消灭苏军外德军自己也受到的重大损失。即使在德军攻克明斯克之前，苏军的表现也与波兰军队和西方国家军队迥然不同，他们即使在被包围的时候，也能坚守阵地，继续战斗。

这段时间，一半是因为军事战略思想的不同；一半是因为误会，古德里安和克卢格爆发了一次冲突，甚至到了克卢格威胁古德里安，要把他送上军事法庭的地步。

前文已经叙述过，到达明斯克后，古德里安已经将目光放到斯摩棱斯克一线，除了布防围堵被包围的苏军。还派出部队抢夺别列津纳河上的渡口。

古德里安在乘飞机去和霍特会面商谈两个兵团的战术配合时，发现明斯克东南的森林里没有太多的苏军，而第4集团军原先认为苏军很有可能从这里突围，古德里安认为这里不会发生太大的危险，于是同意了霍特的意见，派18装甲师向鲍里索夫推进，以便与霍特的右翼配合，抢占别列津纳河在该镇附近的桥梁。后来，古德里安又命令第17装甲师随后支援，这就等于古德里安将所部5个装甲师中的4个从包围圈上抽调出来，而霍特的做法也大致相同。

6月30日，鉴于相当数量的苏军部队从包围圈的缺口冲出，向斯摩棱斯克败退。为了防止苏军利用这些部队加强防线，陆军总部命令各作战部队向第聂伯河进发。陆军总司令部告诉集团军总司令部说，向斯摩棱斯克的战斗发展，其性质具有决定性意义，所以应以最快的速度，尽最大的可能，在罗加乔夫、莫吉廖夫、奥尔沙等地区渡过第聂伯河，并在维捷布斯克和波洛茨克等地渡过维拉河。

这几天空中侦察发现苏联人正在斯摩棱斯克—奥尔沙—莫吉廖夫地区集

结新的兵力，古德里安认为如果等到步兵赶到再去占领第聂伯河上的渡口，会耽误不少时间，而装甲部队单独行动可能快得多。

7月1日，第24装甲军已经占领了斯维斯拉奇附近的别列津纳河上的桥梁，9点30分，一个加强搜索营从桥头阵地出发，从博布鲁伊斯克东面向莫吉廖夫前进，第3装甲师紧随在它的后面。过河后，主攻方向是莫吉廖夫还是罗加乔夫将由盖尔军长随机决定。10点55分，第4装甲师也由斯维斯拉奇向东推进。

这个时候，在比亚韦斯托克袋形地区周围正进行激烈的战斗。6月26日到30日之间，仅以第29摩托化步兵师71步兵团而论，就俘获了36000名战俘，由此可看出苏军突围规模之大，这令第4集团军认为必须收紧口袋，加强包围的力量。克卢格元帅命令第17装甲师停止向鲍里索夫方向移动，虽然第18师目前已占领该镇，并在别列津纳河建立了一个桥头堡，急需增援，但古德里安还是把这份命令转给第17师，但他并不同意这个命令，在命令上也未加指示。

7月2日，古德里安来到第29摩托化步兵师和第17装甲师的结合部，担负防守任务的是第5机枪营，在这里古德里安亲身体验到了战况的激烈。随后古德里安又视察了第47军军部和第17师师部。当他回到兵团司令部时，才发现由于失误，第17装甲师的部分部队没有接到集团军司令部的命令，已经向鲍里索夫移动了。古德里安立即向第4集团军司令部做了报告，但是已经太迟了。第二天古德里安来到第4集团军司令部，迎接他的是克卢格的怒火。古德里安费尽唇舌，才算讲清事情的经过。克卢格半真半假地告诉他，因为霍特兵团也发生了类似的事情，他还以为是两人合谋与他为难，原本准备将两人交付军法审判。

克卢格应该不会在战况最激烈的时候将中央集团军群的两个装甲兵团司令同时告上军事法庭，他只是借此表示对古德里安和霍特两人的不满。而古德里安和霍特两人是否真的像古德里安表述的那样只是由于失误而未执行克卢格的命令，也是大可商榷。

在这一段时间里，德军高层在部队主要攻击方向上已经产生了矛盾。希特勒和克卢格等希望歼灭被围苏军后再东进，但是古德里安和霍特都主张装甲部队应继续推进，以占领别列津纳河和第聂伯河上具有战略意义的渡口为目标。陆军总部与古德里安等人意见相同，但不敢明确反对希特勒，只是暗地里希望古德里安和霍特能够不奉命令甚至违反命令。而博克元帅为了躲避责任，有意将第2、第3装甲兵团交给克卢格指挥。古德里安在自己的回忆录里为勃劳希契和博克的这种懦弱和不负责任而愤愤不平。

结果是古德里安只留下少数部队封堵比亚韦斯托克包围圈，而让兵团主力兼程东进，以期迅速渡过别列津纳河和第聂伯河；另一方面，克卢格又发出相反的命令，命令各部队就地参与围歼苏联军队，没有命令，不得继续东进。这种命令的不一致让下面的部队无所适从，还好，所幸没有造成大的混乱。但这次事件让克卢格和古德里安本来就不和睦的关系更是雪上加霜。

古德里安离开第4集团军司令部，又去了鲍里索夫的第18装甲师司令部，这里才是他最牵挂的地方。他察看了别列津纳河上的桥头阵地，并召集全师军官做了简单的训话。该师派了一个先遣队向托洛钦前进。古德里安在回程又遇到了47军军长，两人讨论了有关第17和第18两个装甲师的后续行动。在两人谈话的时候，传来苏军大批坦克和飞机向鲍里索夫进攻的消息。

这次进攻被德军击退，但有一件事情引起了古德里安的注意。在进攻中，苏军出动了一种性能极佳的新型坦克，这种坦克的装甲很厚，德军反坦克炮弹打上去就被弹回来，坦克毫无损伤。这就是著名的T-34坦克，后来在第二次世界大战中一直是苏军的主战坦克。

7月3日，在德军的打击下，被困在比亚韦斯托克的苏军被迫投降。投降的苏军计有3个集团军司令部、20个番号的师，共29万人。整个战役苏军损失42万人、1500门大炮、2500辆坦克。

巴巴罗萨计划期间被俘的苏军士兵

德军虽然取得了大捷，但是并没有达到战前预定的全歼苏军西方方面军的目标，仍有1个集团军司令部和25万左右苏军官兵从包围圈中逃出，退向别列津纳河—第聂伯河方向。德军不得不进行新的迂回，设法消灭斯摩棱斯克一带的苏军。

希特勒认为没有全歼苏军的原因是装甲部队推进过快，没有照顾步兵的推进速度，给包围圈留下了太多的空隙，让苏军趁机逃出。其实真正的原因，还是德军现代化水平并没有达到德军军事思想要求的高度，机械化部队特别是履带式车辆太少，限制了德军整体的进攻速度。

大包围计划的落空，现在逼迫德军必须越过第聂伯河继续前进，现在他们已经深入苏联境内超过300英里。为了执行新的包围计划，中央集团军群两翼由装甲兵团构成的铁钳又必须再度分开，这次的目标是在沿第聂伯河和道加瓦河建立的旧斯大林防线后方，并绕过斯摩棱斯克合围。

从7月1日开始，德军装甲部队停止前进了一个星期，一方面是为了封堵明斯克的口袋，另一方面是为了等待步兵部队的兼程跟进。7月初的一场暴雨，让道路变得异常泥泞，部队前进非常困难。这为苏军暂时赢得了喘息的时间，使其有时间重组装甲部队。

在明斯克东南是一大片森林和沼泽，别列津纳河并没有一条明确的河道，而是数条溪流从泥沼地上流过。这里只有两条道路上有可以通过载重卡车的桥梁，一条是通往奥尔沙的主要公路，另一条是通往莫吉廖夫的道路。虽然古德里安顶住上级的压力，已经尽可能早地派兵去抢占这两座桥梁，但是守军还是在德国人到来前炸毁了这两座桥梁。

在中央集团军群的对面有苏军西方方面军的第13军，以及苏军最高统帅部预备队的第20、第21及第22集团军，还有刚刚在维捷布斯克组编成的第19集团军和才到达斯摩棱斯克的第16集团军，总司令是铁木辛哥元帅。

7月6日，苏军第20集团军的第7和第5机械化军的700辆坦克发动了大规模反击，但是德军在强大的空中支援下打退了苏军的反击，2个苏军机械化师被彻底摧毁。

古德里安兵团方面，一支强大的苏军部队从日洛宾渡过第聂伯河，并向第46装甲军的右翼进攻，最终他们被第10机械化步兵师在空军的配合下击退。

根据空中的侦察报告，苏军还有后续的兵力由奥廖尔—布良斯克地区向戈梅利方向前进，从无线电监听中发现苏军在奥尔沙地区似乎有一个集团军司令部。古德里安得出结论，认为苏军是想沿第聂伯河建立新的防线，装甲兵团必须尽快采取行动，而不能再坐等后面赶来的步兵。

尽快渡河的好处是，苏军的防线刚刚建立，还很薄弱。但是苏军已经在罗加乔夫、莫吉廖夫和奥尔沙等地区坚守着牢固的桥头阵地，并且苏军还在继续向上述地区调集援军。而在戈梅利地区就有苏军强大的兵力，在奥尔沙的西面先诺地区另有一部兵力稍弱的苏军，现在奥尔沙地区已经发生了激战。要等到步兵赶到至少还需要14天的时间，那时苏联人的防线会变得更加牢固。而且古德里安也怀疑到了那时，步兵是否有能力短期内攻破苏军已经牢固的河防工事，那么战前计划的1941年秋季结束对苏战争的理想会变得更加遥远。

当然，现在渡河的话，古德里安也必须承担一定的风险，渡过河后，三个装甲军的侧翼就会完全暴露，很有可能遭到苏军的逆袭。

但是考虑到尽快渡河的好处和成功的希望，这些风险还是值得承担的，而且古德里安也相信他的部队的强大攻击能力。所以最后他决定立即渡过第聂伯河，继续向斯摩列斯克前进。

首先，古德里安命令两翼方面——日洛宾和先诺，暂时停止战斗，两处指挥官应严密监视敌军动向。

其次确定合适的渡河地点。由于苏军在第聂伯河以西已经有几个牢固的桥头阵地，所以强渡的地点更加受到限制。古德里安和第24装甲军军长盖尔将军商量了一番，决定24军在7月10日从斯塔耶—贝霍夫渡过第聂伯河；7月11日，第46装甲军从什克洛夫渡河，第47装甲军在莫吉廖夫和奥尔沙之间渡河。所有渡河行动和准备工作都必须严格伪装和保密，部队调动只能在夜间，其他时间部队不许行动。配属古德里安兵团的空军部队指挥官穆德尔斯上校保证，德国空军可以在兵团集中地区保持局部空中优势。为此又在紧邻前线的后方修了几条飞机跑道。

7月7日、8日这两天，古德里安先后去了第47装甲军军部和第46装甲军军部，向两部各级指挥官讲解了自己的作战意图。并视察了正在前线与苏军坦克部队战斗的第18装甲师，他向师长内林将军下令，必须肃清奥尔沙以西科哈诺夫一带的苏军，并将奥尔沙苏军限制在他们建立的桥头阵地内，这是后续行动成功的先决条件。当时同样在和苏军苦战的还有隶属于第46装甲军的党卫军帝国师。

7月9日，作战计划上报第4集团军司令部，引起了激烈争论。克卢格元帅一早就来到古德里安的司令部，亲自听取古德里安做的战况汇报和作战意图。他坚决反对古德里安立即渡过第聂伯河的主张，命令立即停止作战计划，各部原地待命，等候步兵部队到达。古德里安拼命为自己的计划辩解，向克卢格阐述自己的理由，但是克卢格不为所动。最后，古德里安只好拿出撒手锏。他告诉克卢格，自己的部队已经为此做了很长时间的准备，现在停手来不及了，第24军和第47军已经在攻击位置集中，时机千钧一发，如果被苏联空军发现，可能会遭受苏联飞机的毁灭性打击。古德里安又表示自己有极大的把握取胜，争取一战结束对苏战争。最后克卢格勉强批准了古德里安的计划，悻悻地说："你的作战总是处于千钧一发的形势。"

说服克卢格后，古德里安再次赶往第47军。该军在这段时间进行了最艰苦的战斗，目前的困难也最多，李美尔逊军长对第18师和另一支部队组成的纵队能否攻占科哈诺夫有些疑虑，因为这些部队一直连续战斗，非常疲劳。但是18师师长内林却信心十足，他认为自己可以轻松攻占目标。

7月9日白天，第17装甲师依然在与苏军反攻部队激战，击毁苏军坦克100辆，可见战况激烈。

7月9日黄昏，第2装甲兵团各部战斗序列如下：

第1骑兵师担任博布鲁伊斯克东南面的侧卫；第3装甲师集中在日洛宾—罗加乔夫—罗夫伊—贝霍夫地区准备向北移动；第4装甲师在斯塔耶—贝霍夫；第10摩托化步兵师在斯塔耶—贝霍夫附近的渡河点集中。

第10装甲师在什克洛夫以南；党卫军帝国师在巴普洛夫地区，处于莫吉廖夫南方，构成右翼的侧卫；大德意志步兵团在拜尔尼塞地区。

第18装甲师在托洛钦的南面；第17装甲师在查默西亚地区；第29摩托化步兵师在托洛钦的西南方，向科佩西集中。

跟在装甲兵团后面的步兵部队，前卫到达了博布鲁伊斯克—斯维斯拉奇—鲍里索夫一线，主力则刚刚到达斯卢茨克—明斯克一线。

霍特的第3装甲兵团已经攻下了维捷布斯克，霍普纳也已攻下了布里斯高。

由于古德里安选择的渡河地点远离主攻方向，时机也出乎苏军意料，而且对面是刚败退下来的苏军西方方面军第13军，所以没有遇到激烈的抵抗，第2装甲兵团顺利地渡过第聂伯河。到了7月12日，古德里安的第2装甲兵团已经在罗加乔夫到维贴布斯克之间的宽广正面上突破了斯大林防线，并向斯摩棱斯克进发。这次轻松的突破也显示，如果采用古德里安提出的战略，放手让装甲部队狂飙突进，也许取得的战果会远远大于所冒的风险。

渡过第聂伯河后，古德里安各部进攻目标如下：

第24装甲军应向普罗普斯克—罗斯拉尔夫的公路挺进，它的右翼易受日洛宾—罗加乔夫地区的苏军攻击，它的左翼易受莫吉廖夫方面的攻击，因此要注意保护侧翼。

第46装甲军由戈尔基—波奇诺克的路线攻击艾尔雅，它也要注意右翼莫吉廖夫方面的攻击。

第47装甲军则以斯摩棱斯克为主攻目标，它的左翼要注意奥尔沙地区的苏军，斯特莱西和乌辛格率领一支纵队，继续留在第聂伯河的西面和西北面，阻挡住苏军在奥尔沙地区的桥头阵地。

因为连续作战和恶劣的环境，武器、车辆都有不少损毁。特别是在土路上行军，扬起的尘土和泥浆对车辆的引擎有很大损害，坦克的排气管经常被堵塞，影响到它们的效率。

7月12日，希特勒的首席副官施蒙特上校来到前线，代表希特勒了解战场情况。古德里安抽时间和他做了两次长谈，希望自己的战略观点能间接影响希特勒的决策。

由于奥尔沙苏军实力强大，第17装甲师转进到科佩西，跟在第29摩托化步兵师后面渡过第聂伯河。

7月13日，古德里安将司令部移到第聂伯河岸边的赛恰德。这是在什克洛夫东南4公里左右的一个小镇，紧临前线。古德里安连续巡视了第17装甲师和党卫军帝国师，开战以来第17师已经击毁苏军坦克达502辆。

同一天，第29摩托化步兵师已经挺进到距斯摩棱斯克只有11英里的地方。

7月14日，第46装甲军和党卫军帝国师向戈尔基进攻，古德里安也随同这一路前进。第10装甲师经过苦战才到达戈尔基和穆斯基斯拉尔夫，由于苏军炮火猛烈，该师伤亡较大。第29摩托化步兵师在斯摩棱斯克方向进展顺利，古德里安命令第18装甲师从克拉斯内向北及西北方向发展，以保护29师侧翼。

前线德军进展的顺利，让陆军总司令部充满乐观的情绪。7月14日，陆军总部召开了一次会议，会议内容是讨论德军将来在交通线和战略要地的兵力布置，还有巴巴罗萨行动结束后德军在欧洲的兵力分配。古德里安对此嗤之以鼻，认为完全是脱离了现实，当前第一要务是集中力量使巴巴罗萨作战顺利进行，其他的都言之过早。

7月15日，克卢格元帅来到古德里安的司令部，两人就当下的战局交换了意见。现在苏军正沿着奥尔沙至斯摩棱斯克的主要公路，以四五个齐头排列的纵队向后撤退。第17师已经占领了奥尔沙的东部和南部，第29摩托化步兵师已抵达斯摩棱斯克郊外。连日苦战，各部队都损耗很大，纷纷要求补充人员和装备。

7月16日，第29摩托化步兵师占领了斯摩棱斯克，这是古德里安各部中第一支达到战略目的的部队。此时德军步兵部队的前卫到达第聂伯河一线，机械化部队的后卫得以抽身。

一个星期之内，第2装甲兵团从第聂伯河挺近到杰斯纳河，沿通往斯摩棱斯克的主要公路深入100英里。但是左翼的霍特第3装甲兵团却被暴风雨和泥沼般的道路耽搁了，这自然影响到了德军包围计划的进行，并使苏军有时间增强斯摩棱斯克附近的兵力。

自7月13日起，苏军开始进行猛烈的反击。大约有20个师从戈梅利方向向第2装甲兵团的右翼发动攻击；被围困在莫吉廖夫和奥尔沙的苏军也趁势突围。这次反击是由铁木辛哥元帅指挥的，想趁德军主力没有到达的机会，击溃渡过第聂伯河的部队。这次反击苏军动用了一种新式武器——多管火箭炮，它还有一个更响亮的名字—喀秋莎。

7月16日，德军侦察发现苏军继续向戈梅利至克林齐一线增兵，苏军在斯摩棱斯克以东的运输也十分频繁。但是古德里安还是不改变原来的决心，命令兵团各部继续攻击前进。

7月17日,古德里安获得了带橡树叶的铁十字勋章,在陆军授勋名单中他排在第五位,在全部陆海空授勋人员名单中排在二十四位。

7月18日,第17装甲师从兵团侧位,调到斯摩棱斯克以南,攻击从北面向该城反攻的苏军。激战中,第17师师长韦布将军受了重伤,随后不治身亡。

以后两天,第46装甲军击败了苏军的顽强抵抗,占领了艾尔雅及外围地区,但苏军残余部队依然在该军右后方坚守不退。

德军88毫米高炮对空猛烈开火

7月20日,苏军对第24军和斯摩棱斯克的反攻持续进行,同时在艾尔雅也有新的反攻行动,好在德军的步兵主力终于渡过第聂伯河。霍特的第3装甲兵团也对斯摩棱斯克东北面的苏军进行包抄,力争早日将包围圈合拢,他要求古德里安的第2兵团的协助,由南向多罗哥布希进攻。古德里安命令第46军向多罗哥布希进军。鉴于隶属于该军的"大德意志"步兵团正与一支炮兵部队强大的苏军对垒,古德里安命令第18装甲师将第聂伯河的防线移交给步兵部队,18师接防"大德意志"步兵团阵地,以便让第46军全军向多罗哥布希攻击前进。在布置完任务返回兵团司令部的途中,古德里安还收到参谋人员转发的集团军群司令部的电报，他们希望将党卫军帝国师也调往这一方向，可以看出德军高层合拢包围圈的迫切心情。

但是这个计划却在执行前的最后一刻被放弃了。克卢格元帅认为古德里安兵团的左翼面临苏军很大的威胁，他绕过古德里安，直接命令第18装甲师原地不动。这样一来，对多罗哥布希的攻击行动只好暂时作罢。

古德里安的兵团司令部现在设在斯摩棱斯克城内，指挥作战之暇，古德里安参观了该城著名的东正教教堂。他吃惊地发现，这座教堂的很大一部分已改为无神论博物馆，但是教堂其余部分还是作为宗教活动场所，一些未来得及隐藏的银质的祭祀用品堆放在地上。古德里安令人找到教堂神父，将这些物品交给他保管，并下令保护这座著名古迹。但在他的部队离开后，这座教堂的命运如何，就不得而知了。

7月23日，苏军4个集团军对斯摩棱斯克实施向心攻击，古德里安的部队承受着苏军反攻部队的强大压力。第46军在艾尔雅布置内外两条防线，外线部队受到苏军南、北、东三个方向上的进攻，喀秋莎火箭炮的急速射击，将德军阵地变成一片火海，由于弹药不足，德军只能收缩固守几个要点。维京霍夫军长本想在第18装甲师接替"大德意志"步兵团的阵地后，立即向多罗哥布希进攻，以支援霍特兵团，但到目前为止，所有试图渡过北方的乌夏河，向斯弗而柯鲁特齐进攻的尝试都失败了。大雨过后，地图上标明的道路根本就找不到，那些通向北方的道路都像沼泽地一样，摩托化车辆根本无法通过。

内线进攻艾尔雅的第10装甲师，面对着苏军防守部队的顽强抵抗。夏尔师长告诉古德里安，他的部队在一天内击毁苏军50辆坦克，但却仍然攻不下构筑坚固的苏军阵地，他的师已经损失了1/3的坦克，而弹药补给还在275

英里之外。

以后两天，苏军反攻部队依然持续攻击，但是情况已经有所好转，第18装甲师和后续步兵部队的一个师终于赶了过来，稳定住了防线，但向多罗哥布希的攻击还是不成功，包围圈依然无法合拢。

根据新的情报，最近几天，又有4个新的苏联集团军在诺夫哥罗德—谢韦尔斯基一线以东出现，他们准备在那里构筑新的防线，以求固守。

开战以来，苏军数量之多已经超出了德军统帅部的想象，原先估计苏军只有200个师，但是现在光是查明番号的就有380个之多，往往是德军刚消灭了十几个师，马上就又有十几个新的师冒出来，苏军的人力似乎取之不竭。

7月26日，古德里安请求上级用赶来的步兵师替换下防守的装甲师，让苦战半月之久的第2兵团各部得到一番休整。

但是他们在当天下午就接到报告，说苏军在德军137步兵师的防区内，突入斯摩棱斯克桥头阵地，并向第聂伯河以北进犯。同时德军无线电监听到苏军在戈梅利的21集团军、在罗德尼亚的第1集团军、和在罗斯拉尔夫的第4集团军、都已建立了无线电联系，局势似乎对德军极为不利。

然而也就是在这一天，德军终于看到了胜利的曙光。霍特的第3装甲兵团经过艰苦的行军和战斗，从北面把斯摩棱斯克移动的袋形地区完全锁住了，在这个包围圈里的10个师的苏军残部的命运已经掌握在德国人的手里，在莫吉廖夫一带固守顽抗的苏军也彻底失去了突围的希望。

当天晚上，古德里安接到集团军群司令部的命令，让他第二天赶到奥尔沙，乘飞机赶往集团军群司令部，参加中午的军事会议。这个会议将决定中央集团军群下一步的行动方向。会议期间，集团军群高级指挥官，主要是古德里安和克卢格对下一步作战方案有很大分歧。克卢格认为斯摩棱斯克附近的苏军依然很危险，应集中力量先消灭他们，而古德里安却认为最危险的敌人是罗斯拉尔夫以南和艾尔雅以东地区的苏军，因为德军的兵力布置在第聂伯河和斯摩棱斯克一带，所以这一地区的苏军可以对德军侧翼给予直接的威胁。古德里安和克卢格两人争论到了剑拔弩张的程度。

7月27日，古德里安带着自己的参谋长李本斯坦中校，由奥尔沙飞往集团军群司令部鲍里索夫。古德里安希望争取上级支持自己直接向莫斯科进军的计划，至少也要把目标定在布良斯克。但让古德里安大为惊讶的是，集团军群司令部告诉他，希特勒命令第2装甲兵团转向西南方向，与第2集团军合击在戈梅利的8~10个师的苏军部队。

那么希特勒为什么改变战术呢？本来希特勒对大规模包抄歼灭苏军有强烈的兴趣，但是开战以来，虽然德军所向无敌，节节胜利，但是几次对苏军的合围却都没有获得完全的成功，特别是中央集团军群集中了德军一半以上的装甲部队，但两次合围都功亏一篑，让大量苏军部队从包围圈中突围出去。与古德里安不同，希特勒从法国战役中得出了另外的结论，即应集中优势兵力歼灭弱势孤立之敌，使敌方不断削弱，最后失血而死。

但是大部分德军将领都不同意希特勒的观点，他们认为这只会使苏联人有充裕的时间不断建立新的防线，将战争拖得旷日持久，最后苏联人会利用他们雄厚的人力资源耗垮德国。

陆军总部的意图则是要击败现有的新建的苏军，迅速占领在乌克兰伏尔加河以西，在图拉—戈尔基—雷宾斯克—莫斯科地区和列宁格勒附近的重要工业地区，以打击苏联的军工生产能力。

不管希特勒的想法如何，古德里安认为下一步行动的目标应该是罗斯拉尔夫，攻占这个地方不仅可以消除来自东南方向的威胁，而且它本身也是个重要的交通中心，可以控制东、南和西南方向的交通。古德里安的意见很有说服力，集团军群总司令接受了他的计划，并应他的要求，为增强攻击力量将兵力作了如下调配：

1.陆军第 7 步兵军共计 4 个步兵师，调归古德里安指挥。

2.陆军第 20 步兵军共计 2 个步兵师，暂归古德里安指挥，用于替换在艾尔雅突出部作战的各装甲师。

3.第 1 骑兵师改归第 2 集团军指挥。

同时决定第 2 装甲兵团不再由第 4 集团军节制，兵团名称恢复为古德里安兵团。进攻集团由第 24 装甲军、第 7 步兵军和第 9 步兵军组成，攻势首先在 8 月 1 日由第 24 装甲军和第 7 军发动，第 9 军将在 8 月 2 日开始进攻。

随后几天古德里安把精力大部分放在帮助步兵将领加深对装甲兵部队的了解上。两个兵种的作战方式迥异，步兵将领对坦克部队的战术更是隔膜。像第 9 军军长盖尔将军（非第 24 装甲军军长盖尔）原本是古德里安的老上级，两人私交颇深。盖尔此人作战风格犀利，被称为"剃刀片盖尔"，第一次世界大战时深受德军名帅鲁登道夫赏识，就是这样的人也常常从一个步兵指挥官的角度出发，将古德里安的计划指责得体无完肤，而这些只能在实战中加以磨合。

希特勒的副官长施蒙特又一次来到古德里安的司令部，他这次是专程给古德里安送铁十字勋章上的橡叶饰物。谈话中，他告诉古德里安，在希特勒的心中，有三个主要战略目标：1.列宁格勒，占领列宁格勒可以使德国波罗的海的航运不再受到威胁，保证瑞典铁矿石运输安全，保障北方集团军群供应线的畅通；2.莫斯科，它是重要的工业基地；3.乌克兰。

据施蒙特所说，希特勒还没有下决心调兵加强乌克兰的攻势。古德里安请施蒙特力劝希特勒将主要的进攻方向指向莫斯科，其他方案只能拖延战争进程。他还请施蒙特转告希特勒不要截留新的坦克和补充的士兵，如果他还想早日结束战争的话。

8月1日，第24装甲军和第7步兵军对罗斯拉尔夫展开了进攻，攻势进行得十分顺利，第二天早晨，德军占领了罗斯拉尔夫。8月3日，步兵第9军和第4装甲师会合，将3~4个苏军师包围在罗斯拉尔夫附近的地区。

8月3日，正在前线指挥作战的古德里安接到通知，命令他8月4日早晨赶回集团军群司令部所在地，希特勒要接见他。

这是一次小范围的会议，参加者除希特勒外只有中央集团军群总司令博克元帅，古德里安兵团司令古德里安，第3装甲兵团司令霍特以及陆军总部作战处处长豪辛格上校和希特勒的副官长施蒙特。希特勒先是和每个人分别进行了谈话，古德里安虽然在事先和博克、霍特没有沟通，但他知道他们三人在战略方向上是一致的，就是应该立即向莫斯科进军。

谈话结束后，希特勒召开了所有与会者参加的会议。会上希特勒谈了一些自己的想法，他说列宁格勒及其附近的工业区是他的优先目标，莫斯科和乌克兰孰先孰后，他目前还没有做出决定，但他倾向于后者，他提了三个理由：1.他认为南方集团军群已在那里打下了一个良好的基础。2.乌克兰的原料和农产品对支持德国以后的作战有很重要的意义。3.克里米亚有苏军用来轰炸罗马尼亚油田的空军基地，必须予以铲除。他觉得可以在解决乌克兰后，冬季刚一到来时再向莫斯科和哈尔科夫进军。

这个会议从后来的事态发展看，应该是希特勒为了转变主攻方向，准备从中央集团军群抽调走装甲部队而召开的吹风会。

会议随后转入讨论一些具体的问题，古德里安请求希特勒给他补充磨损的坦克引擎和战损的坦克，最后希特勒勉强同意给整个东线德军补充300部引擎，但是新坦克他全部留下来用于组建新的装甲师。他对古德里安说了句心里话："我要是知道你那本书里列举的苏联战车数量是真的，我就不会发动这场战争。"希特勒指的数量就是古德里安写的装甲兵名著《注意，装甲兵》，在书里古德里安估计苏军坦克保有量为1万辆，这已经是他做得非常谨慎的估计了，但当时的总参谋长贝克将军和德军书籍审计部门还是认为他过于夸大。

回到前线，古德里安还是决定按自己的想法做进攻莫斯科的准备。

到了8月8日，罗斯拉尔夫战役基本上是结束了。此役古德里安兵团俘获38000人、200辆坦克、200门火炮，古德里安觉得战果还是令人满意的。

在这时，德军最高统帅部对战略方向的争论也达到了高潮。

相关链接：

喀秋莎多管火箭炮

1941年7月14日，在斯摩棱斯克附近的奥尔沙，德军第5步兵师在战斗中突遭一轮猛烈的炮火攻击，损失惨重。德军以为是受到苏军的一个炮兵师的攻击，其实这是刚刚组建的苏军第一个火箭炮连7架火箭炮的一轮齐射。与传统火炮相比，火箭炮虽然精确度较低，装弹时间也较长，但它却可以在短时间内将炮火倾泻于敌方阵地，而且价格低廉，易于生产，且可安装在卡车上进行机动。当时苏联生产的这种多管火箭炮的发射架上标有"K"字母，这是生产这种多管火箭炮工厂的标志，苏军战士就用本国姑娘常用的名字"喀秋莎"来称呼这种武器，这个名字后来也传遍了世界。

转兵基辅

自 7 月下旬以来,强大的中央集团军群一直停留在索日河流域,没有确定出新的进攻方向。德国最高统帅部爆发了自开战以来最大的一次争论,体现在下达的命令上就是朝令夕改,彼此矛盾,让下属部队无所适从。

希特勒坚持以两翼为主攻方向,他要将中央集团军群强大的装甲部队分别调往北方集团军群和南方集团军群。而大部分陆军将领坚持以莫斯科为主攻方向。他们强调的理由是除了攻占敌方首都会给敌国军民带来的心理震撼外,莫斯科同时也是苏联的一个重要军工基地,是苏联的主要交通枢纽。拿下莫斯科,可以大大削弱苏联的军工生产,还能让从乌拉尔山以东的苏联后方军火生产基地向前线调运人员和物资变得困难,进而削弱苏军的抵抗力量。他们最后提出的无可置辩的理由是苏军的主力正集结在莫斯科前沿,在斯摩棱斯克正东,50 万苏军突破了博克的双层包围,正在掘堑据守,以阻挡德军的推进,这样,苏军的主力就摆在了中央集团军群的面前。

哈尔德代表陆军参谋总部提出的意见是：德军必须以击垮敌人的军事力量为作战目标，因此，下一个首要任务是集中中央集团军群的全部力量，击败铁木辛哥的部队，进军莫斯科，拿下这个苏联人抵抗的神经中枢，并击溃苏联人的新建部队。由于夏季已经快要过去，进攻部队的集结必须尽早完成。与此同时，北方部队继续执行既定任务，并与芬兰人建立联系；南方部队继续向东推进，牵制苏军。

后来总参谋部把它写成一个备忘录，由陆军总司令勃劳希契交给了希特勒。

古德里安的见解是，最重要的是使苏联人无法停顿，即不容许他们有重新整顿的机会。他深信只要不浪费时间，允许装甲部队单刀直入，他就会尽早到达莫斯科，一剑封喉，让整个苏联人的抵抗瘫痪下来。博克和霍特两个人也支持他的主张。

陆军总司令勃劳希契不敢公开反对希特勒的决定，他采用拖延政策，他说任何进攻开始之前，装甲部队都必须进行一番休整，他们的装备需要得到维修，人员需要得到补充。希特勒也同意这一意见，这让古德里安苦战一个多月的部队得到了休整的机会。

8月21日，希特勒终于下达了迄今为止最为明确的命令，他称这是自己不可挽回的决心，而哈尔德却认为这是东线开战以来犯下的最大战略错误。希特勒在命令中说："在冬季来临之前，最重要的任务不是占领莫斯科，而是占领克里米亚，占领顿涅茨克的工业区和煤产区，切断苏军来自高加索油田的补给线……"为此，他命令立即向南扫清进攻这些目标的路线，博克集团军群的一部分，包括古德里安的装甲部队，应向南移，以便和龙德施泰特集团军群合击基辅附近的苏军。

8月23日，古德里安出席集团军群司令部召开的军事会议。陆军参谋总长哈尔德也参加了这次会议，他传达了希特勒的命令，也谈了自己及总参谋部的不同意见。出席会议的将领几乎都对希特勒的命令有所保留，古德里安特别提出了一些自己部队的具体困难，哈尔德认为也许这可以作为说服希特勒的新的理由，博克元帅提议古德里安和哈尔德一同去谒见希特勒，以一个前线将领的身份对希特勒做最后的劝说。古德里安接受了这个提议，和哈尔德一起飞往希特勒的大本营，谒见希特勒。

到达大本营，古德里安先见了勃劳希契元帅，后者告诉古德里安："我禁止你在元首面前提到有关莫斯科的问题，向南面行动的命令已经下达了，现在只是执行问题，再讨论已经没有意义了。"古德里安觉得既然如此，再去见希特勒只是浪费时间，他要求马上飞回前线。但是勃劳希契却又坚持让他去见希特勒，把自己部队的实际情况向希特勒汇报，但就是不准提莫斯科。大概勃劳希契不想让古德里安在战略方向上和希特勒冲突，而希望用前线部队的实际困难促使希特勒改变主意。

古德里安去见希特勒，除了希特勒，在场的还有凯特尔、约德尔和施蒙特等人，陆军总部没有一个人在场。古德里安把自己这个兵团的实际情况和未来行动将会遇到的环境和道路方面的困难，向希特勒做了汇报。

古德里安讲完后，针对他提出的困难，希特勒问道："同你部下官兵以往取得的成就相比，他们是否还有能力承担更为重大的责任？"古德里安回答："如果给部队一个明确的目标，而且让每个士兵都知道它的重要性，那么我敢说他们完全有这个能力。"希特勒说："你的意思当然是指莫斯科了？"古德里安再次回答："是，既然你提到，那就请允许我再次解释我的理由。"希特勒表示愿意听他的解释。

古德里安将自己得出的进攻莫斯科和进攻基辅两者的利弊向希特勒作了

简明扼要的分析，他说就军事观点而言，当前唯一的问题就是彻底击败这个屡战屡败的对手。莫斯科与巴黎不同，它在苏联交通大动脉上处于心脏的位置，它既是苏联的大脑，也是一个重要的工业基地，占领了它，不仅会给苏联民众造成重大心理打击，同时也会使全世界为之一震。而且自己部队的官兵对攻占莫斯科充满激情，并一直为之做准备，只有这个胜利才是决定性的胜利，而且消灭苏军主力后，再南下乌克兰易如反掌，并且因为占领莫斯科的关系，北方的苏军南下支援也会变得非常困难。

古德里安又进一步指出，中央集团军群各部目前所处的位置，正适宜于向莫斯科进攻，若要将进攻矛头转向基辅，一定会浪费相当多的时间，以后调转过头来再进攻莫斯科，又要一步一步地打回去，从罗齐维特沙到罗斯拉尔夫，两者之间距离275英里，来回一番，兵力和装备都会受到很大损耗，道路通行的困难，又会加大后勤补给的压力，一旦战事不顺，就会拖到冬季，那时的困难会不堪设想，到时再想对莫斯科作最后一击就太迟了。古德里安最后的结论是，无论如何，当前只有一件事是最重要的，而且在军事方面有决定性的意义，就是占领莫斯科，只要这个问题解决了，其余的一切都会迎刃而解。

希特勒耐心地听完古德里安的陈述，中间没有插话打断。古德里安讲完，他才解释自己下定决心的理由，基本上和上次召集古德里安开会时所说的一样，但在最后说了一句："我的将军们对于战争的经济方面都是一无所知的。"最终的结论还是决定将基辅当作第一战略目标，希特勒严令各部努力进攻，一切的行动都应服从他的这个决心。

在这次的会见中，古德里安还发现了一个怪现象，而这以后又会变得习以为常，就是不管希特勒说了什么，在场的高级将领都莫不点头称是，唯一对希特勒抗言的，只有古德里安一人。

既然进攻乌克兰的决定已经无法更改，古德里安转而请求希特勒，不要把自己这个兵团分割使用，而把整个兵团投入乌克兰战场，争取在秋季到来前，早日结束乌克兰方向的作战，因为秋季的大雨会使道路变得异常泥泞，让摩托化部队陷入瘫痪。对于这一点，希特勒倒是立即答应了古德里安的要求。

第二天古德里安再见到哈尔德的时候，把自己昨天晚上与希特勒的谈话过程原原本本地告诉了他。令古德里安意想不到的是，当哈尔德听说古德里安请求希特勒将自己的兵团整体调往南线的时候，竟然变得情绪失常，对古德里安大喊大叫，恶语相加。他完全没有明白古德里安要求全军南下的良苦用心，在这之后，两人的关系变得紧张，哈尔德给古德里安下一阶段的作战出了不少难题。

希特勒发布第33号训令，命令中央集团军群所属的古德里安装甲兵团向南运动，与南方集团军群一道夹击基辅地区的苏军；霍特第3装甲兵团向北转进协助北方集团军群进攻列宁格勒。

战前，苏军最高统帅部曾认定，如果德国进攻苏联，会把主攻方向定在西南方向，因而把苏军最大一支兵力部署在乌克兰，设立了西南、南方两个方面军，以布琼尼元帅为西南方向总司令，辖有6个集团军。

在南线方面，德军不占有兵力上的优势。从字面上看，苏军西南方向军队的实力非常强大，在波兰南部和乌克兰共有30个坦克及摩托化师、5个骑兵师和45个步兵师。其中有6个坦克及摩托化师、3个骑兵师和13个步兵师驻扎在比萨拉比亚，面对着罗马尼亚。以装甲兵数量而言，苏联西南方向的军队比铁木辛哥的部队多出不止一倍。在南线，苏军总计有5000辆坦克，而龙德施泰特的主力——克莱斯特装甲兵团，只有600辆坦克。

对龙德施泰特有利的因素是奇袭、速度、空间和对方的指挥官——布琼尼元帅,斯大林的亲信兼酒友,他虽然是苏联内战时期著名的骑兵英雄,但正如他的部下所说,是个"胡子很大而脑袋很小"的人。苏军将领目前在资历上够独当一面的,差不多都是政治上可靠的庸才,只有在战争初期过后,这些人被淘汰掉,朱可夫、科涅夫等苏军新生代将领才开始崭露头角。

龙德施泰特的主力是沿着布格河,集中在其左翼。这使其有限的兵力发挥了最大的作用,进攻路线的选择也使其占尽地利,他的进攻是在加利西亚苏军所构成的利沃夫突出部侧翼的后方,一块天然的楔子后部上发动的,只要前进一小段距离,就可以威胁喀尔巴阡山脉附近所有苏军部队的交通线,赖兴瑙的第6集团军强渡布格河后,克莱斯特的装甲部队就从缺口中直趋卢茨克和布罗迪。

奇袭不仅使德军顺利突破苏军的防线,并使苏军西南方向部队的装甲兵力量损失殆尽,还促使在匈牙利边境的苏军被迫撤退,本来龙德施泰特还担心他们袭击自己的侧翼。目前,苏军被斯大林下令固守基辅附近,不许撤退,而且也丧失了机动能力。

尽管初战胜利,但是龙德施泰特受兵力所限,特别是因为装甲部队兵力单薄,使其不能像中央集团军群那样进展神速。现在希特勒的计划是,调动中央集团军群所属的第2集团军和第2装甲兵团转向乌克兰方向,让古德里安的装甲部队从北向南攻击,打击布琼尼的后背,克莱斯特的部队从南向北,攻击苏军的正面,两支装甲部队计划在基辅以东会师,围歼基辅一带的苏军。

古德里安的部队是8月25日掉头南下的,第一个目标暂定为科诺托普—乌克兰境内连接基辅、哈尔科夫和莫斯科的铁路交叉点。虽然希特勒当面应允不削减古德里安的兵力,但是中央集团军群司令部还是从古德里安手上抽走了第46装甲军,作为集团军群战略预备队。无论古德里安如何抗议,他们均置之不理。这样古德里安只能用剩下的两个装甲军完成这个作战计划。

古德里安将兵力部署如下:第24装甲军在乌涅恰地区,处于全军的右翼,它在攻击前进的同时,还要防止敌军由戈梅利地区向东逃脱;第47装甲军的任务比较复杂,第17装甲师在苏多斯特河东岸,波乔普以南地区,对强大的苏军发起攻击,以保护兵团的左翼;第29摩托化步兵师沿着杰斯纳河和上苏多斯特河,防守一条长达50英里的地区,目的是保护第24装甲军不被苏多斯特河对岸的苏军攻击。

发起攻势的第二天,第3装甲师就突进到杰斯纳河,而令古德里安大喜过望的是,该师第6坦克团的布奇特尔科尔奇中尉率部夺下了杰斯纳河上的一座长达750码的大桥。这使以后的行动难度大为降低。

当天晚上,古德里安见到了自己原来的助手,现在陆军总部负责作战的副总参谋长保卢斯将军,他是到前线视察战况的。在未见到古德里安之前,他已经和古德里安的参谋长李本斯坦中校讨论了当前的战况,并已向陆军总部发出了报告,建议古德里安装甲兵团和第2集团军左翼应交给一个人统一指挥,同时第1骑兵师应该调回,充当古德里安兵团的左翼,但是他的建议被陆军总部拒绝了。陆军总部认为这时还谈不上把第2集团军的兵力分开指挥,并说第2集团军的作用只是战术上的,即保护古德里安的侧翼。第1骑兵师也还是由第2集团军指挥。陆军总部还申斥古德里安兵团不该在上级命令范围外调动他们的部队。第二天早晨,古德里安和保卢斯作了一番长谈,古德里安向保卢斯详细谈了自己对当前战局的意见。保卢斯回到陆军总部忠实地将古德里安的意见转告总参谋长哈尔德,但是哈尔德对古德里安成见已深,根本听不进去,所以一点结果也没有。

为了加快行动的进展，古德里安向陆军总部请求将第 46 装甲军调回建制，依然由自己指挥，陆军总部拒绝了他的要求。

对于古德里安的突然南下，苏军大本营做出了错误的判断，他们没有想到德军的攻击方向会是乌克兰，反以为德军是要迂回包抄斯摩棱斯克以东的西方方面军和大本营预备队方面军，因此就命令布良斯克方面军和预备队方面军的 43 集团军对古德里安的两翼和正面发起强大的反突击进攻。

8 月 29 日，苏军在空中火力支援下，从西面和南面向第 24 装甲军发动猛攻，该军的第 3 装甲师和第 10 摩托化步兵师的进攻都被迫停顿下来，第 4 装甲师经过诺夫哥罗德—谢韦尔斯基，向前推进以支援第 3 装甲师。古德里安当天赶到第 24 军，经过分析，他命令第 24 装甲军在 30 日应努力解除右翼的威胁，31 日再继续向南行动。同一天，第 47 装甲军正沿着苏多斯特河的东岸，向着诺夫哥罗德—谢韦尔斯基方向进攻。

苏军的反攻虽然猛烈，但是并没能阻挡住古德里安的进攻势头。31 日，杰斯纳河上的桥头阵地已经打开到了相当的宽度，第 4 装甲师已经渡过了杰斯纳河。第 10 摩托化步兵师在科洛普以北也一度渡过了杰斯纳河，但在苏军的猛烈反攻下，没有立住脚，又被迫退了回来。这一进一退之间，差不多损失了全部兵力，最后连炊事兵都上了火线，才算稳住了右翼，没被突破。

从 9 月 1 日起，苏军又动用两个坦克旅继续向第 47 装甲军进攻，第 17 装甲师陷入苦战，第 29 摩托化步兵师奉命通过诺夫哥德罗桥，再向北转进以保护第 24 装甲军的南进，并协助第 17 装甲师前进。第 18 装甲师进入苏多斯特河与杰斯纳河汇流处，以接替第 4 装甲师的任务。自 8 月 25 日以来，第 24 装甲军已俘获 7500 名俘虏，第 47 装甲军俘获 12000 名俘虏。

由于两翼和正前方都受到苏军的重压，特别是第 10 摩托化步兵师承受的压力尤大。古德里安紧急向中央集团军群司令部请求调用第46装甲军，集团军群司令部在8月30日至9月2日陆续调回"大德意志"步兵团、骑兵第1师和党卫军帝国师，第10装甲师因正参与对进攻艾尔雅的苏军的反击而无法脱身。9月2日空军元帅凯塞林来到前线，他告诉古德里安南方集团军群已经有了显著的进展，并在第聂伯河上占据了几个桥头阵地。至于未来行动的目标是哈尔科夫还是基辅，目前还没有定。

9月3日，党卫军帝国师终于赶到了第10摩托化步兵师的防地，帮助第10摩托化步兵师打退了苏军的进攻，古德里安将从罗斯拉尔夫到达的第5机枪营也交给帝国师统一指挥。中午的时候，第4装甲师沿杰斯纳河南岸赶到增援，现在第10摩托化步兵师终于转危为安了。这些天，第10摩托化步兵师以一师之力抵抗苏军第10坦克旅以及6个步兵师绝对优势兵力的进攻，守住了古德里安兵团的右翼。现在苏军已经放弃了渡河进攻的打算。古德里安视察该师时看到，尽管伤亡惨重，但官兵的士气依然旺盛。

这一天，陆军总部派到古德里安兵团的联络官纳格尔中校，因被认为倾向古德里安而被撤换。

这次作战，气候和交通有时是比苏联军队更可怕的对手。从9月3日，古德里安再一次开始发起攻势起，阴雨就下个不停，道路又变得泥泞不堪，帝国师2/3的机动车陷入泥潭无法开动。古德里安本人前往第4装甲师视察，45英里的路程居然花了四个半小时。

苏军的抵抗也愈益顽强，甚至用血肉之躯抵挡坦克的攻击，最后还是靠德军空军的轰炸才摧毁了他们的顽抗。

从对缴获的苏军文件分析，第24军盖尔军长得出一个结论，认为索斯尼察可能是苏军第13和第21两个集团军的结合部，那里也许有苏军防御上的漏洞。第3装甲师此时已向谢伊姆河前进，师长莫德尔将军也认为他抓住了苏军的防守漏洞或者说至少是薄弱点。但是古德里安不改初衷，他命令莫德尔在渡过谢伊姆河后，立即向科诺托普和别洛波里耶之间的铁路线进攻。

回到兵团司令部，古德里安得悉上级司令部对装甲兵团的行动不满，并命令将第47装甲军调回杰斯纳河西岸。这让古德里安牢骚满腹。

9月7日，第24装甲军的第3、第4装甲师都已在谢伊姆河南岸建立了桥头阵地。集团军群司令部命令进攻矛头指向博尔茨纳—罗姆内一线。9月9日黄昏，古德里安接到了第24军报来的令他期待已久的好消息，他们在巴图林和科诺托普之间发现了苏军的防守弱点，第3装甲师的前卫部队从这一点顺利突破苏军防线，现在正向预定目标罗姆内挺近。古德里安立即决定必须把握住这个战机，但他现在手里已经没有预备队可派，而且从兵团后方到24军前沿有145英里，时间也来不及。古德里安决定自己赶赴前线，陪同部队一道前进，鼓舞士气。

古德里安到达24军军部，盖尔军长告诉他，第3装甲师已经占领了罗姆内，并且夺取了罗姆内河上的桥梁。但他们前进的时候，绕过了科诺托普，没有占领那个市镇。第4装甲师正向巴赫马奇前进，党卫军帝国师则正向博尔茨纳前进。据俘虏口供，乌克兰苏军还很强大，虽然进攻能力不足，自守还是有余。古德里安命令赶快占领科诺托普的火车站，以便补给能运过来。第4装甲师方向不变，但帝国师则由博尔茨纳向库斯托夫齐进攻，并与第2集团军保持联系。布置完，古德里安就去追赶第3装甲师。

一路上，古德里安的车队饱受苏军飞机轰炸和炮兵威胁之苦。而且由于大雨的影响，道路状况极为恶劣，到处都有车辆陷在泥水中，本来用来拖炮的牵引车，自己也要用履带拖曳车拖动，一个小时只能前进6英里。

在罗姆内，古德里安看到苏军在这个市镇建筑的防御工事非常坚固，如果不是第3装甲师出其不意的进攻，使他们惊慌失措，他们不可能轻易放弃这里。这使古德里安得出了一个结论，假如再做一次攻击，就会完成战役突破。

同一天，南方集团军群在克列缅丘格附近准备渡过第聂伯河，向北攻击前进，准备和古德里安的部队在罗姆内会师，封住对基辅的包围圈。现在古德里安的部队也已占领科诺托普和博尔茨纳。

9月13日，南线的克莱斯特装甲兵团占领了卢布内，随后，古德里安占领了罗齐维特沙，那里只有战斗力不强的苏军后勤部队。现在南北两线德军胜利会师，把对基辅苏军的包围圈彻底锁住了，在这个包围圈里有苏联5个集团军。

在9月初德军合围迹象显露时，当时的苏军总参谋长朱可夫大将就建议斯大林放弃基辅，全力保卫莫斯科，但被斯大林拒绝，并斥之为胡说八道。朱可夫为此请求解除总参谋长的职务，随后改任预备队方面军司令。布琼尼这时也看出了危险，在9月11日请求斯大林准许部队向东撤退，同样被斯大林拒绝。斯大林下令不许后退，不许炸毁桥梁，一定要守住基辅。他认为布琼尼消极避战，已不能胜任苏军西南方向总司令的职务，将其免职，命令铁木辛哥接替。但出于种种原因，铁木辛哥并未就职，所以西南方向苏军在覆灭前的最后阶段一直是群龙无首，两个方面军各自为战。

苏联西南方面军司令员基尔波诺斯为了保住苏军的有生力量，冒着上军事法庭的危险，自行下令全线后撤，但这一命令马上就被苏军最高统帅部撤销，苏军丧失了最后突围的机会。

战役的最后阶段，困守在袋形阵地内的苏军，在绝望中仍然进行着顽强的抵抗，成营成营的苏军官兵端起刺刀向德军发起反冲锋，为保卫祖国和自己的尊严殊死搏杀。同时，苏军也不断投入援军试图解救被围苏军。

9月18日，古德里安设在罗姆内的司令部承受了苏军的猛烈攻击。苏军的生力军第9骑兵师和另一支不知番号的坦克师，由东面直向罗姆内进攻，一度突入市镇边缘半英里的深度。古德里安在市郊一所监狱的瞭望塔上居高临下指挥，当时防守的兵力只有第24装甲军第10摩托化师的两个营和少数高射炮部队。后来帝国师和第4装甲师的一部分从包围圈上撤下来，回师支援，才算稳住了局面，但也无力消灭增援的苏军部队。

9月25日，克莱斯特装甲兵团的第48装甲军占领基辅。同一天，一直作为预备队的第46装甲军投入战场，苏军的抵抗开始崩溃。

9月26日，基辅战役结束，苏军第5、第21、第37、第26集团军大部，第40、第38集团军一部被歼灭，苏联西南方面军司令员基尔波斯诺上将、参谋长图皮科夫、政委布尔米申坚科阵亡。第5集团军司令员波塔波夫以下66万人被俘。884辆坦克、3718门火炮3500辆各式车辆被德军缴获或击毁。

基辅会战是第二次世界大战中最大的歼灭战，可能也是人类历史上规模最大的歼灭战。英国军事理论家和军事史学家李德·哈特评价说："就基辅包围战本身而论，应该算是极大的成功。对德军来说也是空前的杰作。从战略上看，似乎也有充分的理由，先消除南翼的威胁再进攻莫斯科。此外由于苏军数量庞大，又缺乏机动性，这种战略更显得有其理由，即德军可以分别把兵力先后集中于不同地区，依次取得决定性的战果。但是这个战略的唯一弱点就是时间的因素，尤其在德军对于冬季作战准备不足的情况下。"

战事结束后，古德里安亲自和被俘的苏军第5集团军司令谈话，他问波塔波夫："你在什么时候知道我的坦克已经插入你的后背？"波塔波夫回答："差不多是在9月8日的时候。"又问："那你为什么不撤退？"波塔波夫又回答:"本来我们已经接到方面军的命令向东面撤退,也已开始执行,但突然又接到一个相反的命令,让我们死守基辅,不准移动。"古德里安认为可能就是这个命令最后断送了基辅方面的苏军。

古德里安认为基辅之战就战术而言可以算是一个伟大的胜利,但是否能转化为战略成果,却值得怀疑,一切就看德军在冬季以前攻势的成败。现在为了对莫斯科的进攻,已经放弃了对列宁格勒的攻势,但德军最高统帅部认为,在南方集团军群的地区,苏军已经不再有能力建立牢固的防线,所以希望他们在冬季到来之前,占领顿涅茨克盆地并到达顿河流域。

主要的攻击任务将由得到加强的中央集团军群担任,其目标就是莫斯科,决定这一目标能否实现的决定性因素就是时间。

兵锋再向莫斯科

基辅大获全胜,列宁格勒却屯兵于坚城之下,希特勒将目光重新转向莫斯科。

列宁格勒战役期间的苏军机枪阵地

9月5日，哈尔德会见希特勒，发现元首主意已定，又迫切地想要在中线发动攻势，并急不可耐地命令中央集团军群"在8到10天内开始行动"。希特勒用恺撒式的语言咆哮："包围他们，击败他们，消灭他们！"但对兵力已大为削弱的中央集团军群来说，这根本就是不可能的任务。希特勒同意将古德里安的部队调回，但该部彼时正在乌克兰的泥沼中苦战，无法脱身。一直要到9月底10月初，装甲部队才能调回中路。

德军经过短暂休整，开始新的攻势，进攻的代号是"台风"，希望德军像狂风一样，横扫过俄罗斯秋季的原野，彻底摧毁苏联人的抵抗意志。计划力求在冬季来临前占领莫斯科，这时在德军面前有三道防线，即维亚济马—热泽夫防线、莫扎伊斯克防线和莫斯科外围防线。

在挺近莫斯科之前，首先要消灭当前的苏军有生力量，德军计划发动维亚济马—布良斯克战役。以斯摩棱斯克至莫斯科的公路为分界线，德国中央集团军群分为南、北两个集团，南突击集团由第2集团军和第2装甲集团军（从10月6日起古德里安装甲兵团改称第2装甲集团军）组成，从绍斯特卡地区和罗斯拉夫尔以南地区实施向心攻击，围歼布良斯克方面军。北集团为中央集团军群主力，计划在维亚济马对苏联西方方面军、预备队方面军进行双重夹击。然后南北两线的机械化部队进行一次快速钳形攻势，包围并攻占莫斯科。步兵兵团则沿斯摩棱斯克至莫斯科公路实施正面进攻。

为达成战役目的，德军中央集团军群经过了调整和加强，下辖第9、第4、第2三个集团军，第3、第4装甲兵团和第2装甲集团军。共74个半师，包括14个坦克师和8个摩托化步兵师，计兵力180万人、坦克1700辆、火炮

14000门、飞机1390架。

苏军计有西方方面军、预备队方面军、布良斯克方面军、加里宁方面军和西南方面军右翼，前期总指挥为铁木辛哥，从10月10日起朱可夫接掌西部方向苏军和保卫莫斯科的指挥权。

苏联方面兵力125万人、坦克990辆、火炮7600门（包括迫击炮）、飞机677架。德军在人员和武器方面占有优势，部队质量更是全面压倒苏军。另外苏军在兵力配备上仍犯以前的毛病，兵力大部部署在一线，后备兵力较少。

古德里安的部队也得到调整和加强，虽然第46装甲军调归第4集团军指挥，但是又调入第48装甲军，第9骑兵师重归麾下，步兵第34、35两军共6个步兵师也配属第2装甲集团军指挥序列。

基辅战役后，古德里安得到了100辆坦克的补充，不过有50辆误运到奥尔沙，来不及在战役开始前补充到部队。

古德里安正面所对布良斯克方面军，司令员为叶廖缅科中将，一个头脑简单、作风粗暴的人。他的特点是自信十足，基辅战役时他曾向斯大林夸下海口，自己"不但要阻挡住古德里安那个流氓，还要消灭那个流氓"。但最后他在侧翼给古德里安造成的麻烦实在有限。

在兵力上德军在这一方向更是有绝对优势（炮兵2.6∶1，坦克4.5∶1，飞机10-11∶1），且苏军未能建立纵深防御，战术密度小。

战斗在8月30日展开，几乎是基辅战役一结束，德军就开始了对布良斯克的攻势，所以达成了战役的突然性。10月1日，第24军已经占领了谢夫斯克，突破了苏军的防线，在条件许可的情况下，部队全速向前推进。古德里安从格卢霍夫经艾斯曼去谢夫斯克的途中，看到路边停放着各式各样被击毁的苏联车辆，可以判断出德军的突然攻击完全出乎苏军意料。在公路旁的一座有风车的小山上，古德里安见到了第24装甲军的盖尔军长和第4坦克师的朗格曼师长，在小山周围的原野上还留着激战的痕迹，到处都是阵亡的苏军士兵尸体和被俘的苏联士兵。甚至在走向小山的途中，古德里安还看到14个尚未被俘的苏军官兵，正在试图用电话与谢夫斯克取得联系，但他们显然已经失去了抵抗的勇气，面对围上来的德国人，束手就擒。

古德里安找到了第4坦克师的艾贝尔巴赫上校，他是该师的一个旅长，一位著名勇将。古德里安问他如果现在一直深入到德米特洛夫斯克能否做到，他回答没有问题。古德里安当即命令第4装甲师立即前进，虽然刚才将军们向他报告燃料已经用完了。古德里安有一句名言，就是"每当部队想停下来休息时就会说自己没油了"。回程中古德里安把自己这一命令通告了盖尔军长。这一天，第24装甲军前进了85英里。

10月2日，德军中央集团军群全线发动进攻，进展顺利，而且天公作美，气候适宜战事的进行。当天第4装甲师占领了克罗梅，友邻第2集团军也突入到苏多斯特河—杰斯纳河流域。10月3日，第4装甲师占领了奥廖尔，这是一个铁路公路交通中心，有一条路况良好的公路通往莫斯科，可以作为下一步军事行动的起点。苏联人完全没有想到德军会来得这样快，德军几乎没有受到任何抵抗就进入城市。进城时，有轨电车还在开动，准备转移的设备和物资就堆放在马路两边，成了德国人的战利品。

现在进攻部队的油料供应开始紧张，而缴获的战利品也不敷所需，古德里安请求空军紧急空运10万加仑汽油供应第47装甲军，该军的第17、第18两个师负责向布良斯克进攻。苏联空军也愈益活跃，苏联大本营为了遏制古德里安的攻势专门成立了一个航空集群。古德里安乘飞机在谢夫斯克机场降落时，见识了苏联空军的攻势。当时机场上还有二十几架德国飞机，苏联飞机突然来袭，窗户上的玻璃被震得四处飞溅，古德里安当即驱车离开，一路上都受到苏联飞机的攻击。它们一般以3架或6架为一批进行袭击，不过由于害怕德军的高射炮火，飞得很高，所以弹着点并不准，德国空军答应在10月6日以后加大战斗机的掩护，那时才能解决问题。

10月6日，古德里安的第2装甲兵团正式改称第2装甲集团军。这一天对古德里安来说消息有好有坏，第17装甲师占领了布良斯克和它在杰斯纳河上的桥梁，打通了和第2集团军的联系，但是第4装甲师在门曾斯克遭到苏军坦克部队的伏击，损失颇重，苏军先是用步兵正面迎击德军坦克，在战况激烈的时候，苏军大队坦克在德军侧面突然出击，苏联的T-34坦克表现得比德国坦克更为优异。这让古德里安迅速向图拉挺近，以获得进攻莫斯科的桥头堡的计划暂时搁浅。当天晚上，苏联下了入秋以来的第一场雪，雪并不大，很快就融化了，道路又变得泥泞，这在当地被称为"大沼泽地"，在这种路上行走，车辆不得不放慢速度，引擎也变得容易损坏。另外让古德里安比较担心的是，申请下发的冬装一直没得到上面切实的答复。

陆军总部对于目前的进展感到满意，认为这足以保证向莫斯科进攻的成功，它的本意就是阻止苏军在莫斯科以西再建立一道新的防线，所以力主第2装甲集团军继续向图拉前进，占据在科洛纳姆和谢尔普霍夫之间的奥卡河的渡口，这无疑是一个很大的目标。同时第3装甲兵团在莫斯科北面也要采取类似的行动。

古德里安在10月8日飞到奥廖尔，从那里乘车前往克罗梅，车队经过的路面布满弹坑，显示着战况的激烈。盖尔军长报告说，第4装甲师对面的敌人得到了增援，发现的苏军番号有一个坦克师和一个步兵师。第3装甲师已经奉命向北前进，占领波尔巧夫；第4装甲师预备明天攻占姆岑斯克。当天，第4装甲师的进攻曹到苏军坦克的伏击,损失很大,大家都为苏军的T-34坦克以及新的坦克战术感到苦恼。在这次战斗中,苏军步兵在正面阻击,坦克埋伏在森林里,从侧翼对德军的坦克纵队进行攻击,目前德军的战防炮必须在最为有利的位置才能击毁T-34坦克。Panzer Ⅳ坦克的75mm主炮只有在T-34坦克的后面进攻,而且必须击中它的引擎盖才能有效,而这对坦克兵的要求无疑是太高了。盖尔军长还和古德里安一样有更迫切的担心,就是不知冬装什么时候能发下来,现在尤其缺乏军靴、衬衫和袜子。

10月8日黄昏,古德里安接到步兵第35军报告,在西生卡以北与谢夫斯克以南地区,来自敌人的压力已经大为增加。古德里安判断在布良斯克以南落入包围圈的苏军有向东突围的企图,他立即打电话与苏多斯特河西岸的第9骑兵师联系,询问他们苏军是否有异常行动,对方回答一切如常。但是古德里安还是命令第9骑兵师马上对苏军发起试探性进攻,攻击一开始,就发现苏军的防线已变得非常薄弱,德军顺利地占领桥头阵地,基本上可以断定苏军正在向东撤退。

10月9日,苏军继续猛攻西生卡附近的德军防线,这次他们取得了突破,第293步兵师的右翼在苏军的冲击下被迫后撤,由于集团军预备队第25摩托化步兵师来不及赶到,第10摩托化步兵师的第40团顶上缺口。第48装甲军本已奉中央集团军群司令部的命令向库尔斯克和利夫内前进,现在也不得不回师谢夫斯克。中午时分,第25摩托化步兵师赶到谢夫斯克,由第25师师长统一指挥封堵缺口部队。在谢夫斯克方向部队苦战的同时,第9骑兵师在没受到什么抵抗的情况下渡过苏多斯特河,为了将功补过,他们快速挺进杜布齐夫斯克。

整整一天当中,沿着杜布齐夫斯克—谢夫斯克、杜布齐夫斯克—奥廖尔。杜布齐夫斯克、卡拉奇这三条公路线上,苏军都在拼命突围,但是只有在越过中布达、谢夫斯克这一方向上有苏军逃出了包围圈，其中包括苏联第13集团军司令部。

10月中旬，苏联的冬天就已经到来了，寒冷的北风吹着雪花，道路的情形越来越糟糕，很多车辆在中途抛锚。即便如此，第2装甲集团军还是占领了波尔巧夫。第17装甲师和第2集团军密切合作，正准备把布良斯克方面军包围在布良斯克以北地区。在接下来的日子里，最让古德里安伤脑筋的就是道路的泥泞，轮式车辆全靠履带车的牵引才能移动，拖曳车辆的钢索和链条都很缺乏，要靠空投补充，抛锚车辆人员所需物资也要靠空投补充。水箱非常容易结冰，常常需要用火烤化。最烦恼的还是缺乏冬装，这让德军士兵大吃苦头。应付T-34坦克也让德军坦克兵倍感吃力。

虽然天气让进攻的德军吃了不少苦头，但包围圈中作困兽之斗的苏军也日渐崩溃，从10月17日开始苏军士兵开始大量投降，10月22日第24军经过苦战终于攻占了门曾斯克。

10月25日，布良斯克战役基本结束，被包围的苏军三个集团军除了少数逃脱外，基本上被全部歼灭。维亚济马之战早于布良斯克战役结束，也达到了战役目的，中央集团军群进行的维亚济马—布良斯克战役可以说是战果辉煌，此战德军声称俘获苏军67万人（战后统计数字降到51万4千人），德军兵锋已经逼近莫扎伊斯克防线，离莫斯科最近处不到40英里。苏联中央各部和外国驻苏使馆不得不紧急撤退到古比雪夫，为了防止莫斯科民众出现惊慌和混乱，斯大林宣布自己留守莫斯科。

恶劣的天气和苏军的顽强抵抗也使进攻的德军精疲力竭，渐成强弩之末，并使苏军统帅部得以采取紧急措施巩固莫扎伊斯克防线并恢复被摧破的战线，这对莫斯科保卫战的胜利具有重要意义。

相关链接:

苏联 T-34 坦克

1940年春天,一个苏联军事代表团访问德国,在参观了德国最先进的PanzerⅣ坦克生产线后,他们不相信这是德国最新型的坦克,认为德国人对他们有所隐瞒。这让古德里安有了一个不祥的预感,也许俄国人有更好的坦克。这一预感在1940年的秋天变为了现实,T-34横空出世,德国现役PanzerⅢ和PanzerⅣ坦克以及反坦克炮都无力与之抗衡,德军装甲兵面对T-34束手无策。T-34坦克采用克里斯蒂承载系统和倾斜装甲(俗称猪鼻式防盾)的设计,可以将炮弹弹开,而不是靠装甲的厚度来硬碰硬,这让苏军坦克看来好像刀枪不入,而且体型并不蠢笨;它前期采用76.2mm火炮,后来为了对抗德国的豹式和虎式坦克,换装了85mm的Zis式火炮;动力装置为500匹马力的柴油发动机,最大时速可达50Km/h,安装了克里斯蒂悬挂装置,即使在崎岖不平的路面上也能高速行驶,履带比较宽,越野能力较强。T-34坦克结构简单,并且还一直在简化,因此即使老人、妇女和少年人也可以胜任组装。"二战"期间,苏联共生产T-34坦克超过5万辆,远远高于德国所有坦克的总和。战后T-34还参加了朝鲜战争和越南战争。直至21世纪,一些第三世界国家还装备着这种坦克,可算得世界上使用寿命最长的坦克。

严冬到来

当 10 月份中央集团军群刚刚将维亚济马—布良斯克一线苏军分割包围时，在德国人看来前途极为光明，通往莫斯科的道路已经畅通无阻，德军上层一片乐观。就连经常和希特勒唱反调的哈尔德也相信，凭着希特勒的大胆领导和有利天时，在冬季到来前占领莫斯科不成问题。

但维亚济马—布良斯克战役在 10 月底才完全结束，此时的中央集团军群已是疲惫不堪，天气也越来越坏，初冬的雨雪已将原野变成了泥潭，而苏联人就像是变魔术一样，又有新的部队出现在莫斯科的前方。此时大多数德军前线将领都希望能停止进攻，并采取一条适当的冬季战线。

苏军的莫扎伊斯克防线是一道仓促建成的双层工事防线，它从莫斯科西面的加里宁经由沃洛科拉姆斯克，一直延伸到卡卢加。虽然得到增援，但现有兵力仍然只有 9 万人，远不足以应付德军的进攻。鉴于此种原因，朱可夫将兵力收缩在沃洛科拉姆斯克、莫扎伊斯克、小雅罗斯拉夫韦茨及卡卢加。

莫斯科本身则加以堡垒化，工业生产转入战时体制，苏共中央紧急动员25000名妇女和青少年，在没有机械的帮助下，在莫斯科周围挖了战壕和反坦克壕沟，运送土石方达3万立方米。

成千上万的莫斯科妇女武装起来开赴前线

1941年10月15日，德军开始对莫斯科发动攻势，依然是采取两翼进攻的方式，先由装甲部队攻打东北面的卡里宁和南面的卡卢加、图拉。以便绕过莫扎伊斯克防线，从侧面攻击莫斯科。第二日除了图拉外，其余城镇均被攻占。随后德军发起正面进攻，在10月18日攻占莫扎伊斯克及小雅罗斯拉夫韦茨。10月21日占领纳罗—福明斯克，27日经过激战攻占沃洛科拉姆斯克。在侧翼受到威胁的情况下，朱可夫下令部队撤至邦纳拉河以东。

古德里安的第2装甲集团军承担进攻图拉的任务，在奥廖尔和图拉之间虽没有苏军的牢固防线和有力部队，但是从奥廖尔到图拉只有一条公路，已被苏联人破坏，并在公路两侧布上了地雷。除了道路状况，古德里安还要面对燃料短缺的问题。由于雨雪将道路变成了泥沼，德军运输部队的卡车陷在后方的泥水中，无法将物资运到前线。古德里安部队的汽油非常短缺，战损的坦克也无法及时修复补充。因此，古德里安决定把第24装甲军的坦克集中起来，交给艾贝尔巴赫指挥，和"大德意志"步兵团一同担任开路先锋。为了节省油料，艾贝尔巴赫允许"大德意志"步兵团一个营的士兵搭乘坦克前进，现在决定攻击部队实力的主要因素不是士兵人数，而是燃料的供应量。

全军的物资尽量提供给艾贝尔巴赫的突击部队，跟随在他们后面的第3装甲师只能靠空运维持补给。

比较而言，装甲兵部队在供应上还属于优先补给，第43步兵军军长海利希将军告诉古德里安，他的部队从10月20日到现在连面包都没有再发下来。

10月28日，希特勒命令："应用快速部队立即占领谢尔普霍夫以东的奥卡桥。"这让古德里安所部官兵听来无疑是痴人说梦，他们受限于燃料的供应和破损的道路，一天只能行进12英里，现在已经没有什么快速部队了。

10月29日，艾贝尔巴赫的部队前进到离图拉2英里的地方。防守图拉的是苏军第50集团军，他们在当地民众的帮助下，已经建立了一条牢固的防线，古德里安想用奇袭的方式攻占该镇的计划失败了，还损失了一些坦克和士兵。从正面攻入图拉已经不再可能，盖尔军长建议从东面绕过该镇，再继续前进。古德里安同意了他的意见，命令部队绕过图拉继续前进，占领地底罗夫以及夏特河上的各渡口。盖尔还建议，到了那里部队应暂时停止前进，等到大地封冻、路面适宜摩托化部队行动时再恢复进攻。这无疑是非常正确的，现在的路面对摩托化车辆的损害是很大的，尤其是车辆的引擎磨损严重，修复姆岑斯克—图拉的铁路运输，又因缺乏适合苏联宽轨铁路的机车头，而没有进展。

实际上，由于道路和后勤补给的原因，现在德军已经全线停止了进攻。苏军利用这一宝贵的喘息机会使部队得以必要的休整，同时斯大林得到著名间谍佐尔格从日本发来的绝密情报称："日本武装力量将全力南进，无意对苏作战。"斯大林立即决定将在远东与关东军对峙的25个步兵师和9个装甲旅调回到莫斯科。实力得到加强的苏军试图对德军发起反突击作战，但没有取得预期战果，反而损失了一部分实力。

11月3日，第一次降霜，骤冷的气温使得泥泞的路面变硬，德军机械化部队终于恢复了行动自由，但同时也将身着单衣的德军官兵陷入冻馁之中，由于没有冬季军服，部队开始出现冻伤，德军士气也开始低落。高级将领们开始谈论拿破仑大军的遭遇，他们中的很多人开始重读高兰考特对1812年的记载。

古德里安的情绪也变得消沉，他在给一个朋友的信中说："我们的计划一再延期，而今严冬将至，我们竟然错使敌人争取到了更多的时间，这对于我军的官兵来说，真是一个令人十分痛惜的事情，一切发展都使我十分伤心。虽有满腔热情，但是无补时艰，那个具有决定性的攻击时机已经错过了，今后是否会有这样的机会，则在不可知之数，未来的局势将会怎样发展，恐怕只有上帝知道，我们只有抱着一线希望，努力向前，但又困难重重，真不知怎样才能度过。"

此时还坚持进攻莫斯科，而不是适时建立冬季战线的责任，还真不能完全责怪希特勒，他也对日益增加的后勤困难和严寒有些动摇。11月9日，他很郑重地说："双方若都承认无法消灭对方，结果就可以获得一种妥协的和平。"但勃劳希契、哈尔德和博克却力主继续进攻，因为当初他们三个人就反对希特勒将部队调往乌克兰，力主进攻莫斯科，现在自然不愿意放弃。哈尔德在 11 月 13 日的参谋会议上表示，有确切的理由相信苏联的抵抗已到了崩溃的边缘。

11 月 13 日，气温已经降到了零下 8 度。这一天在中央集团军群司令部召开了一次军事会议，由总参谋长哈尔德主持，各集团军参谋长出席。在这次会议上发布了"1941 年秋季攻势命令"。其中分配给第 2 装甲集团军的任务是攻占高尔基城，它距集团军群的补给中心奥廖尔 400 英里，在莫斯科以东 250 英里，目的是切断莫斯科的后方交通线。第 2 装甲集团军参谋长李本斯坦立即提出反对意见，说在目前的环境下，一个装甲集团军无法深入韦尼奥尔以外的地区，现在不是 5 月，这里也不是法国。古德里安完全同意他的参谋长的意见，亲自给集团军群司令博克元帅写了个报告，表明自己的集团军实在无力完成这一任务。

在写报告之前，古德里安刚从前线巡视回来。前线的情形加重了他的不安，在步兵 53 军军部，该军军长魏森贝尔格将军告诉他，部队因伤病大幅减员，现在很多步兵连只有 50 多人有战斗力，冬服缺乏也愈加严重。为了保持他这个军的实力，古德里安同意艾贝尔巴赫旅继续归其节制，直到第 18 装甲师到达，可以保护他的侧翼，该旅再回归建制。

在第 24 装甲军又碰到了新的问题。由于缺少防滑履带，坦克爬不上坚冰覆盖的斜坡，盖尔军长认为他在 19 日以前不可能发动任何攻势，而且攻势发起前，艾贝尔巴赫旅必须回归建制，而且要拥有足够 4 天作战用的油料，现在剩下的油料只够一天的用量。古德里安主张 17 日发动进攻，这样可以和步兵 52 军的行动相互配合。

11 月 14 日的上午，古德里安又视察了步兵 167 师和 112 师，直接和士兵交谈，亲眼看到补给的情况糟糕到了什么程度，在零下 8 度的气温里，很多人还穿着单衣，另有很多士兵穿戴上苏联军队的大衣和皮帽子，只有从帽徽上才能知道他是德国士兵。集团军司令部已经把所有储存的被服都送到前线，但杯水车薪，于事无补。

即使像艾贝尔巴赫旅那样精锐中的精锐，目前也只剩下60辆坦克，这已经是第24装甲军全部能开动的坦克，按照编制，3个坦克师应该有600辆坦克！寒冷还使瞄准镜失效，而防冻剂还在遥远的后方无法运到。严寒使汽油结了冰，为了发动引擎，就得在坦克下面用火烤，润滑油也被凝结。总之德军严重缺乏冬季作战的准备。

苏军开往前线

11月17日已有情报显示，西伯利亚的苏军已在乌斯罗维尼亚地区出现，还有更多的苏军已由铁路运到了莱山—科洛姆纳地区，第112步兵师已经和这些苏联生力军交上了火，苏军的T-34坦克又适时出现，这个师终于支持不住了。第112步兵师久经苦战，疲敝已极。因为冻伤，每个团减员500人以上。由于天冷，机关枪无法发射。德军的 37mm 战防炮根本无法对付苏军的 T-34 坦克，结果部队发生了恐慌现象，并一直传播到后方的博戈罗季茨克，自开战以来，这还是首次。后来第 167 步兵师赶来支援，才稳住了局面。

在入侵苏联之前，希特勒和德国上层集团都认为，由于斯大林的统治，苏联就像一座摇摇欲坠的破房子，只要对门框踹上一脚，它就会倒塌。但是开战以来，虽然德军连战连捷，苏军损失惨重，但是苏联人民却没有起来反抗斯大林的统治，而且苏军官兵的顽强精神大出德国人的意料，让他们百思不得其解。古德里安曾经和沙皇时代的一个老将军谈话，这位老人说："如果你们早来 20 年，我们一定会热烈欢迎你们，但现在太迟了，现在我们的一切刚步上常轨，而你们来了，要把我们逼迫着再后退 20 年，等于我们又要从头来过。现在我们是为了俄罗斯而战，为了这个原因，我们会联合一致。"

11 月 15 日，天气有些好转，中央集团军群再一次发起攻势，计划是北线的第 3、第 4 装甲集团军在莫斯科水库及莫扎伊斯克之间，向克林及索尔涅奇诺戈尔斯克进攻，从背面包围莫斯科；南面的古德里安第 2 装甲集团军绕过图拉，向卡希拉及科洛姆纳前进，最后两军会师于诺金斯克。

古德里安的部队是在 11 月 18 日开始进攻的。此时第 2 装甲集团军下辖第 47、第 24 两个装甲军，第 53、第 43 两个步兵军，有 12 个半师的兵力。由于前期部队损失较大，并且步兵仍然没有冬季军服，每天能进展的距离平均 3 英里左右，最多不超过 5 英里，并且一直受到苏军第 49、第 50 集团军的侧击，所以古德里安自己都怀疑自己的部队能否完成任务。主帅尚且如此，部属可想而知。

11月21日，古德里安在日记里写道：

身处这种天寒地冻，衣住维艰的环境，再加上人员装备的严重损失和油料的倍感缺乏，真让一个指挥官对于他的责任感到吃不消。时间越长，我就越感到压力沉重，身负如此重大的责任，即使是全世界意志最坚强的人，也会感到难以承当。

我已经在前线奔走三天，目的是要认清当前的实际情况。若是战况许可的话，我想在星期天到集团军总部去，看看在近期到底是以什么为目标，这是我们一直不知道的，那些人做的什么打算，我也猜不出来。同时在开春之前，不知战局将如何演变……

11月23日，古德里安求见中央集团军群总司令博克元帅，请求将下达给自己的命令加以修改，因为古德里安认为自己已经实在无力执行这个命令。古德里安向博克元帅解释了第2装甲集团军目前的窘况：部队精疲力竭，步兵缺少冬衣，补给跟不上，坦克和大炮的损失，而右翼受到苏联生力军的威胁，凡此种种，都使自己的部队无法继续前进。博克告诉古德里安自己早已将他的报告上报陆军总部，而陆军总部也完全明白战场上的实际情况。他当时就和陆军总司令勃劳希契通话，并给了古德里安一个耳机旁听他和勃劳希契的谈话内容。博克将古德里安的话向勃劳希契重复了一遍，并要求陆军总司令改变第2装甲集团军的任务，取消攻击命令，并允许古德里安选择有利位置，改取守势。

很明显，勃劳希契并没有做这样决定的权力，他在答复中也不理会现实的困难，拒绝了古德里安的意见，命令继续进攻。最后古德里安希望陆军总司令给他一个最低限度目标，告诉他至少在达到哪一个目标后他就可以采取守势。陆军总司令勉强答应他至少要前进到米凯洛夫—查莱斯克一线，并指出最重要的是要破坏莱山—科洛姆纳之间的铁路。

在勃劳希契那里，古德里安没有得到自己想要的答复。古德里安回到部队后，要求陆军总部驻第2装甲集团军的联络官卡尔登中校，把自己部队的情况直接报告陆军总参谋长哈尔德，并请求取消这一次进攻，但同样没有达到目的。

11月24日，第3装甲集团军经过激战攻克克林；25日占领索尔涅奇诺戈尔斯克，但苏军的抵抗依然顽强，战事的结果未分胜负。在莫斯科西北，德军到达卡拉斯拉雅波利亚纳，这里距莫斯科不超过14英里。

第2装甲集团军于11月22日攻占斯大林诺戈尔斯克，并包围了驻守此地的苏军第239步兵师。11月26日攻占卡希拉，这里能控制通往莫斯科的主要公路，翌日苏军立即展开了凌厉的反击，苏军第2骑兵军在卡希拉附近反击德国人的进攻，德军在12月初被迫撤退。而图拉在守军和民兵的坚守下，始终未被德军攻破，古德里安的部队一直未能接近莫斯科。陆军总部怀疑古德里安未集中足够的兵力进攻图拉，但是如果要调集足够多的兵力，就要抽回第47装甲军，而这会使集团军的侧翼受到威胁，所以古德里安不敢采取这个步骤。

11月26日从南方集团军群传来消息，克莱斯特的第1装甲集团军，在占领顿河口的罗斯托夫5天后，被反攻的苏军击败，不得不后撤到米乌斯河一线。龙德施泰特和克莱斯特原来就意识到罗斯托夫是守不住的，预先在米乌斯河设立了冬季防线。当德军向米乌斯河撤退时，希特勒突然下令就地坚守不许撤退，龙德施泰特回复无法执行这个命令，如果强制执行，就请解除自己的职务。希特勒当即回电同意他的请求，让他将指挥权交给赖兴瑙元帅。这样罗斯托夫的败退成了德军开战以来遇到的第一个重要挫折，也成了第二次世界大战的一个小小转折点，龙德施泰特成了第一个被解职的高级指挥官。后来古德里安评价说："我们的灾难是从罗斯托夫开始的，那是危机迫近的预兆。"

赖兴瑙上任后经过核实，认为罗斯托夫的撤退是不可避免的，是当时唯一正确的选择。他将这份报告上报了希特勒，希特勒也认识到龙德施泰特的被解职实在是有点冤枉。

前线战局的胶着、士气的低落好像没有影响到希特勒的信心，现在德军在南、北、西三个方向包围了莫斯科，他认为只要再加把劲，就可以攻占莫斯科。博克元帅也同样抱有信心，他在给哈尔德的电话里，以第一次世界大战马恩河战役与现在相比，说"那次战斗中，投入最后一个营就决定了胜负"。在11月的最后一天，他终于投进了最后一个营，由于南、北两翼的进展不顺利，博克决定在12月1日由第4集团军对莫斯科发动正面进攻，但是这一攻势只能得到数量有限的坦克支援，并遇到苏军的密集防御。

12月1日，气温降到零下20多度，这对于久居寒冷地区，保暖装备相对较好的苏军士兵来说还是可以承受的，但对冬季军服短缺的德军而言简直是无法忍受的。这直接导致13万德军士兵被冻伤，每装填一发炮弹都要先擦去上面的防冻液，车辆发动前要先加热数小时。

为了配合正面进攻，第2装甲集团军要在12月2日向图拉和图拉以北发动进攻。古德里安把指挥部设在图拉以南4英里的亚斯纳亚波利亚纳，这里有个托尔斯泰的庄园，它就做了古德里安的司令部。古德里安让人把托尔斯泰的书籍和使用过的家具都封存起来，以免被破坏。怀着对托尔斯泰的敬仰，古德里安在寒风中凭吊了这位伟大作家的墓地，此时此刻，在他的脑子里恐怕想到的是《战争与和平》中拿破仑的军队在俄罗斯的严冬中溃败的悲惨景象吧。

12月2日，第3、第4装甲师和大德意志步兵团的进攻取得了一些进展，第4装甲师已经越过图拉—莫斯科公路，到达了图拉—谢尔霍普夫公路，但是部队的精力和燃料也已耗尽。情报显示，苏军正准备沿着图拉—谢尔霍普夫公路向南、北两路发起强大攻势。

古德里安认为现在影响图拉战事的决定性因素只有两个，一是步兵第43军是否还有足够的兵力，对这个城市进行合围，并与绕到该镇北面的第4装甲师建立联系。二是第4集团军的攻击能否使苏军受到足够大的压力，从而不会向图拉方面增援。

古德里安决定亲自去43军和基层官兵交谈一番，看看他们是否认为自己还有发起攻击的能力。这个军的第31师第17团第3营，是古德里安服役过的老部队，他在1920~1922年担任过该营11连连长。他召集了这个营的连长们进行了讨论，这些军官们并没有向他们的司令官隐瞒自己的焦虑。最后古德里安直截了当地问他们是否还有余力作战，他们也许真是觉得自己还有一战的实力，也许只是不想让司令官觉得自己没有勇气，都回答说也许再发起一次进攻，敌人就会逃跑。根据这些最前沿指挥官的反应，古德里安决定再攻一次。

12月5日，步兵第43军对图拉发起进攻，除了第31师有若干进展外，其余部队在攻势发起后不久就陷入停顿。第296师在天黑后才到达乌帕河，并且筋疲力尽，苏军已经开始对韦尼奥尔的第29摩托化步兵师进行攻击，现在第2装甲集团军的侧翼和后方都受到了威胁。气温已经降低到零下31度，第24装甲军的车辆几乎已经无法开动，就像被冻结在了雪原上。目前进攻成功唯一的希望就要看第4集团军的进展了，但是到了12月5日，第4集团军的进攻几乎也陷入停顿。

几乎从12月1日攻势开始的当天晚上，博克就已经意识到他的部队已经打不下去了。害着严重胃痉挛的他打电话告诉哈尔德，他的部队已经大为削弱，已经无力作战了。哈尔德给他鼓劲说："应该不惜使出最后一点力气，打败敌人，如果办不到，我们再另做决定。"12月3日，博克再次打电话给哈尔德，哈尔德在日记里记载博克谈的情况："第4集团军的先头部队又撤下来了，因为侧翼跟不上去……我们快到山穷水尽的地步了。"

12月5日是关键性的一天，德军在环绕莫斯科的200英里长的半圆形战线上，进攻全线受阻。莫斯科就在眼前，但却寸步难进。

在冰天雪地中的苏军郭留诺夫重机枪阵地

也就是在这一天，古德里安下达了也许是他一生中最难下达的命令：让部队后撤。古德里安后来写道："这是我生平第一次必须做这样一种决定，没有比这更困难的事了……我们对莫斯科的进攻已经失败。我们英勇的部队的一切牺牲和煎熬都已归于徒劳。我们遭到了可悲的失败。"

古德里安把自己的决定告诉了自己的参谋长李本斯坦和第24装甲军军长盖尔,并征求他们的意见。他们都表示完全支持他的决定。

现在不仅是古德里安的第2装甲集团军陷入困境,同一天夜里,霍普纳的第4装甲集团军和赖因哈特的第3装甲集团军都已经到了离克里姆林宫不到20英里的地方,但已是强弩之末,再也无力前进一步了。

傍晚,古德里安通知博克,他的部队不仅已经无力进攻,而且必须撤退。博克在电话里告诉哈尔德"自己已经到了山穷水尽的地步了"。接到消息的勃劳希契绝望地告诉自己的参谋长,他准备辞去陆军总司令的职务。这一天是德国陆军最黑暗、悲惨的一天。

德军的攻势虽然已经停止,但是德国情报机构判断苏军同样也已精疲力竭,无力反攻,但是这个估计就和早期对苏军总兵力的估计一样错误,在德军停止进攻的第二天,即12月6日,苏军发起了反攻,投入的兵力包括新从西伯利亚调来的58个新锐师团共110万人,虽然总兵力仅略多于中央集团军群,但在局部部署上对德军形成了2∶1的优势。

第2装甲集团军在撤退过程中遭到了苏军的打击,第10摩托化步兵师遭受了重大伤亡。

在苏军反攻当日,希特勒签署第39号训令,命令德军在整条战线上转入防御,但是由于德军未能在现有位置建立有效的防御,急需后退以重整战线。古德里安对当前局势的看法是,只有全线撤退到一个地形比较有利,且事先已有设防的地带,才是挽救这个危局的最好和最经济的办法。等到退到这一条战线之后,就可以守过冬季,等到明年春天再发动攻势。对第2装甲集团军而言，这个地区就是苏夏河—奥卡河一线。这也是绝大部分德军将领的共同想法。古德里安和里希特霍芬空军元帅等人进行过讨论，一致认为现有防线不可守，第4装甲集团军司令官霍普纳等人也对自己的部队下了和古德里安相同的命令。最终哈尔德和克卢格在没有经过希特勒批准的情况下，同意向奥卡河作有限度的撤退。

古德里安悲观愤懑的情绪在给妻子的一封信里流露出来，信的内容如下：

我们现在所面临的悲惨事实，就是最高统帅部居然蠢到这个程度：拒绝相信我们的报告，不相信部队的力量已经日益降低，而还向他们提新的要求。德国军队对这种酷寒的天气完全没有准备，等到苏联的温度降到零下32度的时候，就不免手忙脚乱。部队既然没有力量攻占莫斯科，所以在12月5日的夜里，怀着一颗沉重的心情，我决定停止这种无目的的攻势，将部队撤退到一条预先选定的比较短的战线，希望在那里坚守过冬。苏军在后紧追着，我们预测将有不幸的事件发生。我们的伤亡颇重，尤其是疾病和冻伤，将来在休养调治之后可能有一部分的人会归队，但是现在却毫无办法。由于冰冻的原因，所损失的大炮和车辆总数也远超过所估计的程度。我们虽尽量利用雪橇，但是它们并没有太多的帮助。所幸的，截至目前，我们的战车还勉强可以使用。但是也只有上帝知道它们还能有多久的寿命。

我们的不幸命运从罗斯托夫开始。当我在11月23日飞到集团军总部去的时候，结果是一无所获，一切还是照旧进行。接着我们北面的友军先败了下来；而南面的友军更早已脆弱不堪，所以我只好决定停止进攻。局势是如此险恶，何况天气又已经降到了零下32度，我实在无力肩负整个东线的成败。

古德里安让过去的老部下，现在的陆军总部代表巴尔克将自己的意见转达给陆军总司令勃劳希契。他还分别给希特勒的副官长施蒙特和陆军人事处长、最高统帅部长官凯特尔的弟弟小凯特尔写了信，希望通过他们对希特勒施加影响。

古德里安在给妻子的另外一封信中说：

我希望我的两封信能达到适当的目的，因为即令现在，若能有明确的思想和坚定的信心，那么仍然还可以对大局有所补救。我们对于环境的恶劣和敌人的实力，都估计得太低，所以现在自食恶果……目前我做的唯一让自己满意的事情，就是12月5日下令停止进攻，假使我不这样做，悲剧就会不可避免地发生。

就在前线德军处境艰难的时候，12月8日传来日本偷袭珍珠港的消息。12月11日，德国对美宣战。这让古德里安心里不免对元首有所抱怨，为什么德国对美宣战的同时，不要求日本对苏宣战？这也许可以减轻一些前线部队的压力。

在苏联反攻部队的逼迫打击下，古德里安原定第2装甲集团军坚守斯大林诺戈尔斯克—夏特河—乌帕河一线的计划已经无法实现，其左翼友军第4集团军，以及第3、第4两个装甲集团军也同样没有守住计划退守的阵地。

12月14日，古德里安和勃劳希契在克卢格在场的情况下会面。古德里安请求陆军总司令允许自己将部队撤到苏夏河—奥卡河一线，并派出增援部队填补第43军和第24装甲军之间的防御缺口。为了抵挡苏军对这一连接部的攻击，第137步兵师的师长布格曼将军已经战死，他是奉第4集团军司令官克卢格之命率4个步兵营前来增援的。

三人经过协商，形成下述命令："第2集团军暂受第2装甲集团军指挥，两军团合守库尔斯克—奥廖尔—普拉夫斯克—阿列克辛一线，必要时可以撤到奥卡河。"

可是还没等勃劳希契将会商的结果上报，而古德里安在12月15日夜间就接到希特勒亲自打来的电话，命令坚守原地，不许后撤！但是这时第2装甲集团军已经开始后撤了。

在电话商谈和书面报告都已无法说服希特勒的情况下，古德里安在下属的支持下，并征得中央集团军群司令部同意，决定飞往元首大本营谒见希特勒，当面陈述后撤的理由，时间定在12月20日。而在启程前，他已得到消息，博克元帅以胃病发作为由，在18日辞去中央集团军群司令的职务，继任的是与古德里安素来不和的克卢格元帅。而就在前一天，陆军总司令勃劳希契也因心脏病发作辞职，他的继任者就是元首本人，希特勒在成为第三帝国元首的同时成为政府总理，又兼任战争部长、最高统帅后，现在又任命自己为陆军总司令。

黯然去职

古德里安此行没有达到说服希特勒的目的，反而使希特勒对他产生了某种程度的不满。

会见从 20 日傍晚 6 点开始，一直持续到晚上 11 点，期间除了半个小时进餐和半个小时希特勒例行听取汇报时间外，其余时间两人一直在交谈。除了希特勒和古德里安，凯特尔、施蒙特等希特勒的亲信幕僚也一直在场，但是陆军总部的人一个也没有出席。

从一见面，古德里安的内心就有些不安。他从希特勒的眼里看到了一种生硬和不满的表情，这是古德里安以前从来没有见过的。他深信这一定是有人事先进了谗言，古德里安心里认定这个人一定是克卢格。会面的房间里灯光暗淡，这让古德里安的心情更加晦暗。

会谈开始，古德里安汇报了第 2 装甲集团军和第 2 集团军的处境，并陈述了自己将两个集团军撤退到苏夏河—奥卡河一线的原因。这是在 12 月 14

日罗斯拉夫尔会议上得到勃劳希契批准的计划，古德里安以为希特勒已经知道，所以当希特勒突然大声叫喊"不，我禁止撤退！"时，不免吓了一跳。古德里安报告希特勒撤退早已开始，如果不撤过那两条河，就无险可守，为了保住士兵的性命，请求务必允许撤过苏夏河—奥卡河一线。

气氛越来越僵滞，希特勒坚决不肯改变命令，他要求古德里安所部就地坚守，不准再退。对此，古德里安质问道："那么就是说要在一个不适宜的地形上，采取阵地战的战术，这正和第一次世界大战中西线的情形一样，结果我们就会消耗同样多的资源和牺牲同样多的生命，但是却毫无获得决定性胜利的希望。假使是采取这样的战术，那么我们在一个冬天里面，就要把我们的官兵消耗殆尽，这种牺牲不仅是毫无用处，而且也无法弥补。"听古德里安这样说，希特勒提高了声音回答道："你难道以为菲德烈大帝的掷弹兵都是自己想死吗？他们当然也想活着，但是国家却有权要求他们牺牲他们自己的生命。我也相信，我有权要求任何德国的军人牺牲他的生命。"古德里安反驳说："所有的德国军人都知道，在战时他们是应该为国捐躯的，而且截至目前，事实上也可以证明我们的士兵是真能视死如归的。但是假使要求他们效死，那么必须使他们不是白白地牺牲，才算对得起他们。照现在这样的办法，只不过是使他们枉送性命罢了。我的部队在没有到达苏夏河—奥卡河一线以前，不可能抵抗天气和苏军的双重压力。我请你注意这一点，就是天气比苏联人更可怕，我们由于寒冷所遭受到的死伤数字，要比敌人造成的大了一倍。任何人只要看到医院里挤满了冻伤的人，就可以明了这个真实的情形。"

看气氛有些紧张，希特勒缓和了一下口气说："我知道你一向与士兵同甘共苦，你曾经花了不少的时间和部队在一起生活，对于这一点我很欣赏。但是你所看到的事情使你陷入了当局者的迷思，你对于士兵的痛苦产生了过于深刻的印象。所以你会觉得他们太可怜，你应该稍微再站远一点看。相信我，当在较远的距离观察时，事情反而可以看得更清楚。"古德里安回答道："只要是我力所能及，我当然应该尽量减轻士兵的苦痛，这也是我的义务。不过甚至到今天，士兵们都还没有收到他们的冬服，多数的步兵现在还穿着单衣服。军靴、背心、手套、羊毛帽子等等不是完全没有，就是已经磨得稀烂。这叫我又有什么办法。"希特勒表示不相信，他说军需总监报告他说冬衣早已发下。古德里安告诉希特勒冬季军服虽然已经发下，但却滞留在华沙火车站，由于运输问题，无法送到前线。希特勒随即叫来军需总监，他证实了古德里安的说法。

在后来的谈话里，希特勒和古德里安都不再讨论部队是否应该撤退的问题，古德里安知道自己已不可能改变希特勒的决心。他们两人只讨论了一些后勤补给方面的问题，并和后来到来的军需生产部部长托德博士探讨如何帮助前线士兵度过这个寒冷的冬季。

吃饭的时候，古德里安将前线士兵的生活状况讲给希特勒和他周围的人听，但从他们的反应上看，明显地不以为然。饭后闲聊，古德里安认为希特勒的幕僚中有实际战争经验的人太少，建议从前线调一些人员加以充实，不料这却惹怒了希特勒。他面色不悦地回答："现在我离不开他们。"古德里安解释他的建议不是针对希特勒的亲密助手，只是希望增加一些低级的参谋人员，但也遭到希特勒粗暴的拒绝。

这次会面两个人都没能说服对方，反而加深了双方的裂痕。在走出会议室时，古德里安听到希特勒对凯特尔说："我还没能说服这个人。"

圣诞节前夕的一场战事失利，成了古德里安离职的导火索。进攻的苏军突破步兵53军的防线，将第10摩托化步兵师包围在切尔尼。此事引起了现任中央集团军群司令克卢格的强烈不满，他认为这是古德里安有意在制造借口，以便将部队撤出切尔尼，并说第10摩托化步兵师肯定是在24小时前就撤退了。这让古德里安异常愤怒，他说这是对自己不公正的指控。12月25日，部队突围而出，古德里安命令他们撤向苏夏河—奥卡河一线，这让克卢格更加认为古德里安是早有预谋。两人再一次发生激烈争吵，克卢格威胁说会将此事报告希特勒，古德里安以辞职抗议，但还是被克卢格抢先了一步。12月26日，古德里安接到通知说，希特勒将其调回陆军总部，另有任用，第2装甲集团军司令官的职务由第2集团军司令施密特将军接任。

古德里安和幕僚们简单话别后，离开了让他难以释怀的前线和部队，在新年前夜回到柏林。

古德里安和希特勒关于德军撤退还是坚守的争论，在很大程度上是由于双方所处位置不同，所以看问题的角度不同，进而得出不一样的结论。古德里安作为战地指挥官，更多地是从战术角度考虑问题，而且他经常深入部队，对普通士兵遭受的苦难感同身受，因此希望将部队撤到一条比较牢固的防线后面，既有利于防守，也有利于补给。但是希特勒作为德军统帅是从更高的层面看待这个问题，他本能地意识到，在冰天雪地中作任何撤退，必将使前线在几天内土崩瓦解。他也意识到，如果出现这样的情况，德国军队一定会遭到与拿破仑大军同样的命运，由于冰雪封途，部队撤退只能通过空旷的原野，用不了几天，他们就会支持不住，会情愿躺在路上等死，而且后方也没有可供他们撤到那里的阵地，没有他们守得住的任何防线。也许是希特勒的顽强意志和决心，不过可以肯定地说是由于德军士兵的坚忍不拔，最后才使第三帝国的军队在这个冬天免于崩溃。

但是，德军的失败是惨重的，苏军虽然遭到了损失，可是并没有被打垮，德军攻占莫斯科、列宁格勒和高加索油田的战略目标一个也没有实现。两年来德军不断取得军事胜利，现在第一次被一个对手逼得不得不大踏步地后退，而更大的灾难是：德国陆军常胜不败的神话破灭了。

相关链接：

德国 88mm 高射炮

88mm 高射炮最初只是为了给德国陆军提供一种防空武器而设计的。设计之初，克虏伯公司的设计人员预见到作为高炮的主要作战对象——轰炸机将会向飞得更高、更快的趋势发展，因此他们选择了 88mm 这一在当时尚属罕有的大口径，并使其赋予弹丸较高的炮口初速，这个特点为它日后成为有效的反坦克武器奠定了基础。他们还设计了一套相当精致的自动供弹装置，使该型高炮具有很高的射速。在古德里安装甲部队突破马斯河防线时，88mm 高射炮为德军提供了可靠的防空掩护，立下了汗马功劳，但是后来人们最为津津乐道的却是它的无与伦比的反坦克能力。而最早把它作为反坦克武器使用的是"沙漠之狐"隆美尔，在面对优势的英国坦克时，隆美尔对自己部下说："沙漠作战可以最形象地比喻成海上作战。谁拥有最大射程的武器，谁就有最长的手臂……最长的手臂有它自己的优势。我们就有这种最长的手臂——88mm 大炮。"他先把若干单位的 88mm 高炮伪装布置好，然后命令一小队德军坦克向英军阵地发起进攻，当英军派出坦克反击时，这队德军坦克就且战且退，逐渐把英军坦克引入设伏地域。等到 88 毫米高炮一开火，英军坦克就在劫难逃了。22 磅重的穿甲弹可以在近两千米的距离上把英军重型坦克的正面装甲击出一个直径4英寸的大洞，但德军往往都等它们进入1000米之内才开火。这时，88mm穿甲弹从炮口飞至目标只需一秒多一点的时间，英军坦克根本来不及反应，更遑论还击了。一个被俘英军坦克手沮丧地说："88mm高炮看起来不起眼，但我们没有任何东西是它的对手。"

第六章
大厦将倾

赋闲置散

古德里安回到柏林,被转为预备役,他为自己受到的不公正待遇而愤愤不平。在 1942 年 1 月初,古德里安给希特勒发了一个呈文,要求举行军法会审,审理自己免职的原因,并要求和克卢格对质,搞清楚到底谁对谁错。希特勒驳回了古德里安的要求,也没有给出一个明确的理由。一般舆论都是同情古德里安,认为这样对待一个功勋卓著的将领是不公平的。希特勒的副官长施蒙特曾奉希特勒之命赴前线调查,回来后对自己的同僚说:"看来古德里安是冤枉的。"他虽然同情古德里安,但却爱莫能助。

不过古德里安认为自己的去职完全是克卢格告状,也许是怨错了人,他被撤职事件的始作俑者可能是克卢格,但是真正做出决定的还是希特勒。在当时的情况下,希特勒不能允许任何将领在没有得到允许的情况下下令撤退,那很有可能牵一发而动全身,使本来就危机四伏的防线崩溃,所以处理这类问题手段强硬,宁枉勿纵。何况古德里安早在 12 月 5 日就有过先斩后奏,下令部队后撤的前科。

德军在莫斯科城下的失利，使希特勒有理由对德军最高指挥系统进行一番大清洗，自陆军总司令勃劳希契以下，前线三个集团军群的司令官：北方集团军群司令李布元帅、中央集团军群司令博克元帅、南方集团军群司令龙德施泰特元帅全部辞职。四个装甲集团军司令中有两个被解职，除了古德里安还有第4装甲集团军司令霍普纳上将，他的罪名同样是擅自下令撤退。而据古德里安在回忆录中说，真正的原因是霍普纳在和顶头上司克卢格通话的时候，提到了一句"非军人的领导"，克卢格认为是讥讽希特勒，并且将他的话告诉了后者。霍普纳不仅被撤销职务，还被希特勒下令褫夺军阶，剥夺养老金，并不许穿军装。命运最悲惨的是汉斯·冯·斯波纳克将军，一年前他因指挥空降部队在海牙登陆而获得骑士级十字勋章，现在却因为苏军在克里米亚登陆时，他撤出了一个师，而被希特勒褫夺军阶，并在希特勒的坚持下，被军事法庭判处死刑。现在希特勒已经彻底控制住了德国军官团。

1942年4月26日，希特勒又通过自己控制的国会制定了一条法律，授予了自己更大的权力。这使他超过了德国历史上的任何一个统治者，成为空前绝后的大独裁者。这条法律的内容是，赋予他对任何人有生杀予夺的绝对权力，同时命令废止与此相抵触的一切法律。

长期紧张的军旅生涯让古德里安患上了心脏病，最近两年作为德军前线战地指挥官所承受的巨大压力，以及这两个月受到的冲击，又加重了病情。既然已是无官一身轻，古德里安就带着太太去作了一次疗养。回来后不久，古德里安太太又患上了血液病，卧床好几个月，这让伉俪情深的古德里安很是紧张。再加上回到柏林后，总是有不速之客以登门拜访的名义来查看古德里安的情形，更是让古德里安不胜其扰。已经有些心灰意冷的古德里安准备带着太太迁居德国南部，做个庄园主了却余生。

作为高级军官，离开驻地必须报备，古德里安向国内军总司令弗洛姆提出要求，希望请几天假进行迁居的安排。弗洛姆请古德里安见面谈谈，谈话中弗洛姆问古德里安是否考虑过被重新起用的问题。在此之前古德里安接到过隆美尔的来信，隆美尔告诉古德里安自己因健康原因必须回国治疗，已向希特勒举荐他接替自己担任非洲军团司令的职务，但后来因为种种原因，希特勒否决了这一提议。有鉴于此，古德里安回答弗洛姆说，恐怕是没有这个机会了。

古德里安在德国南部巡游一番，并没有找到合适的落脚点，回到柏林不久，又接到弗洛姆的电话，还是请他见面谈谈。这次他告诉古德里安，自己和希特勒的副官长施蒙特谈过古德里安的事情，施蒙特告诉他古德里安肯定会被再次起用。

不久希特勒听说了古德里安置备地产的事情，他知道古德里安祖籍在西普鲁士，就托人转告古德里安，他希望古德里安还是定居在西普鲁士，不要迁到南方。并且说他准备对凡是获得过橡叶骑士级铁十字勋章的人，都由国家赠予一些地产。对于希特勒传递过来的善意，古德里安心领神会，知道希特勒还没有忘了他，他重披战袍的日子恐怕是不远了。

古德里安虽然回到了柏林，但是作为一个把一生都奉献给了军队的职业军人，他一刻也没有放下对部队和战场的关注。因为已经不再担任高级指挥职务，他不能对局势有全面而详细的了解，但从公开的报道和老朋友们那里得来的消息，古德里安在1943年初就判断即使英、美不开辟第二战线，德国也已经打败了这场战争。

苏军的冬季反攻从1941年的12月份开始，持续了3个多月，因为希特勒不准任何大规模的撤退，帮助德军恢复了信心而免于全面崩溃，并坚守住了已陷于苏军后方的一些战略要点，如诺夫哥罗德、维亚兹马、布良斯克、奥廖尔、库尔斯克、哈尔科夫等，这样德军和苏军的战线形成了一种犬牙交错的局面，使德军发动春季攻势占有很大便利。但是这种坚守防御也使德国人付出了重大代价，德国空军为了给这些孤立的据点提供补给，在寒冷的冬季每天要起飞300架次，遭受了很大损失。

德国现在面临的最大也是根本不可能解决的问题，就是其战争潜力满足不了希特勒的扩张野心。德国的资源特别是人力资源已极度短缺，总参谋部告诉希特勒，要想发动新的攻势，至少要补充80万兵员。但是军工生产部长施佩尔也警告希特勒，如果从工厂抽走80万工人，军工生产必将受到严重影响。在人力不足的情况下，德军只好在组织结构上做调整。

因为入侵苏联前没有做好冬季作战准备，所以损失很大，很多师都已减弱到原有实力1/3的程度，而且它们的缺额永远都不会再被补足，一些已被歼灭的师的番号仍被保留，成了幽灵师。德军的组织做了较大的改变，步兵师由9个营的编制缩编为7个营，每个步兵连由180人的大连精简为80人的小连。这样做是出于两个原因，一是冬季作战中，有经验的基层军官损失较大，新晋升的连长掌控比较大的连队有些力不从心；二是编制较大损失也会较大，而作战效能却差异不大。

冬季作战后，坦克兵的实力有所增加，但也是表面多于实际，新增编的2个装甲师，其中的一部分是由骑兵改编而来，这种骑兵师被发现价值极为有限，而关于这一点，古德里安战前就有预言；摩托化步兵师中坦克的数量也略有增加，但是原有的20个装甲师，只有一半的坦克数量补充到足额。

总之，德军在1942年的攻势就是在一个极为勉强的基础上发动的，它的战争准备已不足以应付另一次大型战役的损失，特别是它以前克敌制胜的两大利器——装甲部队和空军，已经无法保持足够的优势。

德军参谋本部对此有深刻的认识，大多数德国将军对攻势也已不太热心，龙德施泰特甚至主张将部队撤回到发动战争前的波兰边境。但是现在的德军参谋本部已无力抗衡希特勒的强势，特别是在1942年9月份哈尔德被撤换，希特勒将原本属于陆军参谋长的人事权收回后。

1942年的攻势计划是在年初的几个月形成的，进攻目标的选择主要出于经济目的。现在希特勒已经放弃速战速决的战略，他的经济顾问们告诉他，高加索的油田、乌克兰的小麦和铁矿石对维持长期战争必不可少。

计划将攻势主要放在黑海附近的南面侧翼上，在顿河南湾和黑海河口之间的下游渡过该河后，进攻德军一分为二，一支向南直趋高加索油田，另一支向东以伏尔加河上的斯大林格勒为目标。在哈尔德的力争下，进攻斯大林格勒的战役任务，被限定为保护南进部队的侧翼。而早前，希特勒希望在占领斯大林格勒后，可以威胁保卫莫斯科的苏军部队侧翼，他的一些亲信们甚至高谈阔论以乌拉尔山为目标。

南方集团军群被分为"A"、"B"两个集团军群，A集团军群司令为李斯特元帅，他的进攻目标是高加索油田；B集团军群司令先是心脏病初愈的博克，后是魏克曼。

攻势在6月10日以强渡顿涅茨河揭开序幕，德军再一次发挥了闪电战的威力。到7月22日已前进250英里，占领了罗斯托大，切断了从高加索到乌克兰的输油管线。

渡过顿河后，A集团军群向南进攻，克莱斯特的第1装甲集团军在8月中挺进到高加索山脉，并占领了苏联的一个重要石油工业城市——迈普那。但是这种惊人的速度也仅仅是昙花一现，其后的进攻就变得非常困难，原因之一是燃料的短缺，其二是多山的地形。后来第1装甲集团军多次试图南进，都遭到了失败。

B集团军群主攻斯大林格勒的部队，是古德里安的老朋友保卢斯统率的第6集团军。开始时颇为顺利，但随着战线的拉长，派出保护侧翼的兵力也愈多，进攻的兵力也就愈加削弱；同时在炎热的夏季行军和作战，也使部队消耗很大。而越接近斯大林格勒，苏军的防守愈加密集，抵抗也越顽强，这样直到8月23日，第6集团军和第4装甲集团军才完成了对斯大林格勒的半月形包围，而伏尔加河就是这半月形的月弦。

沿着苏军的弓形防线，德军进行着几乎永无休止的进攻，但是无论如何也不能突破苏军的防线。久攻不下之际，这个地区的心理重要性也随之提高，就如同第一次世界大战时的凡尔登，而斯大林格勒这个名字又增强了这种心理作用，它对苏联人是一种精神象征，而对德国人，特别是他们的元首就成了迷魂汤。它使希特勒陷入催眠状态，忘记了一切有关的战略考虑，它甚至比莫斯科更有致命的吸引力，因为这是以他最痛恨的对手——斯大林的名字命名的城市。

这真是具有讽刺意味，这里本来是一个辅助目标，却逐步发展成主要攻击方向，反而把为达到原定主要攻击目标所需的预备兵力消耗殆尽，直至最终覆灭。

德军参谋本部已经看出危险，因为与苏联相比德国经不起长期消耗，苏联的人力资源远比德国庞大。虽然因为1941年的打击，苏联丧失了大批武器装备，军工生产能力也大为下降，但是1942年夏季以后，转移到亚洲部分的工厂已经正常运转，不断生产出新的装备供应前线，来自美国和英国的大量物资也源源到来，补充了苏军的损失。苏联的实力在不断增长，而德国的战争潜力几乎已经挖掘殆尽。

在每天的例行汇报后，哈尔德总是失望地告诉他的助手们，他还是没能说服希特勒恢复理性。随着冬季的渐渐临近，两人的争论也越来越激烈，最后达到了双方都再也无法忍受的程度，于是在9月底，哈尔德离职了。继任他的是蔡茨勒，希特勒希望选择一个年轻的将领担任参谋长，他会因为骤登高位而对希特勒心存感激，不会像哈尔德那样经常持反对态度。但是在短暂的和谐期后，蔡茨勒还是和希特勒起了争执，这让希特勒也疏远了他。

在坚守斯大林格勒的同时，苏军最高统帅部也调集部队，准备从外围对德军进行反击。而随着德军向斯大林格勒的集中，其侧翼的保护也愈加薄弱，而且侧翼的防护大部分由其盟国意大利、匈牙利和罗马尼亚部队担任，少数德国部队也是战斗力较低的后备师。德军参谋本部在8月份就提醒希特勒，想守住顿河一线的侧翼是不可能的。但是希特勒不予重视，他现在一门心思只想攻占斯大林格勒，其他都不予理会。

由于损失日益严重，心理负担也越来越重，严冬将至，而预备队已经用光，过分暴露的侧翼几乎毫无防护，所以德军的士气日益低落，对苏军而言，反击的时机已经成熟。反攻在11月19日和20日开始，这个时间正好处于第一次强霜和第一次大雪之间，前者使地面冻结，便于苏军部队的运动，后者足以妨碍德军的增援和突围。反击也采用钳形攻势，而每个大箭头又分出若干小的箭头，从斯大林格勒的两个侧翼插上，苏军选择在罗马尼亚部队防御的阵地切入，隔断了第6集团军和第4装甲集团军的联系，并于11月23日完成对第6集团军的包围，包围圈里有第6集团军全部和第4装甲集团军的一个军。

德军在12月份对苏军发起攻击，企图打破苏军的包围。指挥官是一代名将曼施坦因，他的第11集团军司令部被从中央集团军群抽出，升格为顿河集团军群，名字很唬人，实力却实在是微薄，所指挥的部队都是七拼八凑临时组成的，其中有一个从法国紧急调来的第 6 装甲师。

凭着巧妙的战术，曼施坦因使得仅有的这点坦克部队发挥了最大的效力，并在苏军的外围做了深度的切入。但是在距被围德军 30 英里处被阻截住，不仅无法继续深入，而且因为侧翼受到威胁不得不后退。但他冒险尽可能他将部队置于靠前位置，以保护那里的机场，那是维持被围德军补给的生命线。至此，德军已再无预备队可供做同样的尝试。

12 月 16 日，苏军向西迂回的部队通过冰封的河面渡过顿河。渡河这一地段是意大利部队防守的区域，在苏军猛烈的炮火下，意大利部队望风而逃。一个星期内，苏军肃清了顿河和顿涅茨河之间的走廊地带。截止到 1942 年底，苏军俘虏的德军及其同盟国军队人数已达 60 多万人。

面对南方集团军群后路将被切断的事实，希特勒也认清了若是再执迷不悟，不肯放弃征服高加索的梦想，强令部队硬拼下去，所造成的灾难会比斯大林格勒之围还要可怕。于是他在 1943 年 1 月间下令撤退，时间总算还不太晚，使克莱斯特的 A 集团军惊险地从苏军的刀尖上逃脱而没被切断（克莱斯特已接替李斯特元帅为 A 集团军群司令）。

但是此时斯大林格勒已经在上演最后的一幕了。1 月 31 日，保卢斯率其部队的大部分投降，最后的残部也在 2 月 2 日投降，苏军收容的俘虏达 9.2 万人，德军实际的损失至少在此数目 3 倍以上。投降者中有 24 位将官，他们随身都带有毒药，但很少有人使用。在德军投降之前，希特勒将保卢斯晋升为元帅，不是为表彰他的功绩，而是希望他自杀，因为历史上还没有德国元帅投降的先例。但保卢斯最后还是选择了投降，这反而让希特勒自取其辱。

1943年1月30日,刚刚别授予德国陆军元帅军衔的保卢斯(左三)便于次日率德第六集团军向苏军投降

在斯大林格勒战役进行的同时,蒙哥马利统率的英军以绝对优势兵力战胜了隆美尔的非洲军团,赢得了阿拉曼战役的胜利。而在1942年11月7日,艾森豪威尔率领美、英联军在北非登陆。

斯大林格勒战役的胜利,以及盟军在其他战场的胜利,标志着第二次世界大战伟大的转折,战争的主动权不可逆转地转移到同盟国手中。希特勒千年帝国的梦想,在冰天雪地的斯大林格勒,在烈日炎炎的北非沙漠,彻底破灭了。

对于德国来说,精神上的损失甚至比物质上的损失还大。自此以后,所有德军指挥官的心灵都受到了打击,让他们对最高统帅部的战略丧失了信心。

东山再起

在斯大林格勒惨败后半个月，古德里安接到陆军人事处副处长林纳尔兹将军的电话，请他马上赶到文尼察向元首本人报到，召见的原因他不肯说。即使如此，古德里安也能明白肯定和最近的局势有关。斯大林格勒的惨败，已经使德国人心惶惶，部队和国民的士气都降到了低点，而英、美两国也已在北非登陆。罗斯福和丘吉尔在卡萨布兰卡会面，宣告了要求德国无条件投降的政策，希特勒已经无法放下屠刀，只能沿着覆亡的道路走下去。

古德里安19日到达文尼察。20日上午，希特勒的副官长施蒙特将军先来看望了古德里安，两人进行了一次详谈。施蒙特向古德里安解释了希特勒的意图，并和古德里安讨论了将其变为现实的希望。施蒙特说由于苏军越来越占据优势，所以德军的装甲兵力量已经到了非改革不可的阶段。参谋本部和军需部之间产生意见分歧，更重要的是装甲部队对最高统帅部也丧失了信心，他们坚持应由一个真正的内行来管理这个兵种，所以希特勒希望古德里安能担负起这个重大的责任。施蒙特代表希特勒征询古德里安对这一任命的意见。

鉴于以往的经验，特别是在机动兵总监的位置上饱受排挤、无所作为的教训，古德里安提出了自己接受这一职务的条件。古德里安说既然国家和自己所属的兵种需要自己，那么他愿意接受希特勒的任命，不过希特勒必须先答应自己的一些条件，才能让自己在这个位置上发挥作用，否则自己大病初愈，实在不愿浪费精力去做没有意义的事情。古德里安提出了自己就职的三个条件：第一，自己既不能接受总参谋长的领导，也不能接受训练军总司令的领导，自己应归希特勒直接管辖。第二，在武器装备的发展方向上，兵工署和军需生产部也要尊重自己的意见，否则装甲兵的战斗力无法提高。第三，古德里安要求对空军和党卫队所属的坦克部队，在组织和训练方面，也应同样具有监督权。古德里安声明，如果希特勒不同意这些条件，也不必再召见自己，就让自己返回柏林好了。

施蒙特走后不久，古德里安就接到通知，说希特勒将在当日15点15分接见他，请他做好准备。

15点15分，希特勒准时接见了古德里安。开始时，施蒙特在一旁陪同，随后希特勒就将古德里安请进自己的书房，两人进行了单独谈话。

这是14个月以来，古德里安第一次见到希特勒。他发现元首的目光已经不像过去那样坚定，说话也不太流利，而且左手似乎一直在颤抖，看起来最近一年多战事的失利，明显地使他受到了打击。古德里安看到在希特勒的书桌上，摊放着自己战前出版的坦克战术方面的书籍，似乎在自己到来前，希特勒一直在阅读。

两人一见面，希特勒就说："我们从1941年分手后还没见过，那个时候可能有很多的误会，这让我很抱歉，现在我需要你的帮助。"古德里安回答说，只要条件许可，能够让自己做一些真正有用的工作，自己愿意接受任命。

希特勒告诉古德里安他想任命古德里安担任装甲兵总监的职务，施蒙特已经把古德里安的要求转告给他，他也表示同意，他要古德里安自己先拟定一个职责大纲，再送交他批准。希特勒还提到，自己最近又读了一遍古德里安战前写的文章，发现他战前的很多预言都得到了验证，所以现在希望古德里安争取把自己的理想变为现实。

谈完古德里安的事情，希特勒又同古德里安谈论了一些当前的军事形势。他也认识到由于斯大林格勒的大败和德军在东线的撤退，已经使德国无论在政治方面、军事方面和精神上都受到了严重的打击，不过他又重申，他会坚持到底，并相信能使局面迅速好转。两人久别重逢，谈了45分钟，全部是公务上的事情，没有涉及任何私人问题。

同希特勒谈话结束后，古德里安又去见了陆军参谋总长蔡茨勒将军，蔡茨勒向他详细地介绍了当前的军事形势。当天晚上，古德里安又和几个老朋友见了面，进行了一番比较深入的交谈。古德里安赋闲已久，和现实有些脱节，通过他们了解到不少实际情况。在这次谈话中，古德里安听说了纳粹党徒在占领区的一些对平民的残暴行径，最后生生把乌克兰人逼成了敌人。古德里安说这是他第一次听说这种事，但也是无能为力。

2月21日，古德里安和约德尔、蔡茨勒、施蒙特、英格尔（希特勒另一副官）四人开了一天会，最后敲定了装甲兵总监职权大纲的草案。

2月22日，古德里安又飞到拉斯腾堡，与凯特尔元帅进行了讨论，训练军总司令弗洛姆也被邀请参加，最后形成文件上报希特勒。希特勒批准后，以元首命令的形式将文件下发。

文件节录如下：

命令

摘由：装甲兵总监的职权

时间：1943年2月28日

地点：大本营

（一）装甲兵总监对我负责，促进装甲兵种的未来发展，以使其成为决胜的武器。该总监直属于我个人。他具有与集团军司令相当的指挥权，并为装甲兵种的首席军官。（作者注：此处所谓的装甲兵种，包括战车兵、装甲师中的步兵部分、摩托化步兵、装甲搜索部队、战防部队和重突击炮单位。）

（二）与陆军参谋总长会商后，装甲兵总监对于装甲部队及陆军中的大型机动单位的组织和训练，都负有全责。根据我的命令，他的管辖权还可以延伸到党卫军及空军的装甲部队，但我保留着最后的决定权。关于技术发展和生产计划方面，应与军需生产部会商后，提请我批准。

（三）因为装甲兵总监是该兵种的首席军官，所以该兵种的训练部队也由他指挥。他应负责使野战军的人员和物资的供应源源不绝。在我指导之下，他有责任决定各部队所应该分配的车辆数字。

（四）装甲兵总监对于装甲机动部队的补充，一定要使其能符合既定的计划。此外对于已经没有战车的装甲兵员的使用，他应和陆军参谋总长咨商后再做决定。

（五）凡与装甲兵指挥、装备、训练、组织有关系的战斗经验报告，装甲兵总监都有审核的权限。在这一方面，他有权视察或校阅国防军和党卫军的一切装甲部队。他更有权与野战军中的各装甲部队直接通信以讨论这些问题。

他的意见和结论应送请有关单位，及军需生产部加以注意采纳。关于装甲兵的训练组织规程等项文书，都由该总监负责颁发，凡与其他兵种合作有关者，则应与参谋总长会商发行。

（六）装甲兵总监由于具有该兵种首席军官的地位，所以具有下列的权限：

1.指挥所有的机动训练单位和预备部队；2.连同短期训练在内的一切机动兵种的学校。

（七）在有关职权之内，装甲兵总监有权向陆军参谋本部各单位下达训令，同时各单位也应该奉命与他合作，并提供他以一切的便利。

元首希特勒

这个命令使古德里安具有了相当大的权力，是其他兵种的首席军官望尘莫及的。他们几乎完全没有自主权，一切受参谋本部控制，所以有抱负的军官都不愿意担任这个职务，而希望回到前线去。不过，古德里安获得这样大的权力，也引起了参谋本部，特别是参谋总长的不满，因为这显然是削弱了他们的权力，这使双方在后来矛盾不断，争论甚至持续到战后。但是古德里安认为，这个新的规定对于全体陆军而言是有益无损的，对于装甲兵的发展更是大有裨益。

古德里安甚至想将自己的权限扩展到炮兵，他本来在原稿中将突击炮兵也划归自己管理，但是有人在最后的定稿中在"突击炮兵"前面加了个"重"字，这才大大限制了古德里安的权限，当他发现为时已晚，这不免让他抱怨了一番。大概在古德里安看来，只要是履带式战斗车辆，就都应该在自己的管辖范围内。

命令刚刚下达，还在各部门之间旅行时，古德里安就立即飞回柏林，踌躇满志地走马上任了。

权力最大的装甲兵总监

古德里安回到柏林，将装甲兵总监部的办公地点依然选在过去的机动兵总监部旧址，然后就开始搭建自己的人事班底，参谋长一席古德里安请了一位具有充分作战经验的老装甲兵托马勒上校担任，他成了古德里安的得力助手。另外还有两个参谋军官为古德里安工作，一个管组织，一个管人事。前者是费尔中校，他已经身负重伤，所以不适于前方的工作；后者是考夫曼少校，他是一位精力充沛的青年，不久他的位置又为富尔华兹少校所接替。古德里安的副官是马克斯中校，他也是一个受过重伤的人。在装甲兵种的每一部门，每个主管都有一位助手：这些人都是在前线具有充分经验的，且年纪比较大或是受了重伤，至少需要在后方休息一个时期的。当他们身体康复之后，就又可以重新调往前线工作。利用这种前后方轮换的方法，装甲兵总监部就可以和前线作战部队维持着密切的关系。为了主管装甲部队的训练，另外在国内军的范围中设立了一个装甲兵监督，由艾贝尔巴赫将军负责。他的参谋长同时也是国内训练军总司令部的装甲兵科的主管人。利用这种安排，古德里安和弗洛姆始终都能够维持着密切的合作。关于学校和训练班方面，也另有专人主管。最后，古德里安又派了一些军官充当自己与前线部队之间的联络官。这样就可以使古德里安与前线的实际发展不至于脱节。

装甲兵总监部的机构搭建起来后，古德里安又去拜访了和自己的业务有联系的相关部门。接着他又马不停蹄地访问各地兵工厂，了解战车工业的生产情形。

对苏战争开始后，德军发现苏联的T-34坦克的性能优于德国的Ⅲ型和Ⅳ型坦克，即谋求研发新型坦克以与之对抗。德国的武器专家和工业负责人曾组团赴前线，了解德军坦克兵与T-34坦克的作战经验，并征求前线部队对坦克的改进意见。前线军官们都主张干脆就复制T-34，认为这是最简单、最能直接提高战斗力的方法。但设计专家们却不同意，这不仅仅是出于专业人士的自负，而且复制苏联坦克也确实面临着工业材料方面的一些困难，最后决定设计两种新型坦克，一种是60吨重的虎式坦克，另一种是35吨至45吨的豹式坦克，希特勒批准了这个方案。

莫斯科战役后，希特勒亲自兼任陆军总司令，更热心于兵器的改进和发展，他下令为虎式坦克的88mm火炮和豹式坦克的75mm火炮研制专用炮弹。并在1942年5月份批准了豹式坦克的设计方案，交由曼公司生产。

对于Ⅳ型坦克决定进行改进，换装24倍径深的75mm火炮，坦克的垂直面换装100mm装甲。

希特勒对装甲兵器的关注，带来的效果有好有坏：一方面使坦克的研制和生产得到了较充分的保证。而且希特勒对某些具体技术问题的干预也确有见地，比如他坚持虎式坦克一定要配备长炮身且弹道平直的88mm炮，而不用口径更大而初速较低的重炮。这颇得古德里安赞赏，因为前者的初速高，破甲能力强，古德里安认为坦克炮的主要作战对象就是坦克。

但是另一方面，希特勒的主意变化太快，又喜欢标新立异，奇思妙想层出不穷，让下面无所适从。比如在研制虎式和豹式坦克的同时，他又对波尔舍博士设计的一种鼠式坦克产生了浓厚的兴趣，这种坦克设计吨位达100吨，真不知如何开上战场。同样在优先生产突击炮还是自行火炮上，他也摇摆不定。最后参谋本部觉得实在是太混乱，就建议希特勒只生产虎、豹两种坦克，其余停产。希特勒竟欣然同意，而当时虎式坦克还没有进入工业生产阶段，豹式坦克也没有达到大规模生产能力，且自身还有很多缺陷。

装甲兵种的军官和希特勒身边的明白人都看出了这样下去的危险，他们促请希特勒任命古德里安为装甲兵总监，以便结束这种混乱的局面，这才促成了古德里安出山的契机。

古德里安在了解了当前的情况后，又结合自己多年的经验，组织幕僚为1943年的装甲师和装甲步兵师（以前的摩托化步兵师），拟定了一个新的组织方案，其意图是尽量节省人力和装备，而采用新的武器和战术来增强战斗力。这个方案就相当于古德里安上任后的施政大纲。大纲拟定后，古德里安要求向希特勒进行汇报，为了引起希特勒的重视，特意将大纲写了一个节略呈递希特勒。但是古德里安马上就为自己写这个节略后悔不迭。

古德里安原本只想着对几个关键人物陈述自己的方案，没想到由于他写的方案节略的内容已经被很多人知道，所有利益相关部门都派人出席了这次会议，力图捍卫自己的地盘不受侵犯。而这个文件又不可避免地侵犯了一些部门的利益，这使会场上出现了众多的反对声音，搞得古德里安颇为狼狈，以致会议结束，他走出会场时，竟然昏迷片刻，幸好时间很短，没被其他人发现。

古德里安一直以来都认为应该把装甲师作为能够独立执行战役任务的基本作战单位，所以他新编订的组织方案，也是出于加强装甲师和装甲步兵师的实力的目的。方案要求每个装甲师应保有400辆战车，为达到这一目标，应该减少装甲师的数量，而增加每个师的实力。为了保证装甲师有足够的战车数量，在虎式和豹式坦克不能大量装备部队的情况下，Ⅳ型坦克的产量应该保持，为弥补坦克数量的不足，可以暂时将突击炮编入坦克部队，待新坦克出厂后再逐步替换；在坦克师的组织改革方面，将坦克团升级为旅并加以必要的训练；对于装甲部队的使用做了若干规定；对于坦克的防御，应该以突击炮为主要防御武器；保留装甲搜索营并配置适当的装甲车辆，等等。而最重要的是古德里安提出下列几项要求：

1.批准装甲兵总监部和它的附属单位的各项组织法。2.批准这些编制表。3.将一切突击炮兵都拨交装甲兵总监控制。4.取消成立新装甲师的计划，把这些单位连同空军的装甲单位在内，都按照新编制表加以改编。5.批准1944~1945年间继续生产Ⅳ型战车的计划。6.设计新型装甲搜索车。7.进一步研究制造70倍径身的75mm轻突击炮是否必要，可以仍用48倍径身的75mm火炮以增加产量。

经过激烈的辩论，除装甲兵总监可以控制全部突击炮部队外，其余各点都获得了通过。但是这一点却受到了军工部长施佩尔以外所有人的一致反对，最离奇的反对意见居然是目前只有突击炮这一种武器，可以使炮兵获得骑士级十字勋章。会上希特勒用一副乞怜的眼神看着古德里安说："你看他们大家都反对你，所以我也无法批准这一点。"古德里安后来在回忆录里说，9个月后，当希特勒发现德军的战防营所用的牵引式战防炮根本无法抵挡苏军坦克的冲击时才明白过来，但为时已晚。另外有些原则上通过的条款，最后也没有得到落实。例如古德里安强烈希望将战场上损失较大的装甲师撤到后方整训，并保留下来作为统帅部预备队，当时德军在前线能够开动的坦克不到500辆，很多坦克部队实际上已经无坦克可开。但是由于德军在前线的兵力本就左支右绌，捉襟见肘，再加上希特勒对进攻的执着偏好，这一条就完全无法实施。

方案获得批准后，古德里安开始四处奔波，督促落实，直到3月底才回到柏林。而刚一回到柏林的古德里安，就迎来了一位不速之客。古德里安的老朋友拉本劳将军事先未打招呼突然来访，同来的还有一位古德里安不太熟悉的人物戈台勒博士（原莱比锡市市长）。

在纳粹德国一直有一批反对希特勒的团体，他们主要由四种人组成：前社会民主党人，一些世家子弟，部分前任和现任政府官员，一些退役高级军官及少数现役将领。后两者之间本来没有太多联系，后来把他们联系起来的是前参谋总长贝克将军。这个集团的重要成员有贝克、戈台勒、哈尔德及前北方集团军群总司令维茨勒本元帅，克卢格的参谋长特莱斯科夫也是少数几个现役高级军官中的一个，克卢格和这个集团也曾经有过联系，但是当被希特勒屡屡重用后他就退出了。这些人应该是毋庸置疑的爱国者，他们看到希特勒在把德国引向覆亡的道路，他们想推翻希特勒，挽救自己的祖国。他们争取过手握兵权的高级将领的支持，但在克卢格和曼施坦因那里都碰了壁；策划过一些暗杀行动，绝大部分都流了产，曾经有一次，特莱斯科夫已经将一个炸弹放进希特勒的专机，但炸弹却没有爆炸。

戈台勒博士这次来，是希望能和古德里安进行一次恳谈。他对古德里安说希特勒已经无法胜任政府总理兼三军总司令的职务，所以应把他圈禁起来，停止他的职权，只担任名义上的国家元首。戈台勒还向古德里安详细解说了改组政府的方案。古德里安认为这个方案还是不错的，但是他不认为戈台勒有执行这个方案的实力。古德里安问戈台勒这个计划得到了多少现役将领的支持，戈台勒却不肯回答。戈台勒只说希望古德里安访问前线时，顺便提出这个方案，争取高级将领的支持。最后古德里安直截了当地问谁是这个运动的领导人，戈台勒告诉他是贝克将军。听到这里古德里安马上表示敬谢不敏，他和贝克一向有矛盾，他认为贝克这个人忌疑满腹，做事畏首畏尾，不能当机立断，绝对不适合干发动政变这种事，他是哲学家而不是革命者，而且在部队也不像自己想象的那样深孚众望。后来的事实证明古德里安对贝克的判断可谓目光如炬。其实这位戈台勒博士也不太适合这个工作，他过分自信还好多嘴，早就引起了盖世太保的注意。

当时古德里安根本上就不支持推翻希特勒的行动，在他看来，同盟国提出德国无条件投降的要求，就已经把德国军队和人民与希特勒绑在了一起，只能继续战斗下去。而且古德里安认为自己作为德国军官团的一员，已经向希特勒宣誓过效忠，军人的荣誉使他不能违反自己的誓言。

古德里安拒绝了戈台勒加入的邀请，但表示可以替他征求其他高级将领的意见。4月份两人又见了一次面，古德里安告诉戈台勒博士，他征求过意见的将领，没有一个人支持这个计划，这不仅是誓言的约束，而且也因为前线局势十分危险，实在不能轻举妄动，并劝博士放弃这个计划。这次会面恐怕古德里安只是敷衍一下戈台勒博士而已，他随后就再没有和这个集团发生任何联系。

1943年3月29日，古德里安开始在前线巡视。他首先飞往扎波罗热的南方集团军群司令部，拜访南方集团军群司令曼施坦因元帅。曼施坦因是因克里米亚半岛战役的胜利于1942年晋升为元帅，他在苏军占有海、空军优势的情况下，击败3至4倍以上的苏军，并成功阻止了苏军的跨海逆袭，俘敌17万人，最后攻陷塞瓦斯托波尔港；和他同时晋升为元帅的是在北非战果辉煌的隆美尔。

在斯大林格勒战役后，苏军继续进攻，并在2月9日收复了库尔斯克，并逼近哈尔科夫。2月13日，希特勒要求曼施坦因不惜一切代价守住哈尔科夫，但是哈尔科夫还是在2月15日被苏军收复。与此同时，德军进行重组，曼施坦因的顿河集团军群和B集团军群合并，连同新来的援军组成新的南方集团军群，由曼施坦因任总司令。1943年2月21日，在斯大林格勒失败不到一个月，曼施坦因指挥新的南方集团军群对过度拉长的苏军侧翼进行攻击。曼施坦因的部队进展迅速，孤立了苏军突前的部队，并迫使苏军大部分进攻行动停止。到3月2日，霍特的第4装甲军团之坦克先头部队军和肯普夫的军团支队会合，切断了苏联西南方面军的大部分部队。及至3月9日，德军已经在克拉斯诺格勒和巴尔文科夫给予苏军沉重的打击。估计有23000名苏联士兵被打死，另有9000人被俘。此外，615辆苏军坦克及354门火炮被俘获。后来经过4天血腥的巷战，重新攻克哈尔科夫。哈尔科夫沦陷后，苏军在顿涅茨河的防线就已经崩溃，随即曼施坦因的部队在3月18日攻克别尔哥罗德。这时春天已经到来，大地上的积雪和冰封的土壤已经开始融化，道路又变得泥泞不堪，反击被迫停止。

曼施坦因反击的成功，使苏军在库尔斯克地区形成了一个突出部。希特勒现在面临着两个选择：第一，防守反击，当苏军再次发动进攻时，采取和曼施坦因此次类似的行动，即先让敌人攻进来，自己后撤，寻找破绽，再反攻包围敌人。第二，先发制人，由南方集团军群和中央集团军群联合对库尔斯克突出部实施大规模进攻。

1943年5月,古德里安在苏联哈尔科夫检查飞行状况

古德里安风尘仆仆奔走于东、西两线之间,了解装甲部队重新编组和补充的情况,查看新型坦克在战场上的表现,并拜访了党卫军和空军的主官,试图协调这两个军种的装甲部队与陆军装甲部队的合作关系。鉴于轴心国家在非洲的败势已经不可挽回,古德里安和希特勒的副官长施蒙特又做了一次长谈,希望他能对希特勒施加影响,尽早将那里的装甲兵部队撤回欧洲,那些有多年经验的军官和技术人员,现在对德军来说就是无价之宝。但是出于多方面的原因,古德里安的这一希望没有完全实现。4月底,古德里安正视察德军西线装甲部队并考察大西洋防线的时候,接到了希特勒的电报,命他赶往慕尼黑,参加军事会议。

会议在5月3日和4日举行了两天,出席的人员有德军最高统帅部和陆军总部各重要人员、南方集团军群总司令曼斯坦因、中央集团军群总司令克卢格、第7集团军司令莫德尔、军需生产部长施佩尔和古德里安等人。所讨论的主要问题就是在1943年的夏季，东线战场上这两个集团军群是否应该发动一次攻势。

陆军参谋总长蔡茨勒主持制定了"卫城作战计划"，主张用双重包围的攻击来攻占苏军在库尔斯克以西的巨型突出地区，假使这个作战获得成功，就可以歼灭一大批苏军的兵力，使苏军的进攻力量大为削弱，并拉直和缩短德军的防线，使德军的机动性大大增加。蔡兹勒认为使用新型的虎、豹战车，即足以获得决定性的胜利，从而在东线战场上重新获得主动的地位。

持反对意见的主要是第7集团军总司令莫德尔，他原是对苏开战时古德里安部下第24装甲军的一个师长，战后被古德里安誉为"二战"后期德军最优秀的将领。莫德尔所提出的意见是以情报为根据，从空军拍摄的相片上可以看出，苏军在德军准备进攻的地区已经修筑好了大纵深和非常坚固的防御阵地，而且苏军早已把他们的大批机械化部队撤出了这个突出地带，为了预防德军将会使用钳形的攻势，他们对于可能的突破点都已配置强大的炮兵和战防部队来加强防务。莫德尔根据这些情报得出了一个结论，苏联人对于德军这个攻势早已有所预料，所以要想成功，就必须采取一种全新的战术路线，否则就不如放弃这整个的构想。

克卢格的发言有些含混，但大体上是支持这一计划的。曼施坦因则有些模棱两可，他说这个计划如果在4月份实施，成功的可能性很大，现在却有些疑问，而且要发动进攻，南方集团军群至少还要增加两个步兵师。当希特勒告诉他已经不可能再增加兵力时，他也没再坚持。

会议快结束时，古德里安请求希特勒准许他发言。古德里安主要从技术角度反对卫城作战计划，他说："我们刚刚完成了东线战场部队的再编组和再装备的工作，若是此时照陆军参谋总长的计划实施进攻，则战车方面势必会受到严重的损失，损失可能是 1943 年一年中的产量所无法补充的。而原本新战车是准备用于成立西线战场上的机动总预备队，因为盟军在 1944 年一定会企图登陆。"此外，古德里安又指出，虽然参谋总长对于豹型战车期待颇殷，可事实上它在技术方面的缺陷还非常多，在发动攻击之前，不一定可以完全解决得了。站在生产方面的立场，施佩尔也支持古德里安的意见。

会议期间，还发生了一件令古德里安哭笑不得的事。古德里安与克卢格之间隔阂颇深，见面时彼此态度都很冷淡，并且发生了一些言语上的冲突，事后克卢格给希特勒写了一封私信，表示要与古德里安决斗。施蒙特找到古德里安，给他看了这封信。古德里安觉得希特勒早已明令禁止将军们战时举行决斗，克卢格此举纯属故作姿态。但是施蒙特说希特勒还是希望古德里安设法消除误会，大事化小。为了表示服从希特勒的命令，古德里安给克卢格写了一封道歉信，但是在信中又声明，是克卢格在 1941 年对自己的恶意中伤才使自己采取了那样的行动。最后决斗的事情也就不了了之。

对于正在酝酿中的卫城作战计划，古德里安深以为忧，他抓住一切机会试图劝说希特勒放弃这个计划。一次总理府召开的讨论豹式坦克生产问题的会议后，古德里安抓住希特勒的手问道，自己可不可以和他坦率地说几句话，希特勒回答可以。古德里安就力劝他放弃东线的攻击计划，说西线战事的迹象已越来越明显，而对库尔斯克的攻击并没有必胜的把握，反而使西线的防务受到严重影响，得不偿失。最后古德里安说："你想想看，到底又有几个人知道库尔斯克是在什么地方？我们攻下了库尔斯克与否，对于全世界而言，都是一件无关痛痒的事情，所以你为什么一定要在今年发动攻势呢？"希特勒回答说："你说得一点都不错。我一想到这个攻势，就不免要作呕。"古德里安回应说："你对于这个问题的反应是一点都不错。所以就搁置它吧！"希特勒保证说，他现在还没有决定要实施这个计划，这样就结束了这一次谈话。

大量虎式坦克运往前线。德国人期望虎式能够让他们在库尔斯克赢得胜利

古德里安反对这次攻势行动，除了德军的作战意图已经暴露，攻击失去了突然性外，还因为自他上任以来，强力推进的装甲兵改编计划已经有了起色。在1943年3月以前，德军装甲师的坦克数量已经下降到平均每师70~80辆的水平，最精锐的装甲师，坦克也不超过100辆。古德里安上任后，通过加大坦克生产能力，缩减装甲师数量，利用缴获的敌军坦克以及用突击炮代替等措施，使德军装甲师实力恢复到每师100辆坦克左右，并且虎式和豹式坦克也开始成军。古德里安的想法是在东线暂时采取守势，一方面组建起一支新的装甲部队作为西线的战略预备队，另一方面积蓄实力，在合适的时间和地点给苏军以致命一击。他不愿意将德军现有装甲部队的精华浪掷在这种没有多大把握的进攻上，如果损失大量坦克，那么他的装甲兵改造计划也势

必破产。

希特勒虽然几经犹疑，但最后在蔡茨勒和曼施坦因等人的坚持下，还是于7月5日发动了卫城作战。投入参与进攻战役的总兵力达到了自1942年以来的78万余人的最大规模，火炮和迫击炮约1万门，坦克和自行火炮2700辆，飞机2050架。德军为这次进攻还投入了大量新式兵器，包括近70辆"虎"式、几百辆"豹"式坦克和"斐迪南"火炮，以及"福克沃尔夫FW190A"式战斗机和"海塞勒Hs129"式攻击机。主攻由南方集团军群承担，参与进攻的18个坦克师，也有12个配置在这个方向。这次进攻调集了东线所有能调动的兵力和几乎全部装甲兵部队，是希特勒几乎倾其所有进行的一场赌博。

在战场的南部，战事一开始，曼施坦因率领的部队就突破苏军的防线，尽管坦克陷在地雷场，且苏军密集的防线拖慢了德军的步伐，他仍然成功地实现了他最初的目标：抵达普洛霍罗夫卡，并对苏军造成更多的伤亡。领导苏军防守库尔斯克的格奥尔基·朱可夫元帅在他的回忆录中，亦称赞曼施坦因。但由于由克卢格和莫德尔在北部地区指挥的夹击几乎彻底失败了：战场北部的德军在7月5日至10日的战斗中就遭受了25000人的伤亡；最后由于缺乏步兵的支援和战略预备队，以及盟军进攻西西里的爱斯基摩人行动，促使希特勒在7月13日下令取消进攻，并同时抽调曼施坦因的装甲部队和战斗资源撤出库尔斯克战役。曼施坦因因此提出抗议，指出胜利几乎在望，因为他觉得他已经取得了局部优势，只要再多做一点努力，他可以在苏军出动预备队前攻破防线。然而希特勒仍然决定取消卫城行动。德军停止进攻后，曼施坦因认为德军在库尔斯克战役已经获胜，他甚至认为苏军受创的程度将使他们无法在1943年剩下的时间内再次发动进攻。然而，苏军恢复进攻力量的速度远远超出包括曼施坦因在内的任何一个德军将领的预计,因此,当苏军在8月3日重新展开进攻时,南方集团军群就遭到了沉重的打击。8月4日,别尔哥罗德失陷了,同一天中央集团军群也撤出了奥廖尔。

库尔斯克战役期间,德国坦克装甲部队正在行进中

古德里安认为卫城作战的失败是德军又一次决定性意义的挫折,而最让古德里安难受的是那些辛辛苦苦改编的装甲师,在这一战中都受到了严重的损失,恐怕很长时间都恢复不了元气。它们是不是还能参与东线的作战都已经成了问题,至于想在明年春天用来对付盟军的登陆威胁,则希望更渺茫了。

1943年无论对于古德里安还是德意志第三帝国来说都是一个备受折磨的年头,古德里安由于在东线视察时,染上了痢疾,病倒在床,后来在8月份又做了一次手术。养病期间,盟军开始对德国进行大规模战略轰炸,古德里安在柏林的家被炸成瓦砾,希特勒获悉后,马上命人安排落实了当年许诺赠予的地产,才使古德里安不至于落得无家可归。大轰炸也使设在卡塞尔的坦克工厂等军工企业受到重创。

在古德里安患病期间，克卢格元帅派人来看望他，克卢格表示愿意与他重修旧好，以共同限制希特勒的统帅权。古德里安从来没有过反对希特勒的念头，何况他也不信任克卢格，认为他反复无常，所以很干脆地拒绝了这个建议。

盟军的轰炸使德国的军工生产受到很大影响，为了弥补损失，古德里安下令将封存的旧式捷克38吨坦克改装成坦克歼击车，作为步兵师战防营的基本武器。

7月10日，盟军在意大利西西里岛登陆。在意大利本土受到威胁的情况下，7月24日，意大利王室和一些军队高级将领联合起来结束了墨索里尼的独裁统治，并囚禁了墨索里尼。9月3日，意大利和美、英签订停战协议，退出战争。

在东线战场，苏军自8月3日反攻以来，先收回哈尔科夫，又于10月份攻破第聂伯河防线，并于11月13日收复基辅。快速追击的苏军一度使德军到了崩溃的边缘，为了稳住局势，希特勒决定反击，古德里安认为这种分兵冒进的反击不会产生任何效果，纯属浪费兵力，并再一次向希特勒陈述自己有关坦克部队的使用原则：只准集中，不许分散。希特勒虽然考虑了古德里安的意见，但还是下达了反击的命令。反击行动由曼施坦因指挥，先由第7装甲师师长曼陀菲尔率领自己的残部和其他临时拼凑的部队进行了一次漂亮的闪击战，插入苏军的侧面，他把部队分成小型装甲群，虚张声势，给苏军以实力强大的印象；他们从苏军纵队的间隙中穿过，然后切断他们的后方，并攻击其司令部和通讯中心，一路造成瘫痪性的混乱。曼施坦因利用曼陀菲尔造成的机会，利用从西线调来的几个新装甲师发动了一次真正的反攻，这次反击行动却没有像最初那样成功，在12月中受挫，接着，苏军又开始了自己的反击,并将德军击退到文尼察。为了表彰曼陀菲尔的战功,希特勒用一种特殊的方式奖励了他,他请曼陀菲尔和他共过圣诞节,并调拨给他50辆坦克作为圣诞礼物。就希特勒手头的资源而论,这已经是一笔相当丰厚的奖赏了。

现在古德里安最忧心的是美、英在西方开辟第二战线,他费尽心思要为西线整编出一支装甲部队,作为战略预备队。他之所以反对希特勒的反击计划,很大的原因是希特勒要调走西线的装甲部队。为了填补空缺,古德里安又将各战车学校的教导大队集中起来编成一个师,命名为装甲训练师,装备最新型坦克,并任命一批有战斗经验的军官做各级指挥官,师长是自己原来的作战处长拜尔林将军。这个主意大得希特勒的赞赏,他在古德里安的报告中加了个按语说:"这个想法实在不错,可惜不是我先想到的。"

东线德军损失严重,最高统帅部焦头烂额,暂时无暇顾及西线未来的危险。但是古德里安非常笃定地认为1944年春天盟军肯定会在法国登陆,自己因职责所在,故而一再提出要求,将久战疲敝的装甲师撤回,加以整编补充,以备不时之需。最高统帅部为了敷衍古德里安也下达了撤回装甲师的命令,但命令的措辞往往是"只要战斗的情况许可,某装甲师应立即由前线撤回"。而前线指挥官也很容易找到理由拒绝执行这一非强制性的命令,使古德里安整编工作无法进行。陆军总部本来应该支持古德里安,毕竟西线也归他们指挥,但囿于当前局势,却没有站到古德里安一边,这也使古德里安和参谋总长蔡茨勒的冲突日益加剧。

虽然阻力很大,困难很多,古德里安还是尽了自己最大的努力,在1944年盟军登陆前整编出10个装甲师和装甲步兵师,作为德军西线的战略预备队。

德军士兵正在操作一门设置在法国大西洋沿岸的铁道炮

古德里安一直对最高统帅部幕僚人员不满，认为他们没有实战经验，不了解战场上的实际需要，并多次在不同场合表示过凯特尔不适合担任最高统帅部参谋长，他认为凯特尔才具平庸，只会奉承应和希特勒，对希特勒所犯的错误不能谏阻。他出任装甲兵总监时就和戈培尔谈过应该改组最高统帅部，任命一个具有实权的参谋长，以减轻希特勒的军事压力，但是戈培尔只是敷衍了他一番。后来他还向希特勒推荐过曼施坦因做三军参谋长，希特勒看在他缺乏政治头脑的份儿上，也就一笑了之。他却还不死心，又找戈培尔、希姆莱和约德尔等人试探。在1941年11月，他在和约德尔谈话时，又谈到了改组最高统帅部的计划。正在他滔滔不绝时，约德尔给他浇了一瓢冷水，约德尔问道："你还知道谁是比希特勒更好的统帅人才？"古德里安瞠目结舌，不知如何回答，只好把计划塞进公文包，匆匆走出约德尔的办公室。

虽然古德里安此举对希特勒是一种冒犯，并有试图限制希特勒权力的嫌疑，但是希特勒并没有疏远古德里安，他知道古德里安是一个纯粹的军人，没有政治野心，并且是忠于自己的。希特勒对于性格比较直率的将领比较偏爱，例如隆美尔、古德里安、莫德尔等人，都曾在希特勒面前据理力争，犯颜直谏，希特勒虽然不高兴，但还是能予以包容，即使暂时解职，过后还会予以重用。而像克卢格、曼施坦因、哈尔德等人就没有这样的待遇。

1943年11月，古德里安接到希特勒写的一个便条，请他去吃早饭。希特勒说："有人送了一只野鸭给我，你知道我是吃素的。所以你能不能来陪我吃早餐，代我享受这只野鸭？"这是希特勒对下属极少表露的亲密行为。进餐的环境非常安静，只有他们两个人，古德里安觉得在这个环境里适宜谈些棘手的问题，于是就有意把话题转向军事方面。古德里安说明年春季盟军可能在西面登陆，而现有的预备兵力却是绝对不充足的。为了能从东线抽出更多的兵力，所以东线似乎有建立一条坚固防线的必要。他认为在当前战线的后方，没有一条防线作为支撑的骨干，实在是一种非常不合理的做法，若是能够把过去德苏边界上的要塞加以修复，其效用一定比目前随意选定某些城镇当作据点的办法要好得多了。

听到古德里安提出这个问题，希特勒立即打开了话匣子。他一向以伟大的建筑师自诩，滔滔不绝地谈论起有关建筑工程方面的问题，列举了一串串的数字，证明要建筑这样一条防线，要耗费多大的人力物力，会造成多么大的运输困难。古德里安以铁路运输为例指出这些困难并非不可克服，并说如果未来形成两线作战的局面，势必要固守一条战线，既然他已经在西方建立了大西洋防线，为什么在东方却毫无准备呢？这时希特勒向古德里安吐出了心里话，他说如果有这么一条防线，前线的将领就会只想着不战而退了。所以关于这一点他已下定决心，不会再改变。

看到无法改变希特勒坚守不退、寸土必争的战略，古德里安又把话题转到了改组最高统帅部的问题上，希特勒明确表示自己不会放弃凯特尔。这次谈话后，古德里安也觉得自己实在是幼稚，实际上有哪一位将军会得到希特勒的信任？况且自己也找不出一位能让希特勒信任的参谋长。

在东线战场，德军4月份失去了克里米亚半岛，中央集团军群也撤退到布格河一线，北方集团军群也被迫向后退却。不过到了6月份，德军暂时稳住了阵脚，获得了一个短暂的喘息机会。德军统帅部也将目光移向西方，将节省下来的兵力用来加强大西洋防线。但也就是在这个时候，古德里安和隆美尔这两大名将，在德军应采取什么样的防守战略上产生了矛盾。

西线德军总司令是被希特勒重新起用的老将龙德施泰特，下辖B、C两个集团军群，隆美尔作为B集团军群司令，负责大西洋沿岸的防务。

隆美尔元帅（持手杖者）视察英吉利海峡附近的德国要塞

对于西线德军应采用的战术，龙德施泰特、古德里安以及西线装甲集团军司令盖尔具有相同的观点，他们认识到盟军占据空中优势，但认为可以通过夜间调动，使部队获得速度和适当的集中。一切的关键在于能否组建一支相当规模的装甲预备队，将其部署在大西洋防线后方，并保持适当的距离，以便判断出盟军的主攻方向时，可以迅速出击。而隆美尔因为有着长期与西方盟军交手的经验，深知敌空军实力之强，在其掌握绝对制空权的情况下，德军绝无能力进行大规模的机动作战来反攻。因此隆美尔主张在岸边迎敌，登陆的第一天对德军来说就会决定整场作战的胜负。

隆美尔在阿拉曼战役败北后已充分理解了在战争中空中优势的关键地位，因而主张将装甲师尽可能地配置在靠近登陆点的岸头前线。而龙德施泰特、西线装甲集团军司令盖尔和古德里安则主张为防止盟军的轰炸而应将其部署于后方，双方皆坚持己见。对此，隆美尔对拜尔林说道："他们迷恋的是运动战的形式，他们硬想不计一切代价来追求它，可是今日我们在西欧早已丧失了运动的自由，而他们仍在追求这个幻影……像战争初期那样使用坦克横冲直撞的时代早就过去了，连东线方面也慢慢地不使用这样的作战方式了。"

而古德里安却认为正是因为盟军掌握了海空优势，所以大规模地运动才是德军获胜的唯一机会。最后的结果是两者兼顾，少数装甲师配置在前沿，其余作为战略预备队，部署靠后，而且希特勒坚持动用预备队必须由他本人批准。在诺曼底，隆美尔能指挥的只有一个装甲师。

关于登陆地点。龙德施泰特判断会在加莱，由于缺乏情报，他的根据主要是这个地区正对着英吉利海峡最狭窄的部分，从战略上对盟军是最有利的。但是希特勒那不可思议的直觉却使他认为诺曼底是可能的登陆地点，后来他曾多次提醒前线指挥官注意诺曼底。

诺曼底登陆前的准备工作：英国喷火式战斗机正在进行紧张的训练

1944年6月6日，盟军发起"霸王"行动，横渡英吉利海峡，在法国诺曼底登陆。

6日凌晨，美国和英国的2390架运输机和846架滑翔机从英国20个机场起飞，载着3个伞兵空降师向南疾飞，准备在法国海岸后边的重要地区着陆。

黎明时分，英国皇家空军的1136架飞机对事先选定的德军海岸的10个炮垒投下了5853吨炸弹。天亮以后，美军第八航空队又出动了1083架轰炸机，在部队登陆的前半个小时对德军海岸防御工事投下了1763吨炸弹。接着，盟军各种飞机同时出动，轰炸海岸目标和内陆的炮兵阵地。5点50分，盟军的海军战舰开始猛轰沿海德军阵地。诺曼底海滩成了一片火海，地动山摇。进攻部队由运输舰送到离岸7~11英里的海面，然后改乘大小登陆艇按时到达预定攻击的滩头。跟在后面的是运载重武器和装备的大型登陆艇。盟军选择的登陆地点诺曼底海滩，位于法国的西北部，从东到西有5个滩头——剑滩、朱诺滩、金滩、奥马哈滩和犹他滩，全长约50英里。

当天傍晚，盟军已在欧洲大陆建立了牢固的立足点。伤亡人数比预计的要少。有将近 10 个师的部队连同坦克、大炮及其他武器都上了岸，后续部队也源源而来，不断扩大盟军对德国守军的优势。

盟军在诺曼底海滩集中了大量装备和人员

在盟军登陆的当天，隆美尔正在返回德国的途中。希特勒有夜间工作的习惯，此时刚刚上床，别人不敢打搅他的休息。驻扎在诺曼底的第 21 装甲师的部分部队曾经冲过英军防线到达滩头，但是兵力太弱，没有起到太大作用。当龙德施泰特的参谋长和最高统帅部联系，要求出动装甲预备队时，约德尔以"情况不明，不能打搅希特勒"拒绝了这一要求。结果是另外的三个装甲师第四天才陆续来到，这时盟军已在诺曼底站稳了脚跟。

古德里安在回忆录里说，盖尔在 6 月 28 日准备指挥四个装甲军发动一次反击，但遭到隆美尔的反对，他对反攻没有信心。回忆录中还说也有人认为他的反对是出于政治理由，暗示隆美尔事先知道"7 月 20 日政变"，所以预留兵力，以作应变。

希特勒在 6 月底解除了龙德施泰特和盖尔的职务，解职的原因是龙德施泰特支持隆美尔的部队后撤并提出设法结束战争的建议。西线德军总司令由克卢格接任。

在西线危机的同时，苏军在东线也发动了攻势，苏军集结了 146 个步兵师和 43 个装甲师对中央集团军群全线发起了进攻。德军步步后退，到 7 月中旬已经损失了 25 个师，希特勒匆忙用莫德尔替换下布许元帅为中央集团军群司令，最后才在华沙附近暂时阻挡住了苏军的攻势。

相关链接：

豹式坦克

豹式坦克是 T-34 冲击下的产物，德国坦克专家在考察了被击毁的 T-34 坦克后，总结出它的三个特点：1.采用了斜面（Glacisplate）的概念并设有倾斜装甲。2.使用阔身的履带，提高了在松软泥地上行驶时的机动性。3.装备了 75 毫米炮，与同时代的坦克比较下口径及威力均占优。豹式坦克就是在吸收了 T-34 的优点的基础上设计出来的，它的战斗全重 44.8 吨，行驶速度 55Km/h，主炮是 42 倍径深的 75mm 火炮，前装甲 80mm，侧面和后装甲 40mm。豹式坦克初次参战是在库尔斯克。战事初期，很多豹式坦克受困于机械问题而未能参战，尽管如此，参战的豹式坦克还是击毁了 267 辆苏军坦克。库尔斯克战役后，德国人汲取了教训，对豹式坦克进行了改进，使豹式坦克成为一款性能优良的坦克，不过受制于战争环境，它的传动齿轮寿命始终未能令人满意。豹式坦克在战时生产了 5000 辆，和四号坦克一起成为德军装甲兵的中坚。

无力回天的总参谋长

1944年7月20日傍晚，古德里安正在霍恩沙查的野外散步，一个骑摩托车的传令兵找到了他，告诉他最高统帅部有紧急电话。当他赶回驻军司令部，有人告诉他无线电广播了希特勒遇刺的消息。一直到深夜，古德里安才和自己的参谋长托马勒将军通上话。托马勒告诉了他刺杀事件发生的经过，并通知古德里安，希特勒命令他第二天去最高统帅部报到，将任命他接替蔡茨勒，任陆军参谋总长。

古德里安在第二天中午见到了希特勒。希特勒当时的样子颇有些狼狈，一只耳朵还在流血，右臂的灼伤很重，用绷带吊着，但是神情很镇静。他当面宣布古德里安为新任参谋总长，希特勒还表示了对古德里安前任的不满，他说蔡茨勒先后5次递交辞呈，这在战时是一种错误的行为，因此他严厉命令古德里安，不得借故提出辞职行为。

然后两人的谈话转到人事安排，古德里安借机提出更换西线总司令，他认为克卢格对于大装甲兵团的指挥完全是外行。这时希特勒突然插话说："而且他事先对这个暗杀阴谋也早已知道。"但是凯特尔和约德尔等都以克卢格目前的职位过于敏感，不宜轻动，劝阻希特勒。听到这里，古德里安决定还是不要再多嘴。

后来有人责难古德里安在这个非常时刻还钻营参谋总长的高位，这令古德里安十分愤慨。他用自己的参谋长托马勒将军与最高统帅部的电话记录以及托马勒与希特勒的谈话记录证明，希特勒任命自己担任参谋总长是临时做出的决定，而非自己钻营所得。古德里安还表示自己在这个困难时期，出于军人的天职，担负这个吃力不讨好的工作，完全是因为局势已经坏得无以复加，为了挽救德国的命运，明知是火坑也要往下跳，否则在道义上就是个懦夫。

但是古德里安在就任参谋总长后的一些言行，也难免不被人诟病。他在就任参谋总长的同时，也担任了军事"荣誉法庭"的法官之一，这个法庭的作用是把有反对希特勒嫌疑的军官开除军籍，这样就可以将其移交纳粹的人民法庭。出任这一职务固然不是古德里安情愿的，而且他也确实没主动做过什么，但是他也没有对哪个袍泽施以援手。

另外在他就任参谋总长的第三天，他发布两道命令，向希特勒表示全体军官向他永远效忠。虽是例行公事，毕竟大节有亏。而他在7月29日对陆军总部全体军官的讲话，就不能被认为完全是被动的行为了，他说：

"参谋总部的每一个军官都必须是国家社会主义的军官……这不仅要表现在他对政治问题的模范态度上，而且要表现在根据元首的主义对年轻军官进行政治教育的积极合作上……

"上级军官在评定和遴选参谋总部军官的时候，应该首先考虑他们的性格和精神的特征,其次才是才智,一个坏蛋也许永远是狡猾的,但在患难时期,他就经不起考验,因为他是坏蛋。

"我希望参谋总部的每一个军官马上表示他已接受我的看法,并且当众宣布,凡是做不到这一点的人,应该申请辞去参谋总部的职务。"

一个德国军事历史学家评论说,这一天"参谋总部作为一个独立自主的整体的历史结束了"。

事件发生后,希特勒对德国军队进行了血腥的清洗。刺杀主谋施道芬贝格伯爵等4人当晚被处死,原陆军参谋总长贝克上将自杀,陆军元帅维茨勒本、原第4装甲集团军司令霍普纳、军需总监瓦格纳、德军情报局长卡纳里斯海军上将等都受尽酷刑后被绞死,国内军总司令弗洛姆虽然首鼠两端,在得知希特勒未死后,出兵平乱,但最后也难逃一死。找过古德里安的戈台勒博士原本内定为事变成功后的政府总理,现在也被处死。哈塞尔被关进集中营,最后侥幸逃过一死。

"七二〇"密谋刺杀希特勒的组织者之一,德国陆军元帅埃尔温·冯·维茨勒本

在事件发生时，隆美尔正在家养伤，他是在西线被盟军飞机炸成重伤的，虽然没有具体参与这次事件，但是他以前和密谋分子有过多次接触，所以希特勒依然不希望他还活在世上，但是希特勒也不想公开处死这位深受德国人爱戴的元帅而引起全国震动。他给了隆美尔两个选择：要么接受公开审判；要么服毒自尽，对外宣称病逝，并为其举行国葬。隆美尔选择了后者。希特勒遵守诺言，在隆美尔死后，为他举行了隆重的葬礼。

在当年的 11 月份，希特勒突然用莫德尔取代克卢格担任西线主帅。克卢格在回柏林的路上服毒自尽，他在遗书中劝告希特勒同盟军媾和。

有一份材料记载被处死的人数达 4980 人，而在秘密警察的档案中记载，被捕的人数接近 7000 人，其中很多受牵连的是陆军总部人员。

古德里安就任参谋总长后，首先面临的问题是无人可用。在 7 月 20 日事件发生时，参谋总部的一些人员受了伤，另有相当一批人受事件牵连被捕，还有一些人和古德里安关系欠佳，不愿在他手底下工作，辞官而去。剩下一些没有战场经验的军官，古德里安也不想要。这样，古德里安上任第一天，偌大的参谋总部竟空空如也。

古德里安担任德国陆军参谋总长，但是他主管的主要是东线作战。德国有两个指挥作战的最高机构，即最高统帅部和陆军总部，二者之间并没有从属关系。后者专责东线作战，其他战线的作战由最高统帅部指挥，陆军总部无权过问，反之亦然。希特勒以德军最高统帅的身份兼任陆军总司令，日常事务由参谋总长负责。希特勒创建这种二元体制的目的，是为了防止军人篡权。

上任后，古德里安才发现自己这个参谋总长是没有任何决定权的，希特勒坚持着一切的事情都必须由他批准，并且不让参谋总长有一点哪怕是有限的决定权。所以古德里安只好要求对于不具重要决定性的事情，他应该拥有给予东线各集团军直接命令的权限，同时也要求专就整个参谋业务的范围而言，他应有权给予各集团军的参谋人员直接的指示。这两个要求却都为希特勒所拒绝了。

这种指挥上的叠床架屋，使得下级军官有借口不服从命令。古德里安发现，有些年轻军官居然对他的命令阳奉阴违。他解决问题的方法，就是将这些年轻人调回陆军总部，在这里他可以杀一杀他们的傲气。当古德里安将自己这一处理方式告诉希特勒时，后者很惊讶，但却也没说什么。

目前在东线，古德里安必须面对这样一个事实：德军依然据守着宽阔的战线，但是兵力却日益萎缩，其后果是苏军的进攻除了受到自身的补给影响外，很少受到其他的限制。兵力的减弱和空间的巨大使德军产生一种无力感。苏军数量的巨大，尤其是他们几乎没有补给问题的困扰，也更增强了德军的畏惧心理，他们像洪水一样奔流泛滥，又像游牧民族一样漫山遍野地冲杀过来。在任何西方军队都要饿死的情况下，苏联人都能继续活命；在任何人都会坐下来等待炸毁的交通线修复的环境中，他们却仍能继续前进。德军机动部队经常尝试攻击苏军的交通线以阻止其前进，但却发现很少有补给纵队作为攻击的目标。

现在南方集团军群已被分为南乌克兰集团军群和北乌克兰集团军群。曼施坦因已经因为眼疾之故被解职，其实真正的原因是他与希特勒的冲突。曼施坦因认为希特勒的战略简直是胡闹，而他和希特勒说话时的尖刻语调也使后者无法忍受。所以自此以后，这位德国军人一致推崇的最优秀战略家就再也没有了出头的机会，这使德军又缺少了一位能力挽狂澜的帅才。

现在德军实力最强大的战略集团就是南乌克兰集团军群，它辖有第7、第

8两个集团军,以及一部分罗马尼亚和匈牙利的部队,该集团军群司令夏纳尔将军也是一个深得希特勒信任的将领。

在北乌克兰集团军群防守地域,苏军于7月13日发动了攻势,在该集团军群的战线上打开了三处缺口。到了7月21日,占领了利沃夫、托马舒夫、柯尔门和卢布林等地,其攻击的矛头已经到达维斯瓦河上的普瓦维到布格河上的布列斯特—立托夫斯克一线。

苏联红军收复白俄罗斯,受到当地居民的热烈欢迎

在中央集团军群方面则情况更糟,苏军在别列津纳与普里佩特大沼泽地之间的攻击已经获得成功,从6月22日到7月3日之间,它已经在罗加乔夫、乔瑟、奥尔沙以北和维捷布斯克的两侧等地区,突破了德军的阵线,在整整歼灭了德军25个师之后,他们并且压迫着德军不得不逐步后退。在最后数天之内,苏军对于战果的扩大更是获得了惊人的胜利。不仅是德军中央集团军群已经站不住脚跟,就是北方集团军群也被拖到了陷于全部崩溃的局面。到了7月21日,苏军以十分强大的兵力向维斯瓦河之线发动了全面攻势。其

中威胁最严重的一路是由波尼维希到孝仑和米陶。在米陶以北，他们已攻抵了里加湾，于是就把北方集团军群和德军其余部分的联络完全切断了。由于中央集团军群已经遭到了惨败，所以到了7月21日，北方集团军群的右翼就只好撤到米陶—都拉堡—普斯科夫一线。但是局面仍不能稳定住。

现在古德里安手头能调动的机动兵力，只有在南乌克兰集团军群后方的罗马尼亚部队。国内军训练出的有限兵力，都用来补充惨败后的中央集团军群。

古德里安现在最主要的作战助手温克将军，本来就是南乌克兰集团军群的参谋长，他对于罗马尼亚的情形十分熟悉。所以在征得了南乌克兰集团军群总司令同意之后，古德里安向希特勒建议，把凡是在罗马尼亚境内可以抽出的兵力，都悉数北调，以填补中央集团军群和北方集团军群之间的空隙。希特勒马上同意了。同时希特勒又命令南乌克兰集团军群总司令夏纳尔和北方集团军群总司令佛瑞斯纳（Friessner）互相对调，并且破例给予该总司令相当大的指挥权限。由于此项紧急的措示，才使苏军的北面攻势暂告停顿。古德里安原有的意图是不仅想重建这两个集团军群间的联系，而且还想趁机把部队撤出波罗的海国家，借以大幅缩短战线。古德里安认为要想使北方集团军群不至于在目前这种危险局势中全部被歼灭，这种撤退似乎是绝对必要的。夏纳尔将军奉命拟定撤退计划。他提出报告说大约要三四个星期的时间，才可以完成这个撤退。但是古德里安觉得这还是太慢了，必须采取更迅速的行动，因为他预料苏军即将向东普鲁士发动一次大的攻势，所以希望将这一部分兵力赶紧撤出，以供防守之用。因此就命令在7天之内应完全撤出爱沙尼亚和拉脱维亚，在里加只占领一个桥头阵地，而把所有的装甲和摩托化部队都马上集中在孝仑以西的地区中。他判断苏军一定会在那里发动下次的攻击。若是要想使中、北两集团军群再重建联络，那么首先就要击败苏军这一次的攻击。

德军从9月16日到9月26日发动了进攻,为北方集团军群打通了一条狭窄的后撤通道。现在似乎是趁机撤兵的最好机会,可是夏纳尔却认为苏军不会再向孝仑以西地区进攻,而将向米陶进攻。所以他就不遵照希特勒所签署的命令,而把他的装甲兵力保留在米陶地区。古德里安认为夏纳尔在暗中已经获得了希特勒的批准,因为他和希特勒是能直接联系的。

古德里安和希特勒进行了冗长而激烈的争论,为了保卫德国本土,古德里安主张把这一部分宝贵的兵力撤出。争论使双方都很不愉快。

一辆斯大林型坦克被德军炮火击毁

在莫德尔担任中央集团军群司令后,防线终于在华沙东面稳定下来。莫德尔是少数敢和希特勒争辩的将领之一,而希特勒也喜欢他的那种粗豪气质,而不喜欢曼施坦因的那种讥讽态度,所以也容许他有比较大的行动自由。凭借希特勒所少有的容忍态度,莫德尔常能根据自己的判断将部队从险恶的处境中撤出，并时常不理会他所收到的指示。他之所以能救出危难中的部队，与其说是他高明的战术，不如说是敢于不服从而自作主张的勇气。

在苏军兵临维斯瓦河畔之际，波兰人在华沙举行了起义，到8月1日晚，华沙的大部分都落入波兰人民手中。古德里安要求将镇压华沙起义交给陆军总部统一指挥，但是希特勒将它交给了党卫军总司令希姆莱负责。希姆莱残酷地镇压了华沙起义者，并在攻占华沙后将其夷为平地。

在镇压华沙起义的同时，中央集团军群在得到了3个党卫军装甲师的支援后，从北面的侧翼上发动了一次反击，切入苏军的突出阵地，并迫使其撤退。而苏军企图从维斯瓦河的桥头阵地向前推进，也被从德国调来的援兵所阻止。所以到8月第一个星期结束时，苏军除了在喀尔巴阡山和立陶宛略有进展外，其他地区都停滞不前。苏军在经过5个星期前进450英里之后，现在已成为强弩之末。于是莫德尔运用少量的预备队，在选择适当的地形后，也就阻止了他们的突进。苏军在维斯瓦河畔将会停留6个月之久，才能准备就绪，发动他们下一个攻势。在东普鲁士方面，苏军的进攻也被曼陀菲尔阻止。

从喀尔巴阡山脉到波罗的海之间的东线主战场获得了暂时的平静，古德里安想利用这一难得的机会，抓紧时间构筑防御工事并抽出装甲师和装甲步兵师进行补充以作为战略预备队。虽然面对长达725英里的漫长防线，寥寥12个装甲师实在微薄，但也聊胜于无。

德军由进攻转入防守，古德里安对防御工事的建设也愈加重视。他用先斩后奏的手段，迫使希特勒同意他在东线建设一条固定防线。在希特勒青年团的帮助下，动员了主要由妇女、老人和小孩组成的劳动大军进行土方作业，这是德国目前唯一没有动用的人力资源。由于物资、人力和时间方面的限制，这条防线最后没有达到预期的效果，但是部分要塞还是发挥了很大作用。

为了守备这条防线，古德里安组建了要塞守备部队，由 100 个步兵营和 100 个炮兵连以及一些辅助部队组成。但是这支部队刚刚训练完成，大部分就被调往西线，希特勒正筹划在那边发动一场大的攻势，不仅是人员，武器也优先送往西线，以致要塞上需要装备的重型武器也无法保障。

两个德国士兵，正在炮弹壳上画画

古德里安想要建筑的是一条当敌军进攻时，部队可以退守的"最后防线"，他和其他军官都主张将其建在前沿工事后面 12 英里处，当敌军进攻前进行炮火准备时，可以将部队撤到"最后防线"，待敌军攻到此处已显疲态时，再将其击退。当报告送到希特勒手上时，希特勒却大发雷霆，说他不能坐看 12 英里的土地不经一战就白白失去，他命令两条防线的距离不能超过两英里，这是他在第一次世界大战时的经验，完全忽略了技术发展带来的军事革命。后来这使德军蒙受了很大损失。当 1945 年 1 月，苏军发动新的攻势时，德军的防线由于纵深太浅，被进攻的苏军一气穿透。而希特勒又大喊大叫要追究防线的设计者和施工方的责任，古德里安毫不客气地拿出了当时的会议记录，希特勒这才不再吭气。

现在的希特勒更加骄狂不可一世，他自认在德军高级将领中，实战经验无人能出其右，他周围的军事顾问的吹捧更加深了他的自负。当古德里安试图向他讲解当前战场的实际情况和战术发展时，他对古德里安说："你不用再把我当作小学生看待。我已经在战场上指挥德国陆军达5年之久，而在这段时间之内，我所获得的实际经验，要超出了参谋本部诸位先生的想象之外。我曾经研究过克劳塞维茨和毛奇的理论，并且把施里芬的著作都完全读通了。我自问所获得的要比你高明得多了！"

一架美式B-24"解放者"远程轰炸机执行轰炸罗马尼亚石油工业中心普洛耶什蒂任务

随着德军的每况愈下，德国的盟国也越加离心离德。作为倒下的第一块多诺米诺骨牌，在 8 月 23 日，布加勒斯特电台宣布，罗马尼亚已经和同盟国媾和，并对德宣战。罗马尼亚的统治者安东内斯库元帅被政变的罗马尼亚军队逮捕，而仅仅在 4 个月前，古德里安和这位老元帅谈话时，他还自信满满地宣称不会有任何手下将领反对他。

1944 年 8 月 20 日，苏军开始向南乌克兰集团军群战区发动了攻势。罗马尼亚军队所防守的地区，罗军大批地逃向敌方，并马上调转枪口向昨天的盟友进攻。虽然希特勒立即下令撤退，但是前线的部队却还想据守，并且实行且战且走的方式。为了避免全面崩溃和全部被歼灭的危险，实在应该赶紧撤退，并且迅速占领多瑙河上的桥梁。可是这一步却并没有办到，罗军比德军先赶到了渡口，使德军处于腹背受敌的境地。罗马尼亚境内的德军被全部消灭，共计 16 个师，这相当于德军又打败了一次斯大林格勒战役。

保加利亚王国接着在 9 月 8 日也正式脱离了与德国的同盟关系，而加入了同盟国一方。德国人刚刚交到保加利亚人手里的 88 辆Ⅳ型战车和 50mm 的突击炮，也白白便宜了对方。希特勒原来认为至少可以将保军组成两个反攻师的梦想，也终于化为泡影。在保国境内的德国军人都被解除了武装并被监禁起来。保军随即也参加了苏军对德军作战。

1944 年 9 月 19 日，最后芬兰也与苏、英两国签订了停战协议。

为了安抚仅剩下的唯一盟国，古德里安在 8 月底奉命出使匈牙利，他得出的结论是匈牙利的霍尔蒂海军上将有意背盟，局势已经不稳。为了稳定住匈牙利的局面，希特勒 10 月 16 日出兵匈牙利，推翻了霍尔蒂政府，并且又扶持起一个傀儡政府。

在中欧巴尔干德军防线土崩瓦解的同时，西线德军也被迫撤出巴黎。现在无论是东线还是西线，战火马上就要燃烧到德国本土了。

面对两线作战的困境，希特勒的意见是集中兵力在西线战场方面，企图在盟军尚未到达莱茵河之前，至少是正当他们渡过莱茵河的时候发动一次强力的反攻，把敌人击败。古德里安认为，要想达到这一目的，其先决条件有下列四点：1.先稳住东线战场，等到西线战场方面的攻势能够达到某些目标之后，再把兵力调回东线。2.西线方面的攻势一定要在极短期内完成，尤其要在冰冻期以前。因为此后苏军就会发动新的攻势，东线方面就又会吃紧了。3.迅速准备攻击的兵力，以使计划可以真正实现。4.目前西线方面要先有不断的小胜，以争取时间来完成大攻势的准备。

希特勒和最高统帅部相信到了11月中旬，一定可以发动攻势，等到了12月中旬，强大的预备兵力就又可以调回东线去了。那年秋天天气特别温暖，预计冰冻期会来临较迟，所以苏军也许要过了新年才会动攻势。出于这些考虑，古德里安负责的东线就列在了第二位。为了稳住东线，古德里安又一次提出了缩短战线的要求，希望撤回留在波罗的海、挪威和巴尔干的德军，作为战略预备队，但又被希特勒拒绝了。

12月初，希特勒把他的大本营从东普鲁士移到吉森附近的齐根堡，这样可以使他更接近西线战场，以便亲自指挥即将在西线方面发动的最后攻势。

德军这次攻势的所有观念、决定和战略计划都出自希特勒本人，应该说是一个卓越的构想，如果他还拥有足够的资源和兵力的话，也许能够取得非凡的成功。曼陀菲尔对这个计划做过如下扼要的叙述：

阿登攻击计划完全是由最高统帅部制定，用一种干净利落的"元首命令"

的形式送达我们手中。其所确定的目标为使用2个装甲集团军——迪特里希指挥的第6集团军和我指挥的第5集团军——以期在西线获得一次决定性的胜利。第6集团军应向西北进攻，在列日与伊之间渡过马斯河，再向安特卫普挺近。它是主力集团并负主要任务。我的集团军则采取,条较长较曲折的攻击路线，在那幕尔和迪囊之间越过马斯河，然后指向布鲁塞尔——以掩护他的侧翼……整个攻势的目的是为切断英军和它的补给基地之间的交通线，并迫使它撤出欧洲大陆。

　　龙德施泰特在不久前才再次被希特勒任命为西线总司令，接到命令后，感到非常踌躇。他认为计划成功的概率不大，相对于这样一个雄心勃勃的计划，德军现在所能调动的兵力实在是太渺小。莫德尔对此也有同感，他们两人和曼陀菲尔一起制定了一个目标有限的方案，以试图取代这个计划，但为希特勒所拒绝。

　　希特勒幻想的是，如果他能创造出第二个敦刻尔克，那么英国人实际上也就会被迫退出战争，于是他就可以获得喘息的机会，在东线阻止苏军的进攻并设法造成一种僵局。

　　阿登攻势初期的胜利至少一部分要归功于两个人，一个是刚从师长位置被希特勒直接提拔为集团军司令的曼陀菲尔，他是德军装甲部队的后起之秀；另一个是希特勒发现的奇才——斯科尔策尼，一年前他奉希特勒之命，乘滑翔机突袭，救出了被关在山顶的墨索里尼。

　　在阿登攻势中，斯科尔策尼指挥的德军特种部队实施了代号为"麒麟作战"的行动。特种部队士兵穿上美军军服，乘坐美军汽车，渗入盟军后方，他们割断电话线，移动路标，悬挂表示前方是雷区的红布条以使盟军部队绕行，总之，用尽一切手段给盟军造成了巨大混乱。

12月16日开始进攻之后，曼陀菲尔将军所率领的第5装甲集团军立即在盟军的阵地中，完成了一个深入的突破。该军团的装甲前卫部队，第116和第2两个装甲师，已经非常接近马斯河。实际上，第2装甲师的某些单位甚至冲到了马斯河岸。第6装甲集团军则从开始就比较不顺利，由于美军的阻击，不久攻击就陷于停顿。由于道路狭窄而且又结了冰，所以车辆壅塞不通，又使部队无法赶快调集到第5装甲集团军这一方面，以充分地扩大它的战果。于是不久这个集团军也就丧失了机动性，而这是一切大规模作战成功的唯一先决条件。因为这个时候，第七集团军方面又受到了美军的攻击，感到支持不住，于是第5装甲集团军的兵力又抽调了一部向南面去增强左翼。从这个时候起，再想做大规模的突破事实上已不可能。

美军军官携带助手，在一座教堂前面的弹坑里构筑了简易机枪阵地

在东线，情报显示苏军正准备发起一场强大的攻势，苏军的兵力已经做了适当的集结，分为三大战役集团：1.在巴拉罗夫桥头阵地中，苏军一共集中了60个步兵师、8个坦克军、1个骑兵军和6个坦克师。2.在华沙以北地区，一共集中了54个步兵师、6个坦克军、1个骑兵军和9个坦克师。3.在东普鲁士边境上，集中了54个步兵师、2个坦克军和9个坦克师。

除此以外，在亚斯沃以南地区，还有15个步兵师和2个坦克师。在普瓦维地区，还有11个步兵师、1个骑兵军和1个坦克军。在华沙以南地区还有31个步兵师、5个坦克军和3个坦克师。

德军情报部门估计苏军可能会在1月12日开始大举进攻。苏军对德军占有极大的优势，在步兵方面是11∶1，在战车方面是7∶1，在大炮方面是20∶1。从整个实力上来加以全盘的比量，苏军在地面上的优势是15∶1，而在天空中的优势是20∶1。

古德里安认为现在最紧要的问题，就是要挡住苏军即将发起的强大攻势，要达到这个目的，就一定要赶紧把相当的兵力从西线调到东线，并且在罗兹--霍恩沙查地区建立一支强大的预备兵力。这样就可以强迫已经突破德军战线的苏军进行运动战，因为这种战法是德军官兵最拿手的，即令他们今天已经是疲兵久战，可是却还有击败敌人的把握。

古德里安决定在12月24日的大本营军事会议上据理力争，争取说服希特勒，允许调动必要的兵力到东线。

出席会议的除了希特勒以外，还有凯特尔元帅、约德尔上将、布格多夫将军，以及一些较低级的军官。古德里安将苏军情况和兵力部署大致讲述了一番。希特勒却说这些情报是完全受了敌人的欺骗。他说苏军一师最大的兵力不过7000人，而坦克师根本上就没有战车。他大声喊道："这是自从成吉思汗以来的最大骗局,是谁负责把这些废话都搜集到情报里面来的?"自从他本人遇刺未死之后,希特勒一直在与外界隔绝的状态下生活,经常是自欺欺人。他所命令成立的新炮兵军,实际上只不过是一个旅而已。一个装甲旅只有两个营,他却偏说可以相当于两个团的实力,坦克歼击旅实际上只有一个营的战车歼击车。照古德里安的看法,希特勒这种虚张声势的办法,不仅不能愚弄敌人的耳目,而且只能使德国自己的军事组织更显紊乱。因为他自己是这样的作风,所以他就一口咬定苏联人也是和他一样,于是就以为苏军在最近绝不会发动攻势。在吃晚饭的时候,古德里安坐在希姆莱的旁边,这位身兼国内军总司令、上莱茵集团军总司令、党卫军总司令、内政部长、警察总监的特务头子,自以为不可一世。他觉得他在军事上的天才差不多已经可以和希特勒不分伯仲,所以当然不把陆军的将领们看在眼里。他向古德里安说:"我亲爱的上将,你是知道的,我完全不相信苏军会发动攻势,那完全是一种欺人的狡计。你们情报人员所估计的数字实在是太高了。他们是有一点神经过敏,我敢断言在东线战场方面是不会出什么乱子的。"对于这种幼稚得可笑的论调,古德里安觉得简直是不值得和他一辩。

更主要的是,约德尔也反对把主力移向东方。约德尔认为在西线上,好不容易已经争取到了主动的机会,所以弃之实在可惜。他虽然已经看到阿登攻势已经渐成尾声,但是他却相信这次攻击已经使盟军的原定攻击计划受到破坏。他认为如果再找到一个盟军所预料不到的地方继续进攻,那么一定就可以获得另外一次有限的成功,于是这样发展下去,以积小胜为大胜的办法,最后还是可以击败盟军的。凭着这个信念,他建议在阿尔萨斯—洛林的北部,再发动一次新的攻势。德军准备经由比奇的两侧,以萨韦尔讷(Saverne)为目标向南进攻。这个攻击后来从1月1日开始,最初还是获得了有限的成功,不过它的目标萨韦尔讷，甚至于斯特拉斯堡，却还距离很远。约德尔坚持着他的主张，极力反对调兵往东线的意见。他一再慷慨陈词地说："那会把我们刚刚好不容易获得的主动权，完全付诸东流。"古德里安指出来鲁尔地区的工业设施已经为盟军轰炸所摧毁，同时交通运输也已经完全瘫痪，所以这一地区已经没有什么可守的价值。反言之，上西里西亚的工业地区现在却还可以进行大规模的生产，德国军需工业的重心早已经移向东方，若是上西里西亚这个地区丧失了，那么只要几个星期的时间，德国就会完全崩溃。

古德里安的要求没有得到满足。就在圣诞夜的晚上，又传来了布达佩斯被围的消息。古德里安退而求其次地请求从波罗的海和挪威撤军，也再一次被拒绝。

在第二天古德里安返回陆军总部所在地措森途中，希特勒下令将作为东线预备队的党卫军的一个装甲军调往匈牙利，以解布达佩斯之围。等古德里安知道，却为时已晚，现在长达750英里的东部防线，只有12个半师作为战略预备队。

回到措森，古德里安和陆军情报首脑盖伦将军，他的参谋长温克将军一起研究了局势，一致认为只有将部队从西线调回来，东线才能有守住的一线希望。古德里安认为再一次向希特勒请求前，要先得到西线总司令龙德施泰特的支持。

古德里安拜会了龙德施泰特和他的参谋长，向他们介绍了东线潜在的危机和自己准备向希特勒提出的要求。老元帅了解当前的局势，他告诉古德里安西线有3个师，在意大利还有1个师，都驻扎在铁路沿线，只要希特勒批准，马上可以调往东线。龙德施泰特同时还向上述部队下达了准备调动的命令。古德里安也马上命令运输司令部准备车辆。当一切就绪后，古德里安来见希特勒，重提向东线调兵的要求。约德尔再次重申无兵可调，古德里安不客气地说出了那4个师的番号和驻地。约德尔恼羞成怒，追问古德里安从何处得知这一情报。古德里安告诉他是西线总司令亲口所说，约德尔才悻悻不语。希特勒总算答应将这4个师东调，但古德里安也没高兴多久，很快这4个师又被希特勒派往匈牙利战场。

新年过后不久，调往匈牙利的那支党卫军部队，在重新建立的第6集团军司令巴尔克的指挥下，对包围布达佩斯的苏军展开了进攻。巴尔克就是在法国战役时，古德里安麾下的那个勇士团长。进攻开始时还算顺利，但最后还是没有穿透包围圈，达到解围的目的。

古德里安在前线实地考察时得出结论，这要是20世纪40年代的德军，攻击早就会得手，由于失去了大批训练有素的老兵和有经验的军官，德军的素质已大幅下降。

古德里安和前线的高级将领交换意见，都认为应该缩短防线，最好将部队后撤，这样会使防守的区域变小，可以抽出一些部队作为预备队。

古德里安汇集了前线将领的意见，制定了一份缩短战线的计划，再一次去谒见希特勒，这次他还带上了装甲兵总监部的参谋长托马勒将军。

会上古德里安向希特勒展示了盖尔将军制作的敌情报告，报告附有图表，标注出每个地区的兵力分布。希特勒看后大发雷霆，现在的希特勒就像把脑袋钻进沙土里的鸵鸟，他只相信自己想象中的世界，不肯承认现实。他命令古德里安将制作这份报告的人免职，被古德里安拒绝。希特勒同样拒绝了古德里安调整防线的要求，他一贯认为凡是主张撤退的将领，一定是畏敌不前。会后为了安抚古德里安，希特勒特意对他说："东线过去从来没有过这么强大的预备兵力，这都是你一个人的功劳，我应该感谢你。"古德里安回答道：

"现在东线战场，就像一个押上了最后一点赌注的赌徒，假如有一处被突破，全线就会土崩瓦解，因为12个半师的预备兵力，根本无法应付这样漫长的防线。"分别时，希特勒告诫古德里安："东线应该靠自己力求生存。"

阿登攻势在12月24日就陷入停顿，一方面是盟军的支援部队已经堵住了缺口；另一方面，德军装甲部队的燃料也已告罄。曼陀菲尔请求撤退，希特勒照例不许。直到1945年1月3日，同盟军发动进攻，德军才被迫开始退却。阿登战役德军损失了90000人，退却时损失的坦克和自行火炮等技术兵器比整个进攻过程中损失的数量大好几倍。陆军失掉了勉强抽出的最后一点预备队，使东西战线都更深切地感到了兵力的缺乏。

让古德里安忧心不已的苏军大攻势，终于在1942年1月12日到来了。在攻势发起前，苏联人接受了上次攻势的教训，耐心地做了周密的准备，战线后方的铁路完全修复，并把欧陆标准轨道改为苏式特宽轨道。火车站附近储存了大量的物资。这次攻势的首要目标是上西里西亚，那里是德国的重要工业区之一，还保留完好，没有受到盟军飞机的轰炸。为了达到这一战役目标，苏军要从波兰南部维斯瓦河上的巴拉诺夫桥头阵地前进100余英里，但是苏军统帅部的目光不仅止于此，他们更大的目标是德国首都——柏林。

为了保证这一攻势的成功，进攻部队由苏军三位最杰出的的将领指挥，科涅夫指挥波兰南部的乌克兰第一方面军，中央的白俄罗斯第一方面军由朱可夫指挥，罗索科夫斯基指挥华沙以北的白俄罗斯第二方面军。

1945年1月12日，科涅夫的部队从巴拉诺夫的桥头阵地开始发起进攻。这是苏军大攻势的开始，展开的兵力是10个集团军（包括2个坦克集团军），共计70个师，由2个航空集团军支援。

最初突击的速度很慢，因为进攻当天大雾笼罩着战场，空军无法升空。

但是大雾也掩护了突击部队。在密集炮火持续不断的轰击下，德军的防线不断被削弱。到了第三天，突击部队已经深入20英里，并以宽广正面渡过尼达河。到此苏军的攻势开始扩张，装甲部队就从这个缺口冲入，像洪水一样淹没了波兰平原。凯尔采于15日被一支苏军纵队攻占，已经直接威胁着面对朱可夫所部的德军后方。

1月14日，朱可夫的部队也发动了攻势，并于17日占领华沙。罗索科夫斯基也于同日发动进攻，从那累夫河上的桥头阵地冲出，并突破德军掩护东普鲁士接近路线的防线。现在苏军打开的缺口有200英里宽，一共有200个师滚滚向西。

到了19日，科涅夫的右翼已到达西里西亚附近，他的左翼包围了克拉科夫；朱可夫攻占了罗兹；罗索科夫斯基也到达了东普鲁士的门户。

自苏军攻势发动之日起，古德里安就不停地和希特勒进行电话联系，向他报告局势恶化的程度，极力要求他赶回柏林坐镇，以安定军心，激励士气。可此时希特勒的目光还没有从西欧和匈牙利方向收回，他回答古德里安："东线应该尽量以目前已有的力量实行苦撑。同时，你自己也明白在这个时候从西线抽调兵力已经是太迟了。"

1月15日，希特勒是以一种不受古德里安欢迎的方式重返东线，他不顾古德里安的反对，将"大德意志"军由东普鲁士调往凯尔采，以阻止苏军对波茨南的攻击，然而这是个为时已晚的行动，不仅无法阻止苏军的攻势，而且还将东普鲁士陷于险境。其实早在苏军展开攻势之前，驻扎斯洛伐克的德军指挥官海因里希就表示可以从自己的部队中抽调两个师，作为维斯瓦河防线的预备队，但被希特勒拒绝，因为这不符合他"每个人都应在原地死战到底"的原则，而现在苏军突破的缺口已经太大，难以填补了。

波兰西部大部分地区都是平坦开阔的地形，假如攻击者占有数量和机动的优势，则可以对于这种地形加以很好地利用。1939年时的德军就是这样。现在轮到他们处于防守地位，而且兵员和机动能力都很短缺。作为一个机械化战争的提倡者，古德里安早已认清硬性防御的无效，并认为克制突破的唯一机会即在于装甲预备队的反机动。但他却一方面被迫站在维斯瓦河岸边不许移动，另一方面极其稀少的装甲兵力的一部分，又在苏军发动攻势前夕被希特勒调往布达佩斯。他把剩余的装甲部队全部使用在凯尔采附近，才获得一些时间，使维斯瓦河湾被围德军得以撤出。所以攻势发动的第一个星期，苏军只俘虏了2.5万人。对于这样一个大的攻势，这样的俘虏人数实在微不足道。

因为古德里安抗命不肯执行希特勒的命令，令他大为光火，一怒之下，匆匆赶回柏林。回到柏林的当天，希特勒没有接见古德里安。

第二天，希特勒召集古德里安等人开会。会上希特勒终于面对现实，做了西线暂取守势，将一切可以调集的兵力调集到东线的决定。古德里安很是满意，并制定了一个使用这些兵力的计划，重点是让这些从西线调来的兵力渡过奥得河，攻击苏军前锋部队的侧翼，减轻正面守军的压力。但是约德尔给他泼了盆冷水，约德尔告诉古德里安元首已经下令，把凡是可调集的兵力，也就是第5装甲集团军调往匈牙利。古德里安愤怒得几乎失去理智，他与希特勒大声争辩，举出军事上的利弊。希特勒则用经济方面的理由反驳他，希特勒说，因为德国综合石油工业已经遭受了猛烈的轰炸，所以匈牙利的油矿和炼油工厂就更重要，这对于战争将具有决定性的作用。他说："假使你没有燃料，那么你的飞机怎么能飞，战车又怎么能跑呢？你应该能明了这一点。可是我的将军们对于战争的经济性却完全不了解……"

这样西线调回的部队又分成了两部分，其中一部分调往匈牙利。

此后古德里安和希特勒的冲突几乎无日不有，有时为了军事方针，有时为了人事问题。每当前线部队打了败仗，希特勒就要找一个替罪羊。古德里安维护这些将领，就不得不和希特勒据理力争。常常是希特勒罢免了某位指挥官的职务，古德里安又设法将他安排到其他部队任职。

1月17日的黄昏，陆军作战处处长波宁上校报告古德里安，华沙的沦陷可能已经无法避免，而且很有可能现在就已经失守了，因为和那里的通讯联络已经中断，作战处建议现在就应假定华沙已经失守，另外建立一条新的防线。古德里安批准了这一计划。第二天的军事会议上，古德里安正把情报处的判断和自己下的命令向希特勒讲解，突然有一件无线电报送了进来。电报是华沙守军司令打来的，内容是说华沙此时尚在德军手中，但已定在明天夜间撤出该城。希特勒大发脾气，并命令要不惜一切代价死守华沙城。而华沙实际上只剩下了4个要塞步兵营，再加上少数的工兵和炮兵，战斗力都很有限。以他们的力量是守不住这个地方的，若是他们遵从希特勒的命令，结果就只有全部被俘而已。所以守军司令虽然已经接到了死守的命令，他还是决定撤出华沙，于是希特勒的脾气就一发不可收。

他变得不可以理喻，实际上此时华沙一地的得失已经无关大局，在以后几天当中，他就专心研究华沙沦陷的原因，他一心认为这是参谋本部的一个大错，所以决定要惩办几个负责的人员。

当时的前线已经四处告急，希特勒却把整天的时间用在处理华沙事件的讨论上，这简直就是开玩笑。当晚希特勒下令逮捕陆军作战处的三名军官波宁上校、柯尼斯贝克中校和克里斯滕中校。在古德里安的严重抗议下，后两人最后被释放，但是陆军作战处处长波宁上校却一直被关押在集中营。古德里安和他下一次的会面，已经是在美军的集中营了。

1月21日，战火终于烧到德国本土。科涅夫的部队深入到上西里西亚，中央集团军群遭到苏军的钳形包围，已经有前线将领不再遵从希特勒的命令自行撤退。希特勒怒不可遏，但实际上已无力惩罚。古德里安对以军事胜利争取和谈已不抱希望，他通过中间人的安排，会见了外交部部长里宾特洛普，希望他能和自己一起劝说希特勒争取在一个战场上获得休战的机会，但是里宾特洛普转身就报告了希特勒。当古德里安出席夜间汇报，走进会议室时，希特勒大声对他说："当参谋总长跑去见外交部部长，告诉他东线的情形是如何地严重，并且主张设法在西线求得休战的时候，那么他多少是已经犯了卖国的重罪！"古德里安才知道里宾特洛普给自己告了状。

苏军的攻势如火如荼。为了挡住苏军的进攻，希特勒将全国所有能利用的人力资源搜罗殆尽，甚至十六七岁的少年也征入军队。古德里安不愿意把这些孩子派往前线送死，下令将所有1928年以后出生的新兵从东线调往德国西部各军区。这是战争后期他最感安慰的一件事。

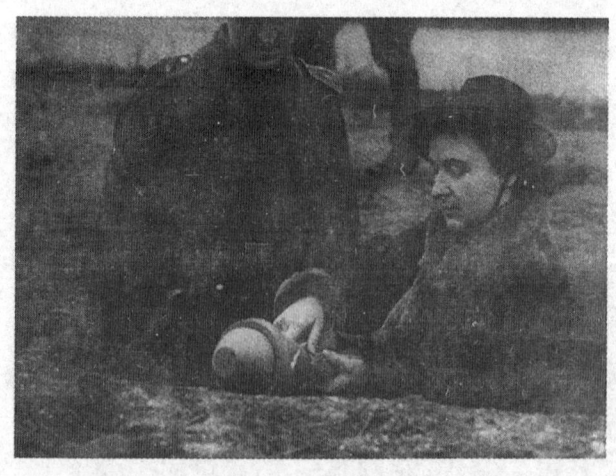

柏林妇女正在学习使用反坦克武器

2月初，朱可夫的部队已经到达奥得河下游的科斯钦，那里离柏林郊区不到40英里。2月13日，科涅夫的部队到达佐莫菲尔德，这里离柏林只有80英里。同一天布达佩斯被苏军攻占，11万德军成了俘虏。

但是后勤决定战争的进展这一规律，又一次发挥了作用。连续一个多月的进攻后，苏军的进攻势头有所减弱，天气转暖也使路面变得泥泞，妨碍了苏军的机动，奥得河开始解冻，增加了它防守的价值。朱可夫的部队虽然在科斯钦和法兰克福（奥得河上的法兰克福，与莱茵河上者同名）渡河，但也只占领了一片浅浅的桥头阵地，而无法加以扩张。

现在德军以尼斯河和奥得河为天然防线，更因为战线的缩短使兵力渐趋平衡，科涅夫受阻于尼斯河，朱可夫在奥得河下游停滞不前。在西线调来的援军和国内民防军的支援下，德军东部防线又暂时得以稳定。直至英美联军突破莱茵河前，苏军未再发动大的攻势。

不过由于大批部队从西线调往东线，西线的防御已经变得脆弱不堪。

相关链接：

虎式坦克

虎式坦克的研制早于豹式坦克，它的研制日期是在苏德战争开始之前。在法国战役时，德国人发现三号和四号坦克较短的炮管发射出的炮弹，无法击穿法国坦克的装甲，这令希特勒大为不满，下令研制新的坦克。新设计的坦克完全颠覆了德国坦克的传统，它更注重坦克的火力和防护，然后才是速度，这种新坦克被定义为突击坦克。它是在四号坦克的基础上发展起来的，战车全重57吨，安装了一门由著名的88mm高射炮改进的后炮，有56倍径深，前装甲102mm，侧面和后方82mm。在战场上，虎式坦克罕有其匹，以致在盟军士兵中引起"虎式恐惧症"。盟军坦克对付它的战术，是以群体合作的方式。首先是以一辆去吸引虎式坦克的注意，然后其他的坦克则集中攻击其侧面与背面。由于虎式坦克上所搭载的弹药与燃料存放在两边的炮座之内，所以能够击穿侧面的话就可以击毁它。不过这是风险相当高的战术，随时要损失多辆坦克才能得手。虎式坦克最著名的车长魏特曼曾经在一日内击毁20辆盟军坦克。不过由于57吨的重量，使其传动系统在运行时往往处于极限状态，这使它的机械故障率一直居高不下，被古德里安称为问题儿童。

再次去职

1945年的春天，对于德国人来说依然和冬天一样寒冷，除了少数像希特勒和戈培尔那样的人，在企望出现腓特烈大帝七年战争的奇迹，其他人都已明白纳粹德国覆亡在即。

德国最重要的工业区鲁尔，在盟军空军的狂轰滥炸下，已成一片废墟。另一个重要工业区上西里西亚也已沦陷在苏军坦克的履带下。随着罗马尼亚和匈牙利油田的陷落，德国失去了所有的石油资源。而盟军对德国煤矿和人造汽油厂的轰炸，又使德国的能源产量严重不足。德国空军的飞机由于缺少航空汽油而上不了天，只好眼睁睁地看着被盟军飞机成片击毁在机场的跑道上，德国海军的潜艇出不了海，也越来越不容易听到德国装甲兵坦克马达的轰鸣。

V型飞弹的研制成功和随后对英国的袭击，曾让希特勒抱有创造奇迹的希望，就连古德里安也幻想着英国经受不住袭击的损失而愿意同德国和谈。

现在随着法国的解放，沿海的发射场已所剩无几，再也无法对英国造成威胁，后来对在比利时的盟军军事目标发射了8000枚飞弹，造成的损失却微不足道。

成群的难民在柏林的街道上游荡，他们有的是躲避炮火逃离家园，有的是由于轰炸而流离失所。就连古德里安的夫人也在轰炸中变成了无家可归的难民，经希特勒的特批，住进了她丈夫在陆军总部的宿舍。

德国已经山穷水尽了。

1945年3月，巴顿将军麾下的美第3集团军向莱茵河方向开进

德军的防线千疮百孔，西线英美联军逼近莱茵河，东线苏军已全面进入奥得河沿线，兵锋最近处离柏林只有40英里。古德里安焦头烂额，回天乏术。此时希特勒也只好拆西墙补东墙，把大量兵力从西线调往东线，这又使西线形同门户大开。随着兵力的东调，希特勒又开始插手东线的指挥。古德里安提出的战略是收缩兵力，采用弹性防守战术，不与敌方硬拼，尽量保存实力，拖延时间，争取与盟国和谈。这就与希特勒寸土不让、不许后退、战

至最后一兵一卒的决心发生冲突。

古德里安求和心切，在里宾特洛普那里碰壁后，又找到了希姆莱的头上。利用在德国总理府开会休息的机会，他把陪着希特勒散步的希姆莱拉到一旁，希望这位党卫队全国领袖通过瑞典等中立国与英、美建立联系，探索停战的可能，并且希望两人联合向希特勒建议。希姆莱有些怪异地看了他一眼，用一种模棱两可的语气回答道："我亲爱的上将，这似乎早了一点吧？"古德里安气呼呼地说："我真不了解你的心理，现在已不是差五分十二点，而是十二点过五分了，如果现在不谈判，以后就再也没有机会了，难道你不知道局面已经坏到什么程度了吗？"谈话不了了之。

古德里安和谈的想法也是一厢情愿，盟国领袖，特别是美国总统罗斯福早已下定决心，不仅要德国无条件投降，还要在德国铲除滋生纳粹主义的一切土壤，这其中就包括德国国防军。在这一点上，希特勒比他的参谋长明白得多。

其实希姆莱此时已经着手和英、美建立联系，不过他不是为德国，更不是为希特勒，而是为自己安排后路。不过他生怕希特勒有所察觉，因此口风甚严。

自从7月20日事件后，希特勒的身体和精神都每况愈下。他的耳膜被爆炸的气浪震破，现在还经常头晕目眩。古德里安发现他的左手和左腿颤抖得越来愈频繁，特别是当前线传来不好的消息时，更是不可控制地颤抖。他变得更加固执，更加多疑，经常陷入歇斯底里的状态，自己根本无法控制，有一次希特勒在和古德里安争辩时，大吼大叫，并且不停地挥着拳头，吓得古德里安的参谋长托马勒扯着古德里安的衣襟向后退，他以为希特勒要打古德里安。

此时的希特勒已是日暮途穷，却愈加倒行逆施，更加固执己见、不可理喻，无法接受与自己想法不一致的建议，尤其是撤退的建议。

2月8日，艾森豪威尔统率85个师的兵力向莱茵河一线推进。龙德施泰特等德军将领建议希特勒将德军退过莱茵河，据险而守。希特勒不听劝告，执意命令德军就地坚守。结果35万德军绝大部分被盟军歼灭在莱茵河左岸，武器装备也大部损失。恼羞之余，希特勒先是以作战不力的名义将龙德施泰特革职，然后又不顾《日内瓦公约》，竟想枪杀被俘的盟军飞行员泄愤。他说："见他的鬼！如果我毫不含糊地表明：我不体恤俘虏，不管报复不报复，我根本不考虑敌军战俘的权利，那么，不少（德国）人在他们开小差之前就会好好想一想。"这一想法，幸亏被海军司令邓尼茨用委婉的方式劝阻。

随着德军的崩溃，希特勒颁布了一条条愈来愈严酷的军纪：骗取假条或者用伪造的证件旅行者将被枪毙；一切散兵游勇以及自称掉队寻找队伍者，就地审讯枪决；对任何放弃重要市镇和重要交通中心的指挥官均可处以死刑。

最后，丧心病狂的希特勒竟想拉着整个德意志民族为自己殉葬。

他在一次谈话中说："如果战争失败，这个民族也将灭亡。这种命运是不可避免的。没有必要考虑为这个民族维持一个最原始的生存基础的问题。恰恰相反，最好由我们自己动手把这些基础破坏掉，因为这个民族被证明是软弱的民族，而未来只属于强大的东方民族。而且，在战争以后留下来的人不过都是劣等货，因为优秀的人已经战死了。"

在这次谈话的第二天，希特勒下达了"焦土"命令，命令说必须摧毁"所有工厂、所有重要的电力设备、自来水厂、煤气厂、食品店、服装店；所有的桥梁、铁路和交通设备；所有的河道、船只；所有的机车和货车"。如果执行这个命令，就会把德国变成一片荒漠，摧毁能够维持战后德国人民生存的一切。

幸亏盟军进展神速，更多亏德国军工部长施佩尔和一些德国军官，他们勇敢地抵制了希特勒的命令，四处奔走，使德国的重要设施没有被狂热的纳粹党徒摧毁。

面对土崩瓦解的局面，古德里安与希特勒的矛盾日益加深，前者反感后者直接插手军事指挥，不接受军方的建议，所以造成今天的局面；后者既不满意前者经常反对自己的决定，更对前者身为德军总参谋长、德军东线最高指挥官，却未能稳定住战局，而深感失望。此时希特勒应该已经有了撤换古德里安的想法。

在3月21日的军事会议结束后，希特勒借口关心古德里安心脏病的状况，建议他请假休息四个星期。而古德里安不知是没有听出希特勒的话外之意，还是觉得德国现在离不开自己，表示目前国事维艰，自己不能过于爱惜身体。大概希特勒当时也没有下最后的决心，因此没再说什么。

但是，裂痕既已产生，就会越来越大。两人最后的决裂缘于对科斯钦——一个奥得河边被苏军包围的小要塞解围行动的失败。

古德里安认为这个要塞没什么战略价值，不值得为它浪费德国目前宝贵的兵力和物资。他依然幻想能保存实力，以战求和。但希特勒坚持派兵解救被围要塞中的德军。最后，当然是希特勒占了上风。5万德军向科斯钦前进，希望解救他们被围的同胞。当然，这个行动也同希特勒最近指挥的所有反攻行动一样，遭到失败。

在3月27日的军事会议上，对于反攻科斯钦的失败，希特勒大发雷霆。他认为反攻失败的主要责任应该由第九军团司令布塞将军来负。他认为布塞在总攻前，发射的炮弹太少，他根据自己在第一次世界大战前线作战的经验，认为炮火应该再猛烈十倍。古德里安站起来为布塞辩护，他告诉希特勒，布塞手头只有这么多炮弹,他只能用这种方式发射。听到此,希特勒因为愤怒脸色更加苍白,那一绺德国人民熟悉的头发耷拉下来,忍不住地挥舞双手对古德里安怒吼:"你为什么不给他更多的炮弹?"他以为古德里安对自己的反攻计划阳奉阴违,没有全力配合。古德里安也非常气愤,他告诉了希特勒自己所掌握炮弹的数量,指出自己已经把所有能调配的物资都给了布塞,又拿出了各师的伤亡数字,告诉希特勒部队已尽了最大努力。最后会议在相互埋怨的气氛中不欢而散。

余怒未消的古德里安回到陆军总部,翻检出物资和伤亡的统计数字,用十分直率的口吻给希特勒写了一份报告,意在告诉希特勒目前残存的力量多么有限,希望希特勒慎重使用。他命令布里克斯将军连夜将报告送给希特勒,并请布里克斯转告希特勒,古德里安自己希望去法兰克福(奥得河边的法兰克福,与著名的法兰克福市不是一个地方)巡视。因为希特勒想在这个小小的桥头阵地,用五个师的兵力对奥德河对面的苏军进行反击。古德里安希望自己到现场看看,这个计划是否可行。

深夜,布里克斯返回陆军总部,向古德里安汇报。希特勒否决了古德里安的出行计划,命令他和布塞两人明天午后必须出席总理府的会议。

第二天的会议上,希特勒和昨天一样,又一次指责古德里安和布塞,而古德里安也愤怒地为自己和布塞辩护,语气越来越生硬,言辞越来越激烈。这时,暴怒中的希特勒忽然平静了下来,他指着凯特尔元帅和古德里安对大家说:"我请各位先生暂时离开这个房间,除了这位元帅和这位上将。"当其他人退出房间后,希特勒直截了当地对古德里安说:"古德里安上将,你的健康状况十分不好,必须请假休息六个星期。"这回,古德里安明白了希特勒的意思,他面色平静地站起来,向希特勒敬了一个礼,回答道:"是,我马上离开。"但希特勒又说："请你坐下，开完这次会议。"希特勒最后还是给自己的这位爱将保留了体面。

会后，希特勒对古德里安说："请你尽快恢复自己的健康，六个星期后，局势会更加紧张，那时我更需要你的帮助。"古德里安感谢了元首的关怀。其实他们都明白，这很有可能是他们最后的会面。古德里安向希特勒敬了最后一个纳粹军礼，转身离开了总理府。

回到陆军总部已是深夜，古德里安夫人依然在不安地等待自己的丈夫，见到丈夫回来终于舒了一口气，说："你这次出去的时间真是长得可怕。"古德里安温柔地拥抱了自己的夫人："是长了点，但也是最后一次了。"

就任陆军总参谋长8个月后，古德里安又一次被迫离职，但这一次他却有种如释重负的感觉。

第二天，古德里安向他的继任者——布里克斯将军办理了移交，后者也是最后一任德军总参谋长。然后他和陆军总部的僚属进行了简单的告别，在这个非常时刻，也没什么人有心思举行送别仪式。回到宿舍，古德里安夫人已收拾好简单的行李，他们随后乘车离开陆军总部。

在措森附近的火车站上，古德里安落寞地登上开往慕尼黑的列车。回首望去，德国已是山河破碎。

/ **尾声** /

　　古德里安离开柏林后,和妻子来到慕尼黑,住进一家养老院,并顺便治疗严重的心脏病。虽然暂时远离了前方的战火,但是他的心情根本无法平静,不断传来的战败消息,无时不在刺激着他那疲惫的心灵。4月1日,莫德尔的B集团军在鲁尔被美军包围,在被围18天后,德军已无力支撑,莫德尔允许部下官兵自行选择出路,但他自己不愿意投降,自杀身亡。美军通过这个缺口,迅速挺近到易北河,距离柏林只有60英里。4月13日,维也纳失守。4月21日,朱可夫的部队抵达柏林郊区。4月25日,美、苏两军在易北河会师。纳粹德国的末日已经来临。

　　4月20日希特勒生日当天,苏军向柏林市中心展开炮击,揭开攻克柏林的序幕。4月30日,希特勒在柏林总理府地下室自杀身亡。他留下遗嘱,任命海军司令邓尼茨为继任元首。

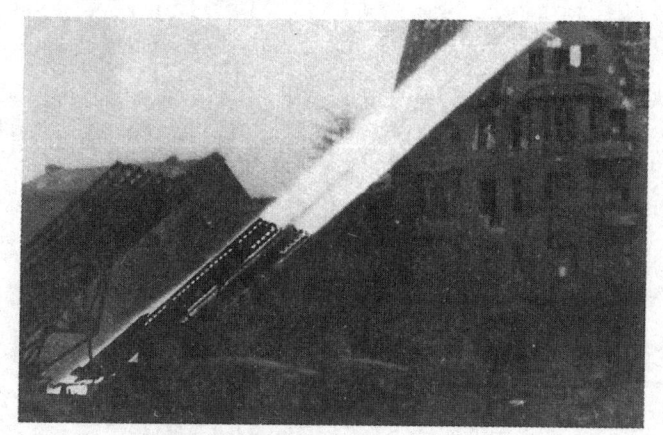

苏军的火箭发射器向柏林市区猛烈开火

古德里安知道最后的时刻到了，卸任参谋总长后，他还担任着装甲兵总监的职务，他不愿意在这个时候抛弃部属，就把妻子托付给朋友照顾，自己只身来到蒂罗尔，这里现在是装甲兵总监部驻地。5月10日，德国宣布无条件投降，古德里安率领装甲兵总监部的全体人员向美军投降。

古德里安投降后，被关押3年，因为在战争期间并未虐待战俘和屠杀平民而没有被列为战犯，于1948年被释放。此后在家休养期间，他完成了自己的回忆录《一个士兵的回忆》。令他感到欣慰的是，他的儿子——库尔特·古德里安，战后加入了联邦德国国防军，并成为新德国国防军的创始人之一。

1954年5月14日，古德里安因病去世，葬于他最初加入军队的地点——戈斯拉尔，一代将星就此陨落。